申恩威 著

中日贸易关系发展

STUDY ON CHINA-JAPAN
TRADE RELATIONS：

机 遇 、挑 战 与 对 策

Opportunities, Challenges
and Suggestions

社会科学文献出版社
SOCIAL SCIENCES ACADEMIC PRESS (CHINA)

目　录

第一章　中国对外贸易发展及贸易体制的演进 …………………… 1

一　新中国成立后至改革开放前的高度集中对外贸易体制及
　　对外贸易发展（1949～1977年）………………………………… 1

二　改革开放初期阶段对外贸易体制改革以及
　　对外贸易发展（1978～1991年）………………………………… 7

三　市场化贸易政策体系建立和贸易体制改革阶段
　　（1992～2001年）………………………………………………… 14

四　"入世"后中国对外贸易超常发展、体制改革深化及
　　政策走向（2002～2011年）……………………………………… 23

五　中国对外贸易发展的前景与展望（2012年以后）……………… 33

第二章　战后日本对外贸易发展及政策变动与调整 ……………… 43

一　战后日本对外贸易复兴及贸易保护时期（1945～1960年） …… 44

二　日本对外贸易快速增长及贸易自由化时期（1961～1973年）… 54

三　国际协调型贸易政策的展开（1974～1989年）………………… 62

四　经济低速增长时期，建立在扩大内需基础上的进出口
　　均衡贸易政策（1990年以来）…………………………………… 70

五　战后日本政府对外贸易管理的特点 ……………………………… 76

六　日本经验对中国的启示 …………………………………………… 78

第三章　战后中日双边贸易的展开及演进 ……………………… 83

 一　新中国成立后至中日邦交正常化前中日贸易的发展 ……… 83

 二　1972年中日邦交正常化后的中日贸易 ………………………… 91

 三　中国加入WTO后至今的中日双边贸易 ……………………… 96

 四　目前中日贸易关系存在的主要问题 …………………………… 108

 五　促进中日贸易关系发展的对策建议 …………………………… 114

第四章　中日贸易摩擦的特点及体制与制度成因 ……………… 118

 一　中日贸易摩擦的基本情况 ……………………………………… 118

 二　中日贸易摩擦产生的主要原因 ………………………………… 122

 三　日本贸易管理体制对中日贸易摩擦的影响和作用 ………… 125

 四　中日贸易摩擦的特点 …………………………………………… 137

 五　有效缓解和应对中日贸易摩擦的对策 ……………………… 140

第五章　日本对华投资的结构变化及促进对策 ………………… 148

 一　日本对华投资的演进 …………………………………………… 148

 二　日本对华直接投资的结构及变动趋向 ……………………… 156

 三　日本企业对华投资的战略转换 ………………………………… 164

 四　日本企业对华加大投资力度的动因分析 …………………… 171

 五　日本对华投资对中国的影响及合理和有效利用日资的

   对策与措施 …………………………………………………… 174

第六章　日本综合商社及我国内外贸一体化经营模式的探讨 … 183

 一　日本综合商社产生与发展的背景 ……………………………… 183

 二　综合商社功能的演进 …………………………………………… 193

 三　日本综合商社内外贸一体化经营对我国的启示 …………… 204

  四 中国实行内外贸一体化经营的基本条件及模式选择……………209
  五 构建内外贸一体化体制下的政策体系………………………………215

第七章 中日韩自由贸易区的构建及对中日贸易关系的影响………221
  一 中日与世界各国区域经济合作的基本情况…………………………221
  二 构建中日韩自由贸易区的历史背景…………………………………228
  三 构建中日韩自由贸易区的动因…………………………………………231
  四 加速构建中日韩自由贸易区的对策建议……………………………240

第八章 中日经贸关系发展前景预测……………………………………244
  一 中日经贸关系面临的困境………………………………………………244
  二 中日贸易发展势头放缓对两国经济的影响…………………………248
  三 今后中日经贸关系的走势分析…………………………………………252

主要参考文献……………………………………………………………………257

第一章
中国对外贸易发展及贸易体制的演进

中国外贸体制的演变大体上可以分为1949年中华人民共和国成立之后至1978年改革开放之前，以及1978年改革开放之后至今两个阶段。在第一阶段，一方面，中国对外贸易发展受体制因素、国际环境因素以及社会生产力发展水平等原因限制，发展相对缓慢。当时，对外贸易在国民经济中的地位相对较低，在很多时候只是作为产品配给和对内贸易补充发挥调剂余缺的作用。但另一方面，在国民经济恢复时期和工业化进程中，对外贸易也发挥了重要而不可替代的作用。特别是在封闭型的经济体制和经济运行模式中，对外贸易在沟通中国与国际社会的联系，增进与其他友好国家的政治经济关系，打破西方国家对中国的经济封锁等方面都做出了重大贡献。

一 新中国成立后至改革开放前的高度集中对外贸易体制及对外贸易发展（1949~1977年）

1949年中华人民共和国成立，根据当时国内和国际经济形势发展需要，我国借鉴苏联社会主义建设经验以及相应的管理模式，确立了以公有制为基础的、以产品经济为特征的高度集中的计划经济体制。与之相适应，建立了与计划经济体制相一致的国家统制型的对外贸易体制。1949年9月通过的《中国人民政治协商会议共同纲领》指出，中国对外贸易政策是"实行对外贸易的管制，并采用保护贸易政策"。这一政策的显著特点是贸易管制和贸易保护。这一时期，按照"发展生产、繁荣经济、城乡互助、内外交流"的方针，内贸与外贸部门一方面积极组织生活必需品和工业原料的进口，另一方面，随着农业生产的恢复，积极组织农副产品及其加工品的出口，为迅速恢复国民经济服务，为满足人民群众基本生活需要提供保障。同时，由于以美国为首的帝国主义阵营对中国的经济采取封锁和禁运政策，使得独立自主、自力更生成为中国发展经济的核心指导思想。当时，中央政府为恢复和发展经济，选择了优先发展重工业的工业化战略，使对外贸易成为在国际市场上调剂余缺的手段，对外贸易政策的主要目标就是通过进口换取工业化所必需的机器设备和原材料。为了确保国家对外贸易政策的顺利实施以及对贸易活动进行有效管理，1949年10月，中央人民政府设立了统管国内流通和对外贸易的贸易部，内设国外贸易司，作为管理中国对外贸易的行政职能机构。1950年，中央贸易部在该部的国外贸易司下设立了两个经营机构，一是专门经营面向社会主义国家贸易的中国进口公司，二是专门经营面向资本主义国家贸易的中国进出口公司。另外还设立了畜产、油脂、茶叶、蚕丝、矿产等国营外贸公司。1952年9月，中央贸易部分立为商业部和对外贸易部，实行内外贸易管理机构的分设。而后，在全国各地按行政区划也组建了不同级别的地方性对外贸易管理机构，以此确立了中央政府集中管理、地方政府分级负责的对外贸易管理组织体系和管理制度。为了有效管理和规范国营贸易公司的经营活动，1952年12月，政务院颁布了《对外贸易管理暂行条例》，对外贸易部颁布了《对外贸易管理暂行条例实施细则》，以此将我国对外贸易纳入了法制化轨道。1953年，对外贸易部对原有国营外贸公司进行调整，组成14个专业进出口公司和2个专业运输公司，之后又多次进行调整改组，以改善经营分工。同时，逐步建立和完善在各地的分支公司。这些国营外贸公司，统一经营全部对社会主义国家的贸易，逐步统一经营对资本主义市场重要物资的进出口业务。

1950年国营外贸进出口额占全国进出口总额的68.4%，1952上升到92.8%，可以说国营贸易公司一统天下，占有绝对优势。至此，中国对外贸易在"独立自主、集中统一"的外贸工作原则和方针指导下，建立起了高度集中统一、政企合一的外贸体制。这一时期，处于新中国成立之初，西方资本主义国家对新中国采取敌视和封锁政策，中国对外贸易主要与苏联、东欧等社会主义国家来往。20世纪50年代，中国对社会主义国家的贸易额占全国对外贸易总额的一半以上，1952年至20世纪50年代末，这一数值曾达到70%以上，其中对苏联的贸易额约占到一半，这对我国经济的恢复和发展起到了很大的促进作用。

1956年，我国完成了对资本主义生产资料社会主义改造任务，对外贸易在国家统一领导、统一政策、统一管理下，确立起计划经济体制下的贸易管理体制与制度，对外贸易由国家外贸管理部门所属的国营进出口贸易总公司集中统一经营，国家统负盈亏。这种外贸体制，是在产品经济和单一计划经济基础上，对外贸易受帝国主义国家的经济封锁，主要面向当时的社会主义国家市场的情况下，产生、建立起来的，是与当时的经济管理体制和国内、国际形势基本适应的。这一时期对外贸易的发展在粉碎帝国主义国家的经济封锁，以及恢复和发展国民经济中，发挥了应有的作用。进入20世纪60年代以后，中苏关系以及中国同东欧社会主义国家关系发生重大变化，我国对外贸易遭遇到第一次大的挫折，对外贸易的重心开始向西方国家市场转移，20世纪70年代初，我国恢复在联合国的合法席位，对资本主义国家市场的贸易迅速发展，逐步居于主导地位。1978年底，党的十一届三中全会决定实行对外开放、对内搞活经济的方针政策，国内逐步转向有计划的商品经济，对外经济关系也要求进一步扩大。在这种形势下，我国原有的外贸体制，越来越不适应对外贸易和整个国民经济发展的需要，必须进行改革。

1966年，"文化大革命"（1966～1976年）开始，打乱了我国社会主义建设的进程，我国对外贸易遭到严重的干扰和破坏，遭遇了新中国成立后的第二次大的曲折。我国对外贸易自1967年起连续3年出现停滞和下降。经过艰苦努力，我国对外贸易从1970年开始逐渐好转。进入20世纪70年代，国际环境发生了有利于我国的变化。1971年联合国恢复我国的合法席位；1972年美国总统尼克松访华，中美发表《联合公报》，并在正式建交前先恢复了贸易关系。之后，我国对外关系取得了重大进展，西方国家纷纷同我国建立外交关系。1973年中日邦交实现了正常化，而后不久中国与欧共体建立正式关系，我国对外贸易的国际环境明显改善，对外贸易额迅速增长。但总体来看，当时我国对外贸易仅局限于互通有无、调剂余缺，农副及矿产资源型产品成为出口商品的主流，贸易关系很大程度上受制于外交政策和国家关系的变化，政治因素成为影响中国对外贸易发展的关键。

从我国对外贸易大的发展阶段来看，改革开放以前，由于我国实行的是高度集中的计划经济体制，经济总体上处于封闭状态，对外贸易发展受到了体制的极大限制，进出口始终在低水平上徘徊。1950年我国进出口总值仅11.3亿美元，1960年52.2亿美元，1970年45.9亿美元，到1977年发展到146.7亿美元，28年对外贸易额增长了12倍，1950~1977年年均增长9.9%（见表1-1）。新中国成立初期，我国出口商品的80%以上是初级产品，主要进口机器设备等生产资料。20世纪70年代，初级产品出口占我国出口总额的比重仍在50%以上。

分阶段来看，20世纪50年代，我国出口商品以农副产品为主，其占出口总值的比重平均为42.2%；进口主要是机器设备和原材料，其占进口总值的比重高达92%。20世纪60~70年代，我国农副产品出口比重下降到30%左右，轻工业和重工业产品出口比重逐年上升，其中轻纺产品到20世纪70年代末所占比重上升至35%以上；同时，由于20世纪60年代初我国发生严重自然灾害，大量进口粮食、棉花和食糖等生活资料，其进口额约占进口总额的40%左右，对保障供给、解决人民生活需要起了重要补充作用。20世纪60年代后期至20世纪70年代，生活资料进口比重基本上维持在20%左右。新中国成立至1978年以前，我国的对外贸易方式相对比较简单，主要同苏联、东欧等社会主义国家通过政府间签订协定、进行记账结算的易货贸易方式开展贸易活动；同少数西方国家和一些发展中国家之间的进出口贸易，采用国际上通用的现汇贸易方式。新中国成立初期，我国对外贸易的主要国际市场是苏联和东欧社会主义国家。1951年，我国同社会主义国家的贸易额占全部对外贸易总额的比重为52.9%；1952年至20世纪50年代末，这一数值在70%以上，其中对苏联的贸易额约占对外贸易总额的一半。当时我国通过贸易和使用苏联政府贷款从苏联和东欧国家引进156项重点建设项目的成套设备和技术，为我国的工业化打下了初步基础。

表 1-1　1950~1977 年中国对外贸易发展情况

单位：亿美元

年份	进出口	出口	进口	贸易差额
1950	11.3	5.5	5.8	-0.3
1951	19.6	7.6	12.0	-4.4
1952	19.4	8.2	11.2	-3.0
1953	23.7	10.2	13.5	-3.3
1954	24.4	11.5	12.9	-1.4
1955	31.4	14.1	17.3	-3.2
1956	32.1	16.5	15.6	0.9
1957	42.4	22.1	20.3	1.8
1958	56.0	27.3	28.7	-1.4
1959	60.6	31.7	28.9	2.8
1960	52.2	25.7	26.5	-0.8
1961	36.9	19.4	17.5	1.9
1962	32.8	19.1	13.7	5.4
1963	34.8	20.3	14.5	5.8
1964	39.6	22.5	17.1	5.4
1965	48.1	25.6	22.5	3.1
1966	51.6	26.8	24.8	2.0
1967	45.6	23.9	21.7	2.2
1968	44.1	23.4	20.7	2.7
1969	43.5	24.3	19.2	5.1
1970	45.9	23.1	22.8	0.3
1971	49.1	27.8	21.3	6.5
1972	65.4	36.9	28.5	8.4
1973	110.9	58.8	52.1	6.7
1974	149.0	71.1	77.9	-6.8
1975	156.2	76.9	79.3	-2.4
1976	136.0	69.4	66.6	2.8
1977	146.7	75.2	71.5	3.7

资料来源：中国国家统计局数据库；世界贸易组织数据库。

在当时，我国对外贸易的主要目标是长期保持进出口总量大体平衡。这一目标有利于实现国际收支平衡，维持较低的国内价格水平。但同时在一定程度上也使中国与世界市场的有机联系被割断，不利于外贸和整个国民经济的正常和全面发展。

归纳起来，这一时期我国对外贸易管理体制的主要特征是"高度集中、独家经营、政企合一"。具体表现如下。

第一，实行高度集中的统制性管理。当时，从事对外贸易业务的，全国仅有十几家国营专业进出口公司，这些国营公司按商品大类进行业务分工，其他任何经营主体不得从事进出口贸易活动。因此，当时的国营外贸公司类似于拥有专营权的行政垄断企业。

第二，对外贸易业务完全按指令性计划运行。对外贸易活动中的采购、出口、进口、调拨、外汇收支等所有环节，通通纳入指令性计划管理范畴，各贸易公司在经营上完全围绕完成指令性计划指标进行运转，指令性成为调节对外贸易活动的唯一手段，市场的价格、汇率、税收、供求等机制基本失效。完成计划任务成为考核和评价贸易主体绩效的唯一标准和尺度。

第三，对外贸易基本在封闭性状态下运行。由于当时我国经济正处于恢复阶段，规模小、实力弱，相对于承担产品配置功能的国内商业来看，对外贸易的地位和重要性还不是很突出，只是起到国内商业的辅助和补充作用。因此在宏观管理和微观运行上，我国对外贸易基本处于国内经济与国外经济相互隔断、不参与国际性的贸易组织，很少进行双边经贸合作，采取人民币币值高估及外汇管制的汇率政策，国内市场与国际市场相互分离的状态之下。因此，在贸易政策上，基本体现为一种贸易保护政策的性质。

第四，公有制经济一统天下。1956年，我国在完成生产资料社会主义改造后，确立了由政府职能部门直接管理、国营外贸公司专门经营的对外贸易体制。1958年8月《关于对外贸易必须统一对外的决定》中明确规定，"除对外贸易部所属总公司和口岸分公司外，任何地方、任何机构不允许做进出口买卖"。

第五，经营主体没有自身的特殊利益。各外贸公司不仅在经营上完全按指令性计划行事，没有自主权，而且在财务上实行统负盈亏，利润全部上缴，亏损全部由国家负担，职工的工资增长和企业的发展，与公司的经营好坏不挂钩。

这种体制适应于产品经济条件下，用于工业化建设的物资匮乏，产品严重供不应求的经济发展形势。可以通过国家集中使用外汇资金，从国外进口国内经济建设急需的重要物资，并有计划和合理地根据需要进行分配，确保国民经济各项计划顺利实施。进入20世纪70年代后，中国开始全方面融入国际社会，对外贸易环境发生了根本性的变化，原有体制的各种弊端日益显现出来。到了20世纪70年代末期，国内和国际形势的发展，已经为突破传统体制束缚，进行根本性的经济体制改革提供了有利条件，中国外贸体制改革的大幕即将拉开。

二 改革开放初期阶段对外贸易体制改革以及对外贸易发展（1978～1991年）

1978年12月，党的十一届三中全会召开，党和国家的工作重心转移到经济建设方面上来，实行对外开放、对内搞活的经济政策，明确了对外贸易在中国经济发展中的战略地位和指导思想。经济体制开始从高度集中的计划经济体制转向商品经济体制。根据中国外贸体制改革涉及的内容、深度和力度，可以把这一阶段分为1978～1987年、1988～1991年两个时期。前一时期是改革初期，对外贸易体制改革主要体现在下放对外贸易经营权，开始工贸结合的试点，简化对外贸易计划的内容，并实行出口承包经营责任制度。后一时期的对外贸易体制改革的重点则体现在外汇管制制度的放宽，出口退税政策的实行，进出口协调服务机制的建立，开始鼓励发展加工贸易，改革逐步向纵深进展。

（一）改革的初始阶段（1978～1987年）——简政放权，政企分开

1978年12月，党的十一届三中全会明确了对外贸易在中国经济发展中的战略地位和指导思想。经济体制从严格计划经济体制转向商品经济体制，使得中国对外贸易政策开始变化。这一阶段对外贸易政策的主要标志有两个，一是1982年1月党中央书记处会议，它为对外经济工作确定了理论基

础和指导思想；二是1986年"七五"计划的公开发表，为对外贸易战略设计了明确的蓝图。此外，中国在1986年7月正式向关贸总协定（GATT）递交了《中华人民共和国对外贸易制度备忘录》，提请恢复中国在GATT的创始缔约国地位。

党的十一届三中全会召开后，确立了改革开放的战略方针，对外贸易体制改革与发展进入了新的实践探索阶段。这一阶段，国家颁布了开展来料加工、补偿贸易、兴办中外合资、合作与独资企业等项改革措施，原来那种国家集中管理对外贸易、通过按行业设立的专业公司直接进行进出口贸易活动，以及国家对出口商品的生产、收购、调拨、出口等全部实行指令性计划的"国家对外贸易垄断制"开始发生震动性变革。1979年初国务院组织7个部委到广东、福建两省进行调研，探讨对两省实施特殊贸易政策、简政放权的可行性，揭开了外贸体制改革的序幕。之后相继在北京、天津、上海三市进行扩大对外贸易自主权的试点。在此基础上，1979年10月，国务院召开全国进出口工作会议，决定将外贸体制改革在全国全面铺开。国家开始对外贸体制进行一系列改革，包括调整中央外贸领导机构、成立一批归属工业部门管理的工贸公司、简化外贸计划内容、实行汇率双轨制以提高出口竞争力、实行进出口许可证制度等。这一期间，政府根据政企分开、工贸结合、技贸结合、进出口结合的原则，下放部分外贸经营权，开展工贸结合试点，简化外贸计划内容。改革单一的指令性计划管理，实行指令性计划、指导性计划和市场调节相结合。计划列名商品由3000多种缩减到112种，取消了全国的收购计划和调拨计划。另外，政府在简政放权的同时，进一步加强了外贸宏观管理，完善了进出口许可证制度，加强了出口配额管理，建立了外贸经营权审批制度。在此期间，中国陆续建立了经济特区、沿海开放城市、开发区等特殊经济区域，在进出口管理与经营政策、外汇政策等方面试点实行更灵活、更优惠的特殊政策，这些特殊区域对全国的外贸发展，甚至开放型经济的发展起到了平台、示范与辐射作用，是这一时期对外贸易发展最为活跃的区域。1980年深圳、珠海、厦门、汕头4个经济特区建立的第一年，进出口额占全国进出口总额的1.1%。为吸引资金、技术、设备，拓展国际市场渠道，创造外汇收入，同时增加就业机会，国务院批准在沿海地区开展

第一章 中国对外贸易发展及贸易体制的演进

加工贸易。

20 世纪 80 年代中期，国际产业结构出现了新一轮调整和转移，为了抓住这一有利形势，国家进一步确立了以加工贸易为重点、扩大劳动密集型产品出口的沿海发展战略，加工贸易得到迅速发展，为后来中国对外贸易快速和持续发展提供了强大的动力。在当时历史条件下，加工贸易使中国成功地承接了国际劳动密集型产业的转移，进而带动了国内工业发展和质量的提升，促进了出口商品结构的优化升级，实现了外贸出口由以初级产品、资源型产品为主向以工业制成品为主的转变。

1984 年，为适应经济国际化和市场开放的要求，当时的经贸部实施了一系列的外贸体制改革措施，改革开始进入密集区，具体内容如下。

从 1984 年 1 月起，全国大多数省份开始有权保留一定比例的外汇收入；从 1985 年 1 月起，开始允许企业自己决定使用 50% 的留成外汇。

从 1984 年 1 月起，明确 28 种限制进口商品，允许一批机构无须经过经贸部就可进口非限制类商品，这些机构包括经贸部所属外贸公司和分公司、其他部门所属的外贸公司、省政府经营的外贸公司。

1984 年 9 月，通过《外贸体制改革报告》。内容包括"政企分开"、"简政放权"、"实行外贸代理制"、"改革外贸计划体制"和"改革外贸财务体制"等内容。至此，高度集权的外贸总公司垄断全国外贸的局面已被打破，各省及下属外贸企业开始成为外贸活动的重要力量。通过该项改革，外贸公司的数量显著增加。据统计，1979 年下半年至 1987 年，全国共批准设立各类外贸公司 2200 多家，比 1979 年增加了 11 倍多。1987 年，党的十三大提出加快和深化外贸体制改革的方针，国务院决定，从 1988 年开始加快在全国外贸行业全面推行承包经营责任制；并加快进行计划、财政、物资、金融、物价、税收、外汇、海关管理等方面的配套改革，这样为整个外贸体制的改革和配套改革创造了良好的内部基础和外部环境。这一时期，我国对外贸易取得了重大成就，1985 年进出口总额达到 696 亿元，创历史最高水平，比 1950 年的 11.3 亿美元增长了 60 倍，比 1977 年的 146.7 亿美元增长近 4 倍。其中进口额为 422.5 亿美元，比 1950 年的 5.8 亿美元增长了近 72 倍，比 1977 年的 71.5 亿美元增长了近 5 倍；出口额为 273.5 亿美元，比1950年的5.5亿美元增长了48倍多,比1977年的75.2亿美元增长近3倍,均高于同期工农业总产值的增长速度(见表1－2)。

表1－2 1978~1987年中国对外贸易发展情况

单位:亿美元

年份	进出口	出口	进口	贸易差额
1978	210.8	99.5	111.3	－11.8
1979	293.3	136.6	156.7	－20.1
1980	381.4	181.2	200.2	－19.0
1981	440.3	220.1	220.2	－0.1
1982	416.1	223.4	192.9	30.3
1983	436.2	222.3	213.9	8.4
1984	535.5	261.4	274.1	－12.7
1985	696.0	273.5	422.5	－149.0
1986	738.5	309.4	429.1	－119.7
1987	826.5	394.4	432.1	－37.7

资料来源:中国国家统计局数据库;世界贸易组织数据库;世界贸易组织月度贸易统计。

然而,这一时期的改革,只是初步的和浅层次的改革,大都是单向突进,改革的理论与思路尚未形成体系,带有试探性特点。总体来看,改革初步取得了预期成绩,但对大多数企业来说,对外贸易的垄断局面尚未彻底打破,外贸公司仍然是它们通向国际市场的唯一选择。中国生产企业与国际市场之间的阻隔问题没能打破,由此产生出以下四个问题:一是出口效益低、不同出口商品的换汇成本差异极大,比较优势没能充分体现;二是出口格局不合理,能够赢利和有较大出口优势的企业得不到相应的政策支持和鼓励,而获利甚微或亏损的出口产品又不能及时得到政府或行业的限制;三是国际市场行情信息阻滞和滞后,由于信息不畅,企业难以面对国际市场寻找时机,更不能根据市场需求进行产品改进和研发;四是进口管理体制改革的不到位,导致竞争缺失,表现为进口管理和高关税,使进口竞争不能起到促使国内生产企业提高效率、降低成本而提高竞争力的作用。国际经验表明,高效率的贸易体制需要消除竞争过程和经营机会中的贸易障碍,其中,最大的贸易障碍就是各种形式的垄断，这不仅包括行业产品垄断和部门的行政垄断，而且包括行政区域的市场垄断。

可以肯定的是，这一时期的外贸体制改革，打破了旧体制的束缚，从中央到地方，从政府到企业，上下一心，为建立新体制倾注了大量精力和智慧，动摇了旧体制的根基，为新体制的建立打下了坚实基础，为后续改革积累了丰富和宝贵的经验。最为重要的是，改革不仅带来了体制的革新，也带来了观念上的根本性改变，大大解放了生产力，促进了中国对外贸易以前所未有的速度快速发展，产生了改革促进开放、开放进一步促进改革的双重效果。

（二）外贸体制改革渐向深入阶段（1988～1991年）

为全面和深入推进中国外贸体制改革，国务院决定从1988年起全面实行对外贸易承包经营责任制，其主要内容包括：一是由各省、自治区、直辖市和计划单列市政府以及全国性外贸（工贸）总公司向国家承包出口收汇、上缴中央外汇和相应的补贴额度，承包基数三年不变；二是取消原有使用外汇控制指标，凡地方、部门和企业按规定所取得的留成外汇，允许自由使用，并开放外汇调剂市场；三是进一步改革外贸计划体制，除统一经营、联合经营的21种出口商品保留双轨制外，其他出口商品改为单轨制，即由各省、自治区、直辖市和计划单列市直接向中央承担计划，大部分商品均由有进出口经营权的企业按国家有关规定自行进出口；四是在轻工、工艺、服装三个进出口行业进行外贸企业自负盈亏的改革试点。通过改革实践，承包制的推行收到了较好的效果。

推行对外贸易承包责任制，首先确立了新的利益激励机制，打破了长期以来外贸企业吃国家"大锅饭"的局面，使企业的权责利得到了很好的结果与落实，大大调动了地方政府和企业的积极性，有力地促进了对外贸易的健康发展；其次，对外贸易管理体制在一定程度上解决了中国对外贸易长期存在的政企不分、以政代企问题，企业经营的独立自主性明显增强。在这一新体制之下，贸易企业的独立自主经营主体的地位得到了基本确立，更加清晰地界定了政府与企业的关系，为今后中国外贸体制改革设定了基本框架和走向。

1990年12月9日,国务院做出关于进一步改革和完善对外贸易体制若干问题的决定。该决定自1991年开始,在已调整人民币汇率的基础上,建立外贸企业自负盈亏的机制,使外贸逐步走上统一政策、平等竞争、自主经营、自负盈亏、工贸结合、推行代理制的轨道。为此,采取了如下主要改革、完善措施。

第一,国家对外贸出口的财政补贴,相应调整汇率,增加外汇留成比例,由外贸企业实行自负盈亏。

第二,改变按地区实行不同外汇留成比例办法,实行按不同商品大类全国统一的留成制度。第一类是特殊商品如原油、成品油等,仅给企业少量的经营所需外汇额度;第二类是机电产品,由于生产出口产品所需进口原材料、零配件多,出口所收外汇额度,除留生产企业10%、地方政府5%外,其余全部留给外贸企业;第三类是一般商品,按外汇牌价上缴国家20%,地方政府按收汇全额留成10%额度,生产企业留成10%额度,其余留成给经营出口的企业。为保证国家的用汇,国家以全国外汇调剂市场平均价向外贸企业和生产企业分别收购机电产品、一般商品出口收汇全额的20%和10%的外汇。其余留成给外贸企业的外汇主要用于外汇调剂和自营进口。

第三,各省、自治区、直辖市及计划单列市人民政府和各外贸、工贸专业进出口总公司及其他外贸企业等向国家承包出口总额、出口收汇和上缴中央外汇(包括收购)额度任务。承包任务根据"八五"计划对外贸发展的要求和全国外贸出口的实际情况,逐年核定。

第四,继续按照国务院的要求完成清理整顿公司的任务。保留下来的外贸公司,要严格按核定的经营范围经营。对于产品技术比较复杂、出口量较大、符合自营出口条件的大中型国营生产企业和紧密型生产企业集团,自营出口本企业产品,继续给予支持,其进出口经营权由经贸部审批。继续鼓励和扶持外商投资企业发展出口。为建立良好的经营秩序,要加强各专业总公司和各进出口商会对进出口商品的协调管理。

第五,搞活外汇调剂。在保证完成上缴国家外汇额度和收购任务后,允许外汇额度进入调剂市场,并跨省调剂。各地方政府、各部门不得用行政手段干预外汇资金的横向流通。

第六，进口商品的经营管理办法基本不变，为支持国内生产和增强外贸企业综合经营能力，要保证适度进口规模，合理调整进口商品结构。

这一时期，外贸体制的改革全面深化，释放出强大的能量，我国外贸出现了新的生机和活力。特别是1991年开始实行"统一政策、平等竞争、自主经营、自负盈亏、工贸结合，推行代理制，联合统一对外"的方针，对促进整个外贸行业注重效益，调整出口商品结构，形成开放式、效益型的经营机制都产生了明显的效应。改革开放促使我国经济快速发展，对原材料和机械设备的需求不断扩大，进口与出口相应增长。整个20世纪80年代，工业制成品出口与进口所占比重都有大幅度提高。1980年工业制成品出口接近出口总值的一半，达到49.7%，1989年上升到71.3%；同期，工业制成品进口也快速增长。1980年工业制成品进口比重为65.2%，1983年提高到72.8%，1984~1991年，一直保持在80%以上。1978年与1991年相比较，中国进出口总额由206.4亿美元增长到1356.3亿美元，其中出口额由97.5亿美元增长到718.4亿美元，进口额由108.9亿美元增长到637.9亿美元，年均增速分别达到16.6%和14.6%（见表1-3）。

表1-3　1988~1991年中国对外贸易发展

单位：亿美元

年份	进出口	出口	进口	贸易差额
1988	1027.9	475.2	552.7	-77.5
1989	1116.8	525.4	591.4	-66.0
1990	1154.4	620.9	533.5	87.4
1991	1356.3	718.4	637.9	80.5

资料来源：中国国家统计局数据库。

另外，吸引外资成为当时中国对外开放和外贸体制改革的一大亮点。改革开放初期，国内生产能力和出口创汇能力严重不足，外汇极度缺乏。在此背景下，中国开始招商引资，利用外部资金，扩大出口生产和创汇能力。外商投资企业被直接赋予进出口经营权。1979~1991年，中国累计实际利用外资 250 亿美元。外商投资企业进出口规模不断扩大，在中国外贸中的作用迅速提升，1979~1991 年，占中国外贸总额的比重由 0.1% 提高到 21.3%。外资对外贸发展起到了举足轻重的作用。

三 市场化贸易政策体系建立和贸易体制改革阶段（1992~2001 年）

1992 年 10 月后，中国进入了社会主义市场经济发展阶段。在当年召开的党的十四大提出："深化外贸体制改革，尽快建立适应社会主义市场经济发展的，符合国际贸易规范的新型外贸体制。"这标志着中国贸易体制和政策体系的改革已经不限于贸易管理权限和外贸企业体制等内容，已经进入建立适合社会主义市场经济要求的对外贸易体制转换，改革进入了纵深性、整体性和系统性的深化和配套改革阶段。

（一）确立"符合国际贸易规范"的贸易体制改革的基本目标

1993 年 11 月《中共中央关于建立社会主义市场经济体制若干问题的决定》中强调："要进一步改革对外经济贸易体制，建立适应国际经济通行规则的运行机制。坚持统一政策、放开经营、平等竞争、自负盈亏、工贸结合、推行代理制的改革方向。"这一方针政策的实施，对我国外贸体制向全方位、多层次、开放型、分散灵活、相互竞争的格局转换产生了前所未有的触动作用。顺应 1986 年中国"复关"的要求，中国的贸易体制和贸易政策的改革已经以符合国际规则为导向全面而深入地展开。根据中国政府在改革中提出的"符合国际贸易规范"的承诺，中国提出的改革方向是，统一政策，平等竞争，自负盈亏，工贸结合，推行代理，以建立适应国际通行规则的外贸运行机制。中国对外贸易的功能和内涵也随之扩大，从"互通有无、调剂余缺"转为市场经济条件下，充分利用国际和国内两个市场、两种资源，积极参与国际分工，积极参与国际竞争与国际经济合作，发挥比较优势。国家陆续提出了市场多元化、"大经贸"、"引进来"和"走出去"相结合、以质取胜、科技兴贸、积极参与区域经济合作和多边贸易体系等战略思想。1992年中国取消进口调节税；1994年取消进出口指令性计划；此后中国多次下调关税，整体关税已经与国际平均水平大为接近，与世界市场更加接近。此外，中国的进口配额及其他的非关税措施数量也在逐年减少。

在进口方面，我国对贸易保护政策实行了一定的松动，具体措施包括：一是对关税政策进行调整，1992年1月1日采用了按照《国际商品名称和编码协调制度》调整的关税税则，并降低了225个税目的进口税率。其后多次下调关税，到1996年中国的关税总水平已经下降到23%。1992年中国取消进口调节税，并于1994年取消了进出口指令性计划。二是减少、规范非关税措施，包括进口外汇体制的改革，实行单一的有管理的浮动汇率制度，大量取消配额许可证和进口控制措施，配额的分配也转向公开招标和规范化分配制度。三是依据GATT/WTO的规则对中国的涉外法律体系进行完善，其中包括建立了大量的技术法规、反倾销条例等。

在服务贸易促进方面。1992年之后，中国服务贸易领域逐步向外资开放，国家在金融、保险、房地产、商业零售、咨询、会计师服务、信息服务、教育等诸多领域积极进行试点开放，并陆续颁布了一些短期或者过渡性的法律法规进行规范管理。随着国内服务业改革的深入，中国的电信等敏感部门也开始同外资合作。

（二）对贸易体制改革进行总体设计和规划

1994年，为适应社会主义市场经济发展要求，国务院发布了《关于进一步深化对外贸易体制改革的决定》（以下简称《决定》），对我国对外贸易体制进行系统性、全面性和深层次的改革，主要内容包括以下几点。

1. 转换外贸企业经营机制，逐步建立现代企业制度

按照现代企业制度改组国有专业外贸企业，使其真正成为自主经营、自负盈亏、自我发展、自我约束的经营主体，加强凝聚力，充分发挥企业和职工的积极性，不断扩大进出口贸易，保证国有资产的保值和增值，增强企业实力。同时要加强企业管理和完善企业考核办法，以此引导对外贸易健康发展。

2. 确立外贸企业独立市场主体地位

在外贸企业经营机制改革方面,将企业由国家计划的单纯执行者,转变为名副其实的国家宏观政策指导下的进出口商品经营者;从单纯追求创汇指标转变为在坚持经济效益的基础上,实行一业为主、多种经营,努力扩大出口创汇;坚持"以质取胜",多元化开拓市场;走实业化、集团化、国际化经营的发展道路;积极推行进出口代理制,转变经营作风,搞好代理服务。

3. 建立现代企业制度,实行多元化经营

《决定》还规定,具备条件的专业外贸企业经批准可以改组为规范化的有限责任公司或股份有限公司,允许吸收法人股、职工内部少量持股(不上市的公司在试点期职工股以不超过10%为限)。对允许职工少量持职工股的办法,由外经贸部批准选择少量企业经过试点,取得经验再决定是否推广。鼓励专业外贸企业与非外贸企业发挥各自优势,合资联营,共同开拓国际市场。推动专业外贸企业、生产企业和科研院所在平等互利的基础上,通过投资、参股、联合开发、联合生产、联合经营等方式,形成一批以贸易为龙头、贸工农技相结合的或以生产科研企业为核心的工贸技一体化的大型企业集团。在进一步扩大专业外贸企业的自主权,搞活企业经营的同时,允许在国有大中型专业外贸企业中设立监事会,对企业国有资产的增值和经营状况进行监督、稽核,防止企业决策失误。监事会不干预企业的正常经营活动。

4. 改革外汇管理体制,发挥汇率对外贸的调节作用

改革外汇管理体制是创造外贸平等竞争环境、深化外贸体制改革的一项重要措施。这对我国与国际经济接轨,进一步对外开放,推动对外贸易持续发展具有重要意义。根据《决定》,从1994年1月1日起,国家实行新的外汇管理体制,即以市场供求为基础的、单一的、有管理的人民币浮动汇率制;建立银行间外汇交易市场,改进汇率形成机制,保持合理及相对稳定的人民币汇率;实行外汇收入结汇制,取消现行的各类外汇留成、上缴和额度管理制度;实行银行售汇制,实现人民币在经常项目下有条件可兑换;对向境外投资、贷款、捐款等汇出继续实行审批制度。外商投资企业的外汇管理仍先按现行办法进行。

5. 综合运用法律、经济手段，完善外贸宏观管理

国家主要运用法律、经济手段调节对外贸易活动，使对外贸易按客观经济规律运行，充分利用国际和国内两个市场、两种资源，优化资源配置。加快完善外贸立法，依法管理。《中华人民共和国对外贸易法（草案）》经全国人大常委会审议通过后，要抓紧制定相关的法规、规章，争取尽快建成比较完善的外贸法律体系。所有外贸管理部门和进出口企业都要增强法制观念，严格依法管理和经营。

（三）对贸易政策进行重大调整

为适应经济国际化、全球化以及建立社会主义市场经济体制的要求，对进出口与吸引国际投资政策进行了相应的改革与完善。

1. 简政放权，中央政府工作重点放在宏观调控与政策引导上

国家不再给各省、自治区、直辖市及计划单列市和进出口企业下达外贸承包指令性计划指标，对进出口总额、出口收汇和进口用汇实行指导性计划管理，对企业的经营目标进行引导，进而调动地方与企业的两个积极性。对少数重要的进出口商品实行配额控制，协调平衡内外销关系。

2. 国家继续采取鼓励出口的政策措施，促进出口增长

完善出口退税制度，退税既要做到足额及时、简化手续，又要继续采取有力措施，有效防止骗税，严厉打击骗税的不法行为。对机电产品出口，继续给予扶持、鼓励。大力推动贸工技结合，加快科技成果转化，优化出口商品结构。设立出口商品发展基金和风险基金，主要用于少数国际市场价格波动较大的商品以丰补歉，开发新商品，促进现有出口商品的更新换代，开拓新市场等。实行有利于外贸出口发展的信贷政策，银行对各类外贸企业出口贷款应按照信贷原则予以优先安排，贷款规模的增长与出口的增长保持同步。设立中国进出口信贷银行，为机电产品、成套设备等资本货物进出口提供政策性金融支持。上述鼓励出口的具体政策措施，由外经贸部等有关部门另行制定。

3. 促进外贸主体多元化发展

继续拓展目前业已形成的专业外贸企业、有外贸经营权的生产企业和科

研单位以及商业物资企业、外商投资企业共同推动进出口贸易的格局。加快授予具备条件的国有生产企业、科研单位、商业物资企业外贸经营权。进一步贯彻落实国务院关于促进生产企业自营进出口工作的有关规定,鼓励和扶持这些获得进出口自营权的企业积极从事出口经营,增加出口创汇。继续鼓励外商投资企业发展出口。

4. 发挥进口对国民经济发展的促进作用,改革和完善进口管理

主要运用经济和法律手段,同时辅之以必要的行政手段,保持进出口基本平衡。按产业政策调整关税税率,引导进口商品结构的适时调整。为促进国内产业发展,按照关贸总协定的规则对幼稚产业实行适度保护。当出现国外进口商品以补贴或低价倾销方式抢占我国市场,并对国内生产和就业造成损害或构成威胁时,国家可采取必要措施,减轻或消除这些不利影响。在国际收支出现较大逆差时,依照国际惯例,采取临时限制进口的措施。对某些重要进口商品实行必要的配额、许可证管理。逐步降低关税总水平,禁止非政策性减免税。对需依法进行检验的某些进口商品,要采用先进的检验设施,改进检验方法,方便进出。

5. 规范市场秩序,打造公平竞争环境

对关系国计民生的、属于战略性资源的、国际市场垄断性强的或我国在国际市场上处于主导地位的特别重要的少数进出口商品,组建联合公司联合经营,统一对外。其他进出口商品由有外贸经营权的公司放开经营。对少数实行数量限制的进出口商品的管理,按照效益、公正和公开的原则,实行配额招标、拍卖或规则化分配。有关法规、规章由外经贸部会同有关主管部门起草、制定,并监督实施。

6. 建立一套比较完善的海外企业的管理办法

制定海外投资的导向政策;讲求规模投资效益,促进企业间的联合;海外企业应按照所在国(地区)法律进行经营,按国际通行做法建立严格的财务申报和审计制度。外经贸主管部门要协助银行和外汇管理等部门加强跟踪结汇等专项管理,坚决禁止国内企业利用海外企业逃汇、套汇。我国驻外使领馆经济和商务机构要加强对海外企业的指导、管理、协调、监督。加强规划、信息服务和监测、预测工作。加快外贸管理部门和海关、外汇、财政、税务等相关部门的计算机联网建设步伐。各部门要在先搞好本系统联网的基础上，实现全国的联网。

（四）强化行业组织的协调服务职能，完善外贸经营的协调服务机制

建立社会的中介服务体系。发挥各研究咨询机构和各学会、协会的信息服务功能，形成全国健全的信息服务网络。建立必要的法律、会计、审计事务所，为企业提供有关外经贸方面的服务，并对企业的经营进行社会监督。充分发挥进出口商会在外贸经营活动中的协调指导、咨询服务作用。进出口商会是经政府批准，由从事进出口贸易的各类型企业依法联合成立的行使行业协调、为企业服务的自律性组织。进出口商会应当遵守法律、行政法规，依照章程对其会员的进出口经营活动进行协调指导，提供咨询服务，积极开展对外贸易促进活动。其主要职责是：维护进出口经营秩序和会员企业的利益；组织对国外反倾销的应诉；为会员企业提供信息和咨询服务；调解会员之间的贸易纠纷；向政府反映企业的要求和意见，并对政府制定的政策提出建议；监督和指导会员企业守法经营；根据政府主管部门的授权，参与组织进出口商品配额招标的实施；参与组织出口交易会、出国展览会；对外开展业务交流与联络，进行市场调研；向政府有关执法部门建议或直接根据同行协议规定，采取措施惩治违反规定的企业；履行政府委托或根据会员企业要求赋予的其他职责。要在现有进出口商会基础上，按主要经营商品分类改组建立全国统一的各行业进出口商会。有外贸经营权的企业（包括外商投资企业）均应服从进出口商会协调。商会的经费可参照国际通行做法自行解决。进出口商会不得兼营进出口业务。外经贸部等政府部门对进出口商会的工作要给予积极支持和指导，同时对进出口商会的工作进行监督、检查。

（五）保持外贸政策的统一性，增强外贸管理的透明度

全国实行统一的对外贸易制度和政策，是建立全国统一大市场的客观要求，也是国际贸易规范之一。为此，必须确保我国对外贸易制度的统一性，统一对外贸易立法和法律实施，统一管理对外贸易，对外统一承担国际义务。凡涉及对外贸易的全国性的法规、政策，国务院授权外经贸部统一对外公布。对当前地区间实行的涉及对外贸易方面的不同政策，要逐步统一规范。各类进出口企业均应逐步实行统一的外贸政策。凡不涉及国家安全、商业秘密的各项外经贸法规、政策及对外服务的有关规定均应予以公布。过去制定的有关政策，凡继续有效的，也要予以公布，增强透明度。各级地方人民政府、国务院各部门要继续加强对外贸工作的领导，支持进出口企业适应新形势，做好有关的各项工作，并协调解决好改革中出现的新问题。

（六）深化外汇体制改革，发挥汇率对外贸的能动调节作用

国务院决定，从 1994 年 1 月 1 日起，实现双重汇率并轨，实行以市场供求为基础的、单一的、有管理的人民币浮动汇率制度，建立银行间外汇市场，改进汇率形成机制，保持合理的、相对稳定的人民币汇率；实行外汇收入结汇制，取消现行的各类外汇留成，取消出口企业外汇上缴和额度管理制度，实行银行售汇制，实行人民币在经常项目下的有条件可兑换。外汇体制改革为各类出口企业创造了平等竞争的良好环境，有助于提高我国出口商品的竞争力；大大加速外贸企业经营机制的转换，更有效地发挥汇率作为经济杠杆调节对外贸易的功能；有助于中国外贸体制与国际规则接轨。1996 年 12 月 1 日，我国还宣布接受国际货币基金组织第八条款规定的义务，实现人民币经常项目下可兑换。

（七）运用经济、法律手段，完善对外贸易的宏观管理

加强和改善宏观管理，即管方针、管政策、管规划、管监督，在 1994 年《对外贸易法》颁布实施的基础上加快制定并实施各种配套法规，将对外贸易管理纳入法制化轨道。宏观上主要运用经济手段，如汇率、关税、税收、利率等调节对外贸易。对进出口总额出口收汇和进口用汇实行指导性计划。加快赋予具备条件的国有生产企业、商业物资企业和科研单位外贸经营权，截至 1996 年底，我国各类外经贸企业已达 1.2 万多家（其中自营进出口生产企业 5000 多家），外商投资企业 14 万多家。1996 年 9 月，外经贸部颁布了《关于设立中外合资对外贸易公司试点暂行办法》，规定外国公司、企业可以与中国的公司、企业在上海浦东新区和深圳经济特区试办中外合资外贸公司。外商不仅可以在生产领域，而且可以在流通领域进行合资合作经营。此外，1996年我国还在5个经济特区进行生产企业外贸经营登记制试点。外贸经营权将根据我国的对外承诺，最终由审批制转向依法登记制。

在这一时期，中国对外贸易发展开始步入快车道，取得了显著成绩。20世纪80年代中期，国际产业结构出现了新一轮调整和转移，为了抓住这一有利形势，国家进一步确立了以加工贸易为重点、扩大劳动密集型产品出口的沿海发展战略，加工贸易得到迅速发展。在当时历史条件下，加工贸易使中国成功地承接了国际劳动密集型产业的转移，带动了国内工业发展，促进了出口商品结构的优化升级，实现了外贸出口由以初级产品、资源型产品为主向以工业制成品为主的转变。1986年，工业制成品取代初级产品成为中国主要出口商品，实现了出口结构的一次根本性转变。1991年，工业制成品占出口总额的比重上升到77%。市场日益多元化，日本、中国香港、美国、欧共体成为中国最主要的出口市场和贸易伙伴，而与俄罗斯和东欧国家的贸易份额则大幅下降。在扩大企业外贸经营权方面，实行以国民待遇原则和非歧视原则为基准的市场主体准入政策，大力推进了外贸放开经营，加快授予具备条件的国有生产企业、科研院所、商业物流企业等市场主体的外贸经营权。在加入WTO之前，中国国内已经有30多万家企业获得了贸易经营权，并且加快推进这些转型外贸企业经营机制的转换，实行现代企业制度改革。在服务贸易方面，1992年之后，中国服务贸易领域逐步向外资开放，国家在金融、保险、房地产、商业零售、咨询、会计师服务、信息服务、教育等诸多领域积极进行试点开放，并陆续颁布了一些短期或者过渡性的法律法规进行规范管理。随着国内服务业改革的深入，中国的电信等敏感部门也开始同外资合作。而在这一时期，发展最为迅速和最有成效的是加工贸易。当时大量的外资企业进入，大大推进了我国加工贸易总量的扩张，大大促进了中国制造业的国际化，使相当一部分产业和企业具备了一定的国际竞争力。同时，以外资企业、加工贸易为支撑的进出口格局，也使中国外贸开始呈现顺差逐年快速扩大的趋势。1992~2001年，中国货物进出口总额由1655.3亿美元上升到5096.5亿美元，增长2.1倍，在全球贸易中的地位上升到第6位（见表1-4）。同期，外贸顺差由43.5亿美元扩大到225.5亿美元，增长4.2倍。国际储备快速累积，规模不断扩张，1996年外汇储备迈过千亿美元大关，2001年达到2121.6亿美元。这使实施"走出去"战略具备了一定的基础和条件，同时"走出去"也是当时国民经济结构调整、充分利用国外资源、培育新的出口增长点的现实需要。1999年，中国拉开了实施"走出去"战略的序幕。2000年，中国非金融类对外直接投资10亿美元，此后，开始了几乎平均每年翻一番的高速发展，并带动了中国技术、设备的出口，海外投资也为保障国内资源供应提供了有益补充。

表1-4 1992~2001年中国对外贸易发展

单位：亿美元

年份	进出口	出口	进口	贸易差额
1992	1655.3	849.4	805.9	43.5
1993	1957.0	917.4	1039.6	-122.2
1994	2366.2	1210.1	1156.1	54.0
1995	2808.6	1487.8	1320.8	167.0
1996	2898.8	1510.5	1388.3	122.2
1997	3251.6	1827.9	1423.7	404.2
1998	3239.5	1837.1	1402.4	434.7
1999	3606.3	1949.3	1657.0	292.3
2000	4742.9	2492.0	2250.9	241.1
2001	5096.5	2661.0	2435.5	225.5

资料来源：中国国家统计局数据库。

这一时期，中国大力发展劳动密集型产业，并鼓励出口劳动密集型产品。随着国内产业的升级，对外贸易的质量也有了显著提升，一些资本和技术密集型产品逐步替代劳动和资源密集型产品，成为最主要的出口商品；外商投资企业迅速发展为中国对外贸易扩展的能动力量，加工贸易成为我国贸易的主要贸易方式。自1996年开始中国的机电产品出口取代了传统的纺织品成为最主要的出口产品,表面上看中国已经走出了劳动力密集型产品出口的这个圈子。但是,随着20世纪90年代全球经济的增长,以及经济全球化和跨国公司全球生产链的转移,中国成为全球生产中的一环,跨国公司进入中国,主要进行的资源配置就是利用中国的廉价劳动力。这里所说的廉价劳动力不等同于简单劳动力,它包括跨国公司廉价地在中国雇用高级技术人员和知识人员。这一点表现在两点上:一是中国的出口贸易方式主要是以加工贸易、代工贸易为主;二是三资企业出口比重逐年上升。这一轮外贸体制改革的实施,加强了市场经济机制的调节作用,促进了中国对外贸易市场化的进程。

四 "入世"后中国对外贸易超常发展、体制改革深化及政策走向(2002~2011年)

中国自"入世"以来,货物进口年均增长约20%,中国迅速扩张的进口已成为世界经济增长的重要推动力,为贸易伙伴扩大出口创造了巨大的市场空间,也为世界经济走出金融危机阴影、实现全面复苏提供了持续和有力的支撑。中国工业化、城镇化开始快速推进,内需持续增长,不断扩大和开放的市场正在为贸易伙伴提供越来越多的发展机会。可以说,"入世"以来至今,是中国外贸体制改革全面深化和外贸超常规发展的黄金时期。

(一)加入世贸组织(WTO)后中国外贸政策及管理体制的变化

加入WTO使中国对外贸易环境发生深刻和根本性的变化。一方面,中国要履行加入WTO的各项承诺,全面和大幅度削减关税和非关税措施,对现行外贸体制进行适应性调整和深层次改革,以适应WTO规则和国际贸易准则的要求;另一方面,加入WTO后,既要考虑有利条件,又要对不利因素进行充分评估,做好相关应对工作,抓住机遇,迎接挑战,扩大出口,合理调控进口,确保对外贸易的平稳运行。进口调控的原则是,要运用WTO允许的手段合理调控进口,努力实现进出口总量平衡,同时重在优化进口商品结构，更好地配合国民经济发展的需要。"入世"后，我国在推进对外贸易体制改革、扩大开放经济水平方面做了巨大努力。

1. 按照 WTO 要求，全面履行承诺，大幅度降低关税

在加入世界贸易组织过渡期，中国进口商品关税总水平从 2001 年的 15.3% 逐步降低到 2005 年的 9.9%。到 2005 年 1 月，中国绝大多数关税削减承诺执行完毕。根据承诺，中国自 2005 年 1 月起全部取消对 424 个税号产品的进口配额、进口许可证和特定招标等非关税措施，仅仅保留了依据国际公约以及在世界贸易组织规则下为保证生命安全、保护环境实施进口管制产品的许可证管理。目前，中国关税总水平已经降至 9.8%，其中农产品平均税率降至 15.2%，工业品平均税率降至 8.9%。关税约束率自 2005 年起一直维持在 100%。

2. 健全和完善相关法律法规体系，对外贸易体制在法制化方面迈出了坚实一步

全面和彻底地对原有一些不符合 WTO 规则的法律和法规进行梳理和修正，逐步加以健全和完善，对缺失的法律法规加紧补充和制定，加快建立配套的反倾销、反补贴和保障措施等公平贸易规则体系。在 WTO 框架内，制定相应的市场保护措施，防止"入世"初期过度进口对国内产业造成损害。加入世界贸易组织后，中国集中清理了 2300 多部法律法规和部门规章。对其中不符合世界贸易组织规则和中国加入世界贸易组织承诺的，分别予以废止或修订。新修订的法律法规减少和规范了行政许可程序，建立健全了贸易促进、贸易救济法律体系。根据世界贸易组织《与贸易有关的知识产权协议》，中国对与知识产权相关的法律法规和司法解释进行了修改，基本形成了体系完整、符合中国国情、与国际惯例接轨的保护知识产权的法律法规体系。

3. 全面放开外贸经营权，促进贸易自由化发展

根据 2004 年新修订的《中华人民共和国对外贸易法》，自 2004 年 7 月起，中国政府对企业的外贸经营权由审批制改为备案登记制，所有符合条件的对外贸易经营者均可以依法从事对外贸易，为优化贸易主体结构，提供了制度保障。取消外贸经营权审批促进了国有企业、外商投资企业和民营企业多元化外贸经营格局的形成。在国有企业和外商投资企业进出口持续增长的同时，民营企业对外贸易发展迅速，进出口市场份额持续扩大，成为对外贸易的重要经营主体。

4. 扩大开放领域，全面提高开放水平

中国认真履行加入世界贸易组织的承诺，为境外服务商提供了包括金融、电信、建筑、分销、物流、旅游、教育等在内的广泛的市场准入机会。在世界贸易组织服务贸易分类的160个分部门中，中国开放了100个，开放范围已经接近发达国家的平均水平。2010年，中国服务业新设立外商投资企业13905家，实际利用外资487亿美元，占全国非金融领域新设立外商投资企业和实际利用外资的比重分别为50.7%和46.1%。2011年中国利用外交和对外投资分别为929亿美元和720亿美元，FDI流入与流出差距呈减少趋势（见表1-5）。

表1-5 中国吸收外资与对外投资情况

单位：亿美元

年份	2004	2005	2006	2007	2008	2009	2010	2011
流入	549	791	781	795	841	865	909	929
流出	18	113	178	260	370	480	650	720
差额	531	678	603	535	471	385	259	209

资料来源：Columbia Program on International Investment, "World investment prospects to 2011: Foreign Direct Investment and the Challenge of Political Risk"。

5. 按照经济全球和国际化的要求，加快行政体制改革，转变政府职能

大幅度下放和缩减政府审批权，简化审批手续，提高办事效率。加强政府宏观调控的科学性和预见性，全面提高政府部门的服务意识、服务能力和服务水平，打造服务型政府。中国通过建立、完善公平贸易法律制度和执法、监督机制，遏制与打击对外贸易经营中的侵权、倾销、走私、扰乱市场秩序等不公平贸易行为，努力为境内外企业提供一个宽松、公平、稳定的市场环境。中国政府依据国内法律和国际贸易规则，加强预警监测，同时利用贸易救济和反垄断调查等措施，对贸易伙伴的不公平贸易行为予以纠正，维护国内产业和企业的合法权益。在应对国际金融危机过程中,中国与国际社会一起坚决反对任何形式的贸易保护主义,严格遵守世界贸易组织相关规定,在实施经济刺激计划时平等地对待境内外产品,促进了境内外企业的公平竞争。

可以看出,中国加入 WTO 既带来了一定的挑战,同时也带来了一定机遇。"入世"后,中国政府应对得当,不仅把握和抓住了机遇,也将挑战转化为机遇,为中国贸易发展带来改革与"入世"的双重红利。

(二)"入世"后中国对外贸易取得的成就

改革开放和积极参与经济全球化,使中国成为世界上增长最快的经济体之一。最近 10 多年来,中国与其他新兴经济体一起,成为推动世界经济增长日益重要的力量。根据世界银行的数据,2010 年中国国内生产总值比 2001 年增长 4.6 万亿美元,占同期世界经济总值增量的 14.7%。中国国内生产总值占世界经济总值的比重增加至 9.3%。世界贸易组织的数据显示,2000～2009 年,中国出口量和进口量年均增长速度分别为 17% 和 15%,远远高于同期世界贸易总量 3% 的年均增长速度。

1. 贸易总量跻身世界前列,确立并巩固了世界贸易大国的地位

1978 年,中国货物进出口总额只有 206 亿美元,在世界货物贸易中排名第 32 位,所占比重不足 1%。2010 年,中国货物进出口总额达到 29727.6 亿美元,比 1978 年增长了 143 倍,年均增长 16.8%。其中,出口总额 15779.3 亿美元,年均增长 17.2%;进口总额 13948.3 亿美元,年均增长 16.4%。中国出口总额和进口总额占世界货物贸易出口和进口的比重分别提高到 10.4% 和 9.1%。2003～2011 年,货物进出口年均增长 21.7%,其中,出口年均增长 21.6%,进口年均增长 21.8%。2011 年,我国货物进出口总额 36420.6 亿美元,比 2002 年增长 4.9 倍,进出口总额跃居世界第 2 位,并连续 3 年成为世界货物贸易第一大出口国和第二大进口国。从数据中可以看出,中国作为世界贸易大国的地位已不可动摇(见表 1-6、表 1-7、表 1-8)。

表 1-6 2002~2011 年中国对外贸易发展

单位：亿美元

年份	进出口	出口	进口	贸易差额
2002	6207.7	3256.0	2951.7	304.3
2003	8509.9	4382.3	4127.6	254.7
2004	11545.5	5933.2	5612.3	320.9
2005	14219.1	7619.5	6599.5	1020.0
2006	17604.0	9689.4	7914.6	1774.8
2007	21737.3	12177.8	9559.5	2618.3
2008	25632.5	14306.9	11325.6	2981.3
2009	22075.4	12016.1	10059.2	1956.9
2010	29727.6	15779.3	13948.3	1831.0
2011	36420.6	18986.0	17434.6	1551.4

资料来源：中国国家统计局数据库。

表 1-7 1980~2010 年中国出口额占世界出口总额的比重和位次

单位：亿美元

年份	世界出口总额	中国出口总额	中国出口额占世界出口总额的比重（%）	位次
1980	20340	181	0.9	26
1981	20100	220	1.1	19
1982	18830	223	1.2	17
1983	18460	222	1.2	17
1984	19560	261	1.3	18
1985	19540	274	1.4	17
1986	21380	309	1.4	16
1987	25160	394	1.6	16
1988	28690	475	1.7	16
1989	30980	525	1.7	14
1990	34490	621	1.8	15
1991	35150	719	2.0	13
1992	37660	849	2.3	11
1993	37820	917	2.4	11
1994	43260	1210	2.8	11
1995	51640	1488	2.9	11
1996	54030	1511	2.8	11

续表

年份	世界出口总额	中国出口总额	中国出口额占世界出口总额的比重(%)	位次
1997	55910	1827	3.3	10
1998	55010	1837	3.3	9
1999	57120	1949	3.4	9
2000	64650	2492	3.9	7
2001	61910	2661	4.3	6
2002	64920	3256	5.0	5
2003	75860	4382	5.8	4
2004	92180	5933	6.4	3
2005	104890	7620	7.3	3
2006	121130	9690	8.0	3
2007	140000	12205	8.7	2
2008	161160	14307	8.9	2
2009	125220	12016	9.6	1
2010	152380	15778	10.1	1

资料来源:《中国经济统计年鉴2011》。

表1-8 1980~2010年中国进出口额增长速度(按美元计算,上年=100)

单位:%

年份	进出口总额	出口额	进口额
1980	30.0	32.7	27.8
1981	15.4	21.5	10.0
1982	-5.5	1.4	-12.4
1983	4.8	-0.4	10.9
1984	22.8	17.6	28.1
1985	30.0	4.6	54.1
1986	6.1	13.1	1.6
1987	11.9	27.5	0.7
1988	24.4	20.5	27.9
1989	8.6	10.6	7.0
1990	3.4	18.2	-9.8
1991	17.6	15.8	19.6
1992	22.0	18.1	26.3
1993	18.2	8.0	29.0

续表

年份	进出口总额	出口额	进口额
1994	20.9	31.9	11.2
1995	18.7	32.9	14.2
1996	3.2	1.5	5.1
1997	12.2	21.0	2.5
1998	-0.4	0.5	-1.5
1999	11.3	6.1	18.2
2000	31.5	27.8	35.8
2001	7.5	6.8	8.2
2002	21.8	22.4	21.2
2003	37.1	34.6	39.8
2004	35.7	35.4	36.0
2005	23.2	28.4	17.6
2006	23.8	27.2	19.9
2007	23.5	26.0	20.8
2008	17.9	17.2	18.5
2009	-13.9	-16.0	-11.2
2010	34.7	31.3	38.8

资料来源：《中国经济统计年鉴2011》。

2. 进出口商品结构进一步优化，贸易质量明显提高

从出口方面看，中国出口商品结构在20世纪80年代实现了由初级产品为主向工业制成品为主的转变，到90年代实现了由轻纺产品为主向机电产品为主的转变。进入21世纪以来，中国出口商品中以电子和信息技术为代表的高新技术产品出口比重不断扩大。2011年，工业制成品出口占出口总额的比重由2002年的91.2%提高到94.7%；机电产品出口占出口总额的比重由2002年的48.2%提高到57.2%；高新技术产品出口占出口总额的比重由2002年的20.8%提高到28.9%。与2002年相比，2011年我国汽车出口数量增长37倍；船舶出口额增长22倍，已超过韩国成为第一大船舶出口国；飞机、卫星出口实现零的突破，笔记本电脑、显示器、手机、电视机、集装箱等50多种产品出口量居世界第一位。高耗能、高污染、资源型产品出口比重逐步下降。从进口方面看，先进技术、设备、关键零部件进口持续增长，大宗资源能源产品进口规模不断扩大。2011年，机电产品、高新技术产品进口分别达到7532.9亿美元和4629.9亿美元，分别占进口总额的43.2%和26.6%，比2002年分别提高3.8倍和4.6倍；高技术产品进口国际市场份额由2002年的6%提高到14%，位居世界第2；非食用原料与矿物燃料、润滑油及有关原料两大类商品进口占进口总额的比重由2002年的14.2%提高到2011年的32.2%。

3. 服务贸易增长迅猛，后发优势强劲

我国服务贸易自1982年开始有所统计，最初的进出口总额仅为44亿美元。加入世界贸易组织后，中国政府抓住有利时机，在大力促进货物贸易快速发展的同时，在政策上也结合中国产业结构调整，加大了对服务贸易的促进力度，中国服务贸易开始进入新的发展阶段，规模迅速扩大，结构逐步优化，排名也进入世界前列。旅游、运输等领域的服务贸易增势平稳，建筑、通信、保险、金融、计算机和信息服务、专有权利使用费和特许费、咨询等领域的跨境服务以及承接服务外包快速增长。2001~2010年，中国服务贸易总额（不含政府服务）从719亿美元增加到3624亿美元，增长了4倍多。中国服务贸易出口在世界服务贸易出口中的比重从2.4%提高到4.6%，2010年达1702亿美元，从世界第12位上升到第4位；服务贸易进口比重从2.6%提高到5.5%，2010年达1922亿美元，从世界第10位上升到第3位。目前，在中国货物贸易进入平缓增长期的同时，服务贸易的后发优势越来越明显，将成为中国对外贸易保持持续和适度发展的有力推进力和亮点。

4. 贸易方式不断优化，贸易综合质量明显提升

2003~2011年，一般贸易进出口年均增速达到24.2%，超过加工贸易17.7%的年均增速。2011年，一般贸易达19245.8亿美元，比2002年增长6.3倍，占进出口总额的比重由2002年的42.7%提高到52.8%；加工贸易进出口为13052亿美元，比2002年增长3.3倍，占进出口总额的比重由2002年的48.7%下降到35.8%。同时，加工贸易转型升级取得积极成效，产业结构从劳动密集型为主转变为劳动密集和技术、资金密集型并重，加工制造程度逐步加深；产品结构不断改善，产业链不断延伸，机电和高新技术产品在加工贸易中的占比分别从 2002 年的 64.7% 和 27.1% 提高到 2011 年的 78.1% 和 50.5%。在轻工、纺织、医药三个行业出口中，2011 年共计出口 5751.3 亿美元，比 2002 年增长 3.5 倍。

5. 改变对外贸易过度依赖发达国家的局面，逐步形成多元化进出口市场格局

改革开放后，中国全方位发展对外贸易，与世界上绝大多数国家和地区建立了贸易关系。贸易伙伴已经由 1978 年的几十个国家和地区发展到目前的 231 个国家和地区。2002 年，我国对美国、欧盟、日本、中国香港进出口总额占我国进出口总额的 57.2%，2005 年下降至 52.9%，2011 年进一步降至 45.1%。21 世纪以来，中国在进一步巩固原有市场的同时，重点开拓新兴市场和发展中国家市场，大力实施多元化市场战略，在不断扩张国际市场、改进外贸发展环境的同时，也在一定程度上分散了贸易风险，拓展了对外贸易发展的新增长点。2005～2010 年，中国与东盟货物贸易占中国货物贸易的比重由 9.2% 提高到 9.8%，与其他金砖国家的货物贸易所占比重由 4.9% 提高到 6.9%，与拉丁美洲和非洲的货物贸易所占比重分别由 3.5% 和 2.8% 提高到 6.2% 和 4.3%。

6. 全面贯彻互利共赢战略，为外贸发展营造良好的国际环境

加入世界贸易组织以来，中国在解决与贸易伙伴的争议时兼顾各方利益，求同存异，共同发展。"入世"后，随着贸易规模的迅猛扩大，中国与贸易对象国间的争端和摩擦显著增多。在解决贸易争端中，中国始终认为对话比对抗好，合作比施压好，应当努力通过协商谈判解决贸易伙伴之间的争议。中国坚持兼顾和平衡各方利益，在世界贸易组织规则和体制内，利用多双边渠道，通过对话、协商和谈判来解决争议。近年来，中国在扩大市场开放、保护知识产权、促进贸易平衡、改革人民币汇率形成机制、规范进出口经营秩序等方面采取了许多措施。在协商不能解决争端的情况下，中国通过世界贸易组织争端解决机制，妥善处理与贸易伙伴的贸易争端，维护了多边贸易体制的稳定。

7. 积极参与并推动全球经济治理机制的改革

中国政府积极倡导以"均衡、普惠、共赢"作为多边贸易体制改革的目标，努力推动建立公平、公正的国际经济贸易新秩序。作为迅速成长的发展中大国，中国积极参与了 20 国集团领导人峰会、金砖国家领导人会晤、多哈回合谈判等国际对话和合作机制，努力承担与自身发展水平及国力相适应的国际责任。中国不断加强与新兴国家在经济、金融、贸易和投资等领域的合作，促进国际经济秩序朝着公正、合理、共赢的方向发展。

8. 积极参与双边和多边区域经贸合作

目前与中国签订双边贸易协定或经济合作协定的国家和地区已超过 150 个。中国与美、欧、日、英、俄等主要经济体均建立和保持着经济高层对话机制。中国积极参与亚太经济合作组织、东盟与中日韩（10+3）领导人会议、东亚峰会、中非合作论坛、大湄公河次区域经济合作、中亚区域经济合作、"大图们倡议"等区域和次区域经济合作机制。中国坚持"与邻为善、以邻为伴"方针，与周边国家与地区建立和发展多种形式的边境经济贸易合作。截至 2011 年底，中国已经与五大洲 28 个国家和地区进行了 15 个自由贸易安排或紧密经贸关系安排谈判，签订和实施了 10 个自由贸易协定或紧密经贸关系安排，正在进行的自由贸易协定谈判有 5 个。中国倡议建立东亚自由贸易区。2010 年，中国与 10 个自由贸易协定或紧密经贸关系安排伙伴（东盟、巴基斯坦、智利、新加坡、新西兰、秘鲁、哥斯达黎加、中国香港、中国澳门、中国台湾）的双边货物贸易总额达到 7826 亿美元，超过了中国进出口总额的 1/4。

9. 加强法制建设，保护知识产权，为国内外企业营造公平公正的竞争环境

"入世"以来，中国积极开展"外贸商品质量提升年"、打击对非洲出口假冒伪劣和侵犯知识产权商品专项治理等活动，进一步净化外贸生产和经营环境。加强我国出口产品国际市场开拓和宣传推介，开展一系列外贸商品质量提升专题培训。编制、发布涉及轻工、医疗保健、纺织、食品土畜等领域的 29 类重点出口商品的质量安全手册，开通外贸商品质量服务平台（网站），不断加大公共服务水平。上述有关工作，有效地维护了"中国制造"的良好形象，促进了出口品牌培育、知识产权保护和商品质量持续提升，加快了由"中国制造"向"中国创造"的转变。2008 年，中国制定了《国家知识产权战略纲要》，把保护知识产权提升到国家战略的高度加以推进。2006~2011年，中国连续6年颁布《中国保护知识产权行动计划》，实施了立法、执法、教育培训、文化宣传和对外交流等多个领域的1000多项具体措施。2010年，中国通过《专利合作条约》提出的国际专利申请量达到12295件，比2009年增长55.6%，增速居各国之首，世界排名从第5位上升至第4位。

五 中国对外贸易发展的前景与展望（2012年以后）

中国"入世"至2011年十年间，对外贸易一直处于高速增长的态势，除2009年受全球金融危机影响出现负增长外，其他年份增长幅度均在两位数。2012年中国对外贸易增长出现了重大转折，陡降至6.2%，令人始料不及。目前，种种迹象表明中国对外贸易年均两位数的高速增长时期已经结束，开始步入一位数的中高速发展区间。中国对外贸易降速除受国际经济环境因素影响之外，主要动因来自中国经济内部结构调整及贸易发展方式的转换，是中国对外贸易发展周期运动的必然结果，是贸易增长模式由数量型转向质量型过程中的现实反映。

（一）目前中国对外贸易面临的形势

目前，制约和影响中国外贸发展的因素具有多重性，各种因素相互交织、共同作用，导致当前对外贸易增长模式下难以再现前些年持续高速增长态势。

1. 国际因素影响

目前国际经济发展仍处于全球金融危机阴影之下，各国经济大都处于调整之中，支撑中国对外贸易发展的外需严重萎缩，维持外贸高增长的动力不足或难以为继。

（1）推进全球经济全面复苏的动力依然不足。2008年爆发的世界金融危机的影响力要远远超出人们的预期,其对全球经济所造成的负面效应还应延续数年甚至十几年。目前美欧日等发达经济体普遍采取持续性的紧缩财政政策,各国大型企业和跨国公司受到资金短缺限制,战略调整难以短期到位,而宽松的货币政策一时难以激活经济或创造有效需求,反而使通胀压力愈加沉重和失业率长期居高不下。目前美国财政悬崖涉及金额约占 GDP 的 4%,若处理不好,可能拖累美国经济重返衰退。总体来看,内需不足与外需乏力成为制约世界各国经济发展的共同障碍。一些新兴经济体依赖能源资源出口、国际收支失衡等问题开始逐渐暴露,发展面临的风险上升,经济增速也在放缓。国际货币基金组织预计,2013 年全球经济增长 3.6%,低于金融危机前 10 年 4% 的平均水平;世贸组织预计,全球贸易量增长 4.5%,明显低于危机前 10 年 6% 的平均水平。

(2) 欧洲主权债务危机潜在破坏力难以预测。目前,欧洲主权债务危机不断蔓延,有愈演愈烈趋势。实际上,欧债危机不仅仅局限于欧洲,而是由美国传导下的世界金融危机的延续和发酵的必然产物。因此说,目前欧债危机,一定程度上反映的是世界金融体系的危机。如果掌握和应对不好,有可能将危机引向世界,发生连锁反应,演变为世界性的经济危机。可以说,欧债问题严重阻碍欧盟的经济复苏,而且会引发更多的经济问题、社会问题和政治问题,如同定时炸弹,其潜在的破坏力难以预测。目前,欧盟是我国第一大贸易伙伴,欧盟发展的前景,必然对我国外贸发展走势产生直接而重要的影响。

(3) 世界经济不景气引发贸易保护主义进一步抬头。目前,作为中国主要贸易伙伴的欧盟、美国、日本等国家和经济体,尚未走出经济持续低迷的阴影,经济复苏步履维艰,为了保护国内产业,缓解就业压力,挖掘内需潜力,普遍采取贸易保护主义策略,为国内市场设置层层壁垒,限制和阻碍国外产品和资本进入,甚至以种种借口,制造贸易争端,频频动用贸易制裁手段。最近几年,针对我国的贸易救济案件数量和案值强度不减,反倾销、反补贴等贸易救济措施屡遭滥用。据世贸组织监测,2011 年 10 月至 2012 年 5 月,各成员共采取 182 项新贸易限制措施,影响全球进口额的 0.9%,且限制措施应对危机的一面下降,刺激本国产业复兴的一面上升。一些国家对新兴产业领域的跨国投资态度保守,想方设法加以限制。在选举政治的催化下,部分国家经贸政策甚至出现"去全球化"的危险倾向。中国作为世界第一大出口国、第二大进口国,已连续多年成为全球贸易保护主义的最大受害国。据英国智库经济政策研究中心(CEPR)的"世界贸易预警"(World Trade Alert)项目监测,2008年国际金融危机爆发以来,全球40%的贸易保护主义措施针对中国。随着中国出口产业从劳动密集型产业向新兴产业升级,国外对中国新兴产业出口的限制明显增多。近年国际贸易环境的恶化,已经成为阻碍中国对外贸易持续和高速发展的重大制约因素。

2. 国内因素的影响

加入世界贸易组织后,我国对外贸易的快速发展积累形成了巨大优势,但一些体制性和结构性问题在高增长结束后开始沉积并逐步显现出来,面临的压力与挑战日益突出。当前,世界经济已进入深度调整时期,我国经济也进入全面转型期,传统的粗放型出口增长模式难以为继,对外贸易发展方式亟须转变。

(1) 资源和环境等制约因素日渐强烈。目前我国的贸易发展方式面临着加速转型的巨大压力,现有体制与增长模式越来越表现出高速增长的不可持续性。如果今后对外贸易发展仍主要依靠资源、能源、土地和环境为主要推动力,发展的余地和空间所剩无几。从我国实际情况看,在矿产资源方面,石油、天然气人均储量不足世界平均水平的1/10,即使储量居世界第一的煤炭资源,人均储量也不到世界平均水平的40%。同时,我国能源资源消耗大,单位产品能耗高,利用水平低。以2009年为例,当年我国消耗的钢材占全球的46%,煤炭占45%,水泥占48%,我国单位GDP能耗是美国的2.9倍、日本的4.9倍、欧盟的4.3倍,矿产资源总回收率比世界先进水平约低20%。进入21世纪后,我国已成为全球仅次于美国的第二大能源消费大国,其中石油、铁矿石、铝土矿、铜矿等重要能源资源消费对进口的依存度都超过50%。可以看出,像以前那样过度依靠"两高一资",以牺牲环境为代价的低端产品扩张出口规模、保持高增长已经走到尽头,必须转向集约发展、以质取胜的外贸转型之路。

(2) 传统比较优势难现强势。"入世"后的十年间,支撑我国对外贸易快速发展的动力主要来自制造业,"中国制造"风靡一时。最近几年,中国要素成本上升较快,在一定程度上削弱了制造业的成本竞争力。2008~2011年,制造业城镇单位就业人员平均工资年均增长14.5%,制造业农民工月收入年均增长15%。特别是近两年,沿海及内陆省市很多外贸企业面临用工成本上升和用工缺口问题,熟练工人工资平均涨幅在20%~30%。随着周边国家工业化发展的加快,印度尼西亚、孟加拉、越南、柬埔寨等劳动力成本优势正进一步显现。部分对成本较为敏感的产业和产品订单大量向这些国家转移。据有关部门统计,2012年前7个月,中国七大类劳动密集型产品占美国、欧盟、日本的市场份额比上年分别下降2.1个百分点、1.4个百分点和2.7个百分点,流失份额主要被周边低成本国家挤占。这些现象表明,我国对外贸易难以继续依靠劳动力低成本的优势再现辉煌,迫切需要加快培育技术、质量、品牌、服务等综合优势。

(3) 对外贸易发展方式转型进入实质推进期。十八大后,中国经济进入体制改革密集期的同时,经济结构调整与发展方式转换也进入全面和实质性发展时期。中国政府将经济发展增速控制在7%~8%的同时,将拉动经济的主要动力由出口和投资转向扩大内需。这一方面大大减轻了外贸在量上扩张的压力,另一方面也为加速外贸增长方式转换提供了更大的空间。因此,今后我国对外贸易的发展由拉动经济的重要引擎,转到求转型、求质量的主线上来。这就预示着,今后对外贸易发展速度,将由以前的大大高于GDP增速,转变为与GDP增速大体持平甚至低于GDP增速。

(二) 我国对外贸易发展存在的突出问题

我国对外贸易经过"入世"后十年的超速发展,量的过度扩张在入市红利用尽后,也遗留下来诸多体制上、结构上的问题和矛盾。这些矛盾和问题需要在对外贸易发展进入相对平缓期后加以着手解决和改进,以确保对外贸易发展方式顺利转换和贸易质量的总体提升,并以适度的增速,拉动经济较快增长,充分发挥对外贸易对社会经济发展的贡献力。从目前看,我国对外贸易自身存在着以下突出问题。

1. 大而不强，核心竞争力与综合竞争力较弱

总体来看，目前我国在国际分工体系中仍处于全球产业链的低端环节。"入世"后，我国经济迅猛发展，经济总量与对外贸易总量均已位居世界第二，连续多年出口名列全球第一，进口名列全球第二，成为名副其实的贸易大国。但在国际分工体系和价值链中，我国仍基本集中在中低端的加工组装环节，出口主要集中于劳动力密集、资源密集、技术含量较低、附加值不高的产品上。而附加值和技术含量高的研发、设计、营销等环节仍主要掌握在发达国家手中。目前，机电产品和高新技术产品出口额虽分别超过60%和30%，已成为我国出口商品的主体，但具备自主知识产权、自主品牌、自主营销渠道的产品比重低。据测算，我国自主品牌产品出口金额比重不足10%。多年以来，我国对外贸易虽然规模增长快，但质量和效益不高，核心竞争力不强，这种"量大"而"利微"的外贸发展方式，不仅对资源和环境消耗大和破坏力强，而且极易引发贸易摩擦，在当前的国际经济环境下，如果我国对外贸易发展不实现由贸易大国向贸易强国的跨越，很难有进一步的发展，从长远看甚至难以在国际市场上立足。

2. 对外贸易主体实力较弱，抵抗风险能力偏低

中国外贸企业中的大企业，主要以国有企业为主，这些企业虽然具备一定的实力，但在体制与机制上存在着严重的先天不足，如果失去政府政策的支持和扶持，在国际市场竞争中难有胜算。而数量占绝大比例的中小企业，市场竞争力及抗风险能力更为低下，国际市场一有风吹草动，这些企业必然受到殃及。目前，受国际市场需求减弱、出口成本上升、人民币汇率升值等因素影响，一些出口行业订单下降，利润增长趋缓，亏损压力上升，资金周转困难。这一现象在东部沿海地区比较突出，部分中小外贸企业已被迫关闭或外迁。一些劳动密集型产业如纺织、服装、玩具等行业，由于产品附加值低、国际议价能力差，也面临着巨大的压力。特别是在当前，加工贸易企业的综合成本大幅上升致使企业利润被压缩，部分沿海地区的加工贸易企业被迫调整。从目前看，在对外贸易结构调整和转型中，做大做强贸易主体，深化国有企业改革，强化和完善对中小企业的扶持和保护政策体系建设，提高外贸主体组织化程度将成为今后工作的重点内容。

3. 对外贸易发展结构不平衡日益突出

长期以来，我国实施的主要是以鼓励出口为导向的对外贸易发展战略，这一战略在特定时期内促进了我国对外贸易的快速发展，对实现数量扩张起了明显效果，但也带来了结构失衡等负面影响。一是国际区域市场出现不平衡。在对外出口方面，长期以来过度依赖欧、美、日等发达国家市场，而对新兴经济体和发展中国家的市场开发力度不足。最近几年，通过实施"市场多元化"战略，加大了对新兴工业化国家、金砖国家和亚非拉发展中国家的市场开发强度，但出口市场过于集中的问题仍未有根本性的改变，目前我国与前十位贸易伙伴的进出口总额占我国对外贸易总额的比重仍超过70%以上。出口市场过度集中，一方面加大了贸易风险，另一方面也限制了外贸潜力的发挥。二是国内区域发展不平衡。改革开放以来，东南沿海地区利用自身的经济优势、地理条件以及国家政策倾斜，成为全国对外开放的前沿阵地，在贸易进出口和招商引资方面，一直走在前面，由对外开放的排头兵，转变为对外贸易的主力军。而中西部地区由于受自然条件、体制和观念等因素制约，在对外开放中始终落后于东部地区，而且出现差距越拉越大的趋势，对外贸易区域不平衡状况愈发严重。目前，东部沿海地区对外贸易占我国对外贸易总体规模的90%以上。近两年，在国家政策的驱动下，中西部地区对外贸易发展出现加速迹象，进出口增速和利用外资增速均超过东部地区。但对外贸易从地区上看，东强、中弱、西更弱的状况仍然严重，实现东中西大体平衡与合理的梯度配置仍任重道远。三是进出口贸易长期失衡。我国连续19年皆为贸易顺差，2012年达到2311亿美元。近年来，持续的巨额贸易顺差，导致我国与主要贸易对象国之间的贸易摩擦不断加剧与升级，出口环境不断恶化。

4. 贸易保障体系有待于进一步健全和完善

对外贸易保障体系是维持和保证对外贸易稳定、健康和持续发展的先决条件。特别是在当前世界经济长期低迷、国际市场需求萎缩、贸易保护主义抬头的情况下，健全和完善的贸易保障体系尤为重要和不可或缺。目前我国贸易保障体系存在以下不足。一是政府在宏观调控中对国际经济发展动态与现实国际市场现状和走向的研判、把握上存在一定误差和滞后性，导致宏观调控欠缺科学性、严谨性和前瞻性。二是政府行政体制改革长期没有到位，一些部门对削减自身利益的改革采取消费抵抗态度，减政放权步履维艰，行政机构的组织体系、思想观念、服务意识均与变化剧烈的国际经济发展形势不相适应，具体表现为在很多方面不该管的管得过多过死，该管的没有管住管好。三是法律体系与政策体系存在严重缺陷，对行业垄断和行政垄断企业采取宽容和放任态度，对中小企业法律保护和政策扶持力度不够。四是行业整合能力、自我管理和自我组织能力低下，企业各自为政和单打独斗，甚至相互拆台，难以形成一致对外的合力。五是有效的预警机制缺失。"入世"以来，随着我国对外贸易的快速发展，贸易纠纷与日俱增，政府在构建预警机制，打造信息平台，加强国际行情预测和发布，建立国际贸易争端应诉和投诉机制等方面做出了相当大的努力。但总体来看，我国的贸易预警机制还没有完全成型，很难有效应对目前高发、易发和突发的贸易摩擦。

（三）面向未来，迎接挑战，以转型促发展

目前我国经济发展仍处于重要战略机遇期，各方面的有利条件、内在优势和长期向好趋势没有改变，经济将继续保持平稳较快增长态势，必将对未来的中国外贸发展形成强有力支撑。十八大后，我国对外贸易将进入扩内需，稳外需，以转型促发展的新时期。主要工作重点应包括以下几方面。

1. 加快贸易发展方式转换，由贸易大国向贸易强国过渡

长期以来，中国实行出口导向型的贸易发展战略。目前需要抓住我国经济结构加速调整、经济发展方式快速转换的有利时机，对外贸发展战略进行适时调整，特别是要改变原来贸易发展注重数量扩张的发展模式，转向集约化、重质量、重效益的方向上来。为此，一方面，要严格限制"两高一资"产业发展，淘汰落后产能，改变目前粗放型的贸易发展方式。另一方面，要推动加工贸易的转型升级，改变中国在国际贸易分工价值链中处于低端的尴尬现状，提高高技术含量、高附加值和高效益的产品比重。加快培育以技术、品牌、质量和服务为核心的新优势，促进工业转型升级，延长加工贸易

增值链，提高企业和产品的竞争力和附加值。由"中国制造"转向"中国创造"，由"以量取胜"转向"以质取胜"，实现以转型促发展。另外，还应顺应产业调整和发展方向，将循环经济、低碳经济、绿色产业、可再生能源和服务贸易作为今后对外贸易发展的新增长点。

2. 以拉动内需为动力，扩大出口，促进贸易收支平衡

加强和改进进口工作，利用进口信贷、进口担保，为企业扩大进口提供融资便利。推动先进技术引进消化吸收再创新。拓宽进口渠道，提升大宗商品的国际市场定价权，完善战略资源储备体系。利用关税优惠等政策手段，鼓励先进技术、关键设备及零部件、能源和原材料以及与人民群众生活密切相关的生活用品进口。继续落实对来自最不发达国家部分产品的进口零关税待遇。做好进口公共服务，培育若干国家进口贸易促进创新示范区。通过进口的扩大和改进贸易收支平衡，为出口的增加提供更为有利的条件。

3. 推进国际市场多元化战略，优化国内区域布局

要在巩固和深度开发欧、美、日等传统市场的基础上，大力培育新兴经济体市场，积极开拓发展中国家市场；要在巩固东部沿海地区外贸发展优势、打造对外开放新高地的同时，着力促进中西部地区外贸加速发展，提高中西部地区在全国外贸中的比重，促进外资更多地流向中西部地区，挖掘中西部地区潜力，发展特色产业，承接国际和沿海地区的出口产业转移，充分发挥中西部地区后发优势。提升沿边开放水平，利用地缘优势，发展边境贸易。

4. 优化对外贸易结构，整合全球资源

在坚持进口和出口协调发展的基础上，扩大先进技术设备、关键零部件和能源原材料进口，发挥进口在资源配置、引进技术以及增加社会福利中的积极作用，化解外汇储备风险，促进贸易平衡，减少贸易摩擦。要坚持货物贸易与服务贸易协调发展，鼓励和采取得力措施加快服务贸易的发展，推动文化、技术、软件、中医药、动漫等服务贸易，大力发展服务外包，完善服务外包管理方式，提高承接能力和水平，并不断提高服务层次和服务水平，努力营造有利于服务贸易发展的良好环境，提高服务业的竞争力。要坚持外贸与外资、外经协调发展，优化利用外资的结构，丰富利用外资的方式，拓宽利用外资的渠道，完善投资软环境，把利用外资与提升国内产业结构、技术水平相结合。

5. 促进和鼓励加工贸易转型升级，提高产品国际竞争力

推动中国企业进入加工贸易产业链和供应链，并充分利用国内外"两种资源、两个市场"，整合国际资源。推动来料加工企业转型。加快加工贸易转型升级试点、示范工作，培育和建设一批加工贸易梯度转移重点承接地及承接转移示范地，引导加工贸易由东部沿海地区向中西部地区有序转移。严格控制高污染、高耗能行业开展加工贸易。要加快外贸转型基地建设，依托产业集聚区，加快培育一批农产品、轻工、纺织服装、五金建材、新型材料等重点加工行业专业型基地；依托经济技术开发区、高新技术开发区，培育一批综合型基地；依托生产型龙头企业，培育一批企业型基地。

6. 加快"走出去"步伐，以对外直接投资带动对外贸易发展

目前，发展中国家的各大跨国公司，正处于战略调整时期，面向全球扩张的势头明显减弱，甚至出现产业回流现象。而我国从经济发展阶段上看，正处于资本输出的旺盛期，中国企业应利用这一有利时机，加快"走出去"步伐，推动国内技术成熟的行业到境外开展装配生产，带动零部件和中间产品出口。支持国内企业"走出去"，建立稳定的境外能源资源供应渠道。推进境外经济贸易合作区建设。鼓励国内企业参与国际竞争，开拓国际市场。支持企业开展对外承包工程和劳务合作，带动国内技术、标准"走出去"。采取综合性政策措施，大力支持我国重大技术标准在海外应用。

7. 加快人民币汇率改革进程，促进人民币国际化水平进一步提升

近年来，受到美联储实施量化宽松政策影响，美元兑其他主要货币相继贬值，同时也逼迫人民币汇率升值，这些因素都对中国出口竞争力构成较大挑战。因为人民币持续升值，降低了出口企业的利润，相应地也削弱了这些企业产品出口价格的竞争力，最终会直接影响到中国的出口竞争力。在此背景下，中国应当按照"主动性、可控性、渐进性"原则的要求，在统筹完善人民币汇率形成机制改革、发展外汇市场和改进外汇管理的同时，还应当

有序推进人民币汇率的各项改革：一是要进一步发挥市场供求在汇率形成中的基础性作用，逐步提高人民币汇率的灵活性，保持人民币汇率在合理、均衡水平上的基本稳定。其中，灵活性则体现为人民币汇率调整是"双向"的而不是"单边"的，汇率也是有升有降的。二是改进外汇管理，进一步促进货物和服务贸易便利化，逐步由经常项目强制结售汇制度向意愿结售汇制度过渡，创造有利于企业"走出去"的外汇管理政策环境，抓紧完善短期资本跨境流动监测、预警体系，维护国家金融稳定和金融安全。

8. 加快外贸转型基地建设

根据国家产业政策和规划布局，依托产业集聚区，加快培育一批农产品、轻工、纺织服装、医药、五金建材、新型材料、专业化工、摩托车、机床、工程机械、铁路机车、电力装备、电信设备、软件等重点行业专业型基地；依托经济技术开发区、高新技术开发区以及海关特殊监管区，培育一批综合型基地；依托生产型龙头企业，培育一批企业型基地。继续推进国家科技兴贸创新基地、国家船舶出口基地、国家汽车及零部件出口基地建设。

第二章 战后日本对外贸易发展及政策变动与调整

对外贸易政策是指一国政府根据本国的政治经济利益和发展目标而制定的在一定时期内的进出口贸易活动的准则，是一国经济利益与其在国际上的政治地位和经济实力相统一的产物，也是一个国家利益在对外交往中的具体体现。它集中反映一国在一定时期内对国际贸易所实行的法律、法规、方针、政令、条例及政府相关措施等的总体目标和发展方向。从国际贸易发展的历史来看，贸易政策不外是自由贸易与保护贸易两种形态，而自由贸易理论与保护贸易理论在矛盾对立统一中的不断发展促进了各国贸易政策的不断调整、改进和完善。日本素以"贸易立国"见称。对外贸易是日本经济发展的基石和支柱，在国民经济中占有特殊而举足轻重的地位。"二战"后，日本一直是多边贸易体系的受惠者和支持者，其对外贸易政策的制定和实施，是紧紧围绕着关贸总协定（GATT）和世界贸易组织（WTO）的框架展开的。然而，进入20世纪90年代以来，在双边自由贸易协定（FTA）潮流的促动下，受日本经济长期低迷的影响，日本政府开始重新总结以往对外贸易政策的经验教训，开始有意识地调整其对外贸易政策，以适应新的国际经济形势发展和国际市场变化，力图通过贸易政策的调整和贸易政策体系的再构，激发经济活力，拉动经济走向新的发展阶段。总体来看，战后日本政府在不同历史时期根据不同需要，实施了不同的经济政策，并通过综合运用法律手段、经济手段及行政手段，充分发挥了国家在对外贸易中的宏观调控职能，较大限度地发挥出对外贸易的各种功效，创造出了战后的日本经济奇迹，其中的一些有效的政策策略和措施，很值得我们学习和借鉴。

一 战后日本对外贸易复兴及贸易保护时期
（1945~1960年）

　　日本是一个资源贫乏的岛国，绝大部分工业原料和燃料，以及相当一部分农牧产品，都长期依赖国外市场供应。而且，日本经济经过战后的恢复发展，在相对较短的时间内一跃成为经济大国，其所生产的大量产品，也需要通过海外市场进行消化，外需成为支持日本经济的重要支柱。因此，发展贸易对日本国民经济有着至关重要的作用。"二战"后一个相当长的时期内，日本政府一直将"贸易立国"作为基本国策，并以"出口第一"作为经济纲领，实施了一系列的贸易政策和贸易促进措施，创造出日本战后的经济崛起和经济奇迹。日本对外贸易政策是根据不同时期国内外政治、经济和外交等发展条件以及国际市场竞争环境变动制定和确立起来的，并随着国际经济和本国经济的发展变化适时进行调整，在不同的历史时期，政策的内容、方向和目标有着较大的差异，呈现出不同的特点。

　　战后，日本经济受到战争的严重摧残，几乎处于瘫痪状态，1946年日本工矿业生产指数比战前下降70%，农业生产下降约40%，人均实际国民生产总值和实际消费水平分别相当于战前的50%和60%。贸易总额仅5亿美元，为1937年的1/5。战后之初，日本贸易的主要特点和目的是恢复经济和社会保障及救济，进出口业务主要是在美日之间进行的。1945年9月至1946年12月，日本对美国出口占出口总额的77%，从美国进口占进口总额的97.5%，进口商品结构中，粮食占55.7%，棉花占34.7%。

　　为了医治战争创伤，将战时工业体制转换为平时工业体制，日本进行了一系列的重大的制度改革和体制调整。1945~1955年是日本经济的复兴期。在这一时期，根据《战后美国的初期对日方针》，日本经济的主要方面，包括贸易均由美军占领当局掌控的盟军司令部直接实行全面管理，1945年11月在经盟军同意后，日本政府设置了管理贸易的行政机构贸易厅，但实际贸易管理大权仍掌握在美军占领当局手中，贸易厅主要职能是管理一些日常性

第二章　战后日本对外贸易发展及政策变动与调整

事务工作，并执行占领当局既定的政策和方针。这一时期日本经济的大事件是美军占领当局推行了旨在铲除日本军国主义经济基础的民主改革。在所谓的民主改革过程中，驻日美军在向日本提供恢复生产急需的资金和物资的同时，直接插手和干预日本的政治经济结构的再造和重组，从而以西方特别是美国模式为样板，打造出日本的现代资本主义政治经济体制，为后来日本经济的发展奠定了制度性基础。在美军占领当局的推动下，1946年秋制定并实行的"倾斜生产方式"经济战略，标志着日本经济改组和重建的完成，日本经济恢复与发展开始步入正轨。而后，在"道奇路线"的推动下，政府财政收入在1949年首次由赤字转为盈余，物价水平趋于平稳，猖獗一时的通货膨胀得到缓解和遏制，为经济恢复提供了良好的发展环境和条件。

在这一时期，日本政府为了保证恢复经济所必需的物资供应，按照美国占领当局的安排，对进出口商品及外汇实行严格管制，于1946年6月成立了贸易厅，作为日本对外贸易的主管行政机构。同年日本政府制定了《外贸票据优先贴现法》，根据规定，银行优先给予出口贸易信贷优惠。①银行建立出口前信贷期票制度，对出口厂商在接受产品订单到装船出运这一系列运营环节所需资金，金融机构给予贷款，贷款的利息低，并在额度上给予优惠。②实行外汇资金贷款制度，由外汇银行收买出口厂商装船后开出的期票，日本银行将这种期票作为抵押，给予外汇银行以官定利率贷给其收买期票的资金。这样出口商有条件对海外进口商给予低利和方便的支付期限。③成立输出入银行。它作为政府的金融机构，主要支持成套设备出口，并提供船舶、车辆、工业机械、高级消费品及技术出口的长期贷款，其中既包括金融机构的贴现，又包括对外国政府或外国法人的日元贷款。日本于1947年颁布了规范和调节贸易主体关系和行为的《贸易公团法》，依照此法设立粮食、加工品、矿产、纤维、能源、原材料等贸易公团，确立了政府统制式的国营贸易体制和贸易机制。主要措施是：在产品进口方面，由贸易厅统一组织进口，然后按品种或比例分售给各贸易公团或私营贸易公司，然后再销往全国各地；在产品出口方面，类似于政府出面统购统销，交由各贸易公团统一组织收购，然后由贸易公团或分销到各私营贸易公司进行出口。当时，日本政府正是通过这种直接干预和控制的行政手段，对进出口贸易进行集中管理的，确保了经济恢复时期经济发展所需的物资和外汇需求，使整个国民经济得以健康和顺畅运转。为了促进出口，日本政府 1946 年制定了优惠金融制度。主要包括：出口装船前贷款，根据出口合同情况，为出口货物的生产集中与装卸等所需资金提供出口货物出口装船前的金融贷款，主要通过日本银行对其民间金融机构的资金再融通进行，即民间金融机构为出口商提供所需资金，然后将收入的有关出口票据向日本银行再贴现或取得担保贷款；货物装船后贷款，是日本银行对日本外汇银行的资金再融通，当外汇银行收买了出口商将出口商品装船后发出以外汇计价的、有期限的出口票据时，日本银行以此票据为抵押，按再贴现率贷给外汇银行，收买票据所需的日元资金。在振兴出口过程中，日本银行一再降低出口票据再贴现率，与普通商业票据贴现率相比，出口票据再贴现率约低 1%～2%（年利率）。日本银行贷款的 10% 用于出口关联贷款，约占全国银行出口关联贷款的一半。

1947 年以后，为了适应美国对日本经济政策出现的较大变化以及对外贸易中出现的较大逆差，实现政府对进出口事务的有效行政指导和宏观调控，日本政府于 1949 年撤销了商工省贸易厅，成立了通商产业省，并在该省内设立通商局和通商振兴局，负责管理外贸业务。同时，为了促进民营贸易公司的发展，充分发挥市场机制作用，解散了各贸易公团，至此，日本政府基本解除了对外贸易的全面统制，从直接干预微观主体的经营行为转为政府有效管理和协调，政府职能逐步归位，对外贸易走向了正常轨道。特别是"道奇路线"的确立和"单一汇率"（1 美元 = 360 日元）的实施，大大促进了日本经济与国际接轨，国内价格开始同国际价格挂钩，进出口贸易价格的形成有了明确的依据，为新的贸易体制的建立提供了良好条件和基础。

1949 年末，日本政府先后出台了《外汇及外贸管理法》、《出口管理法令》和《进口管理法令》等三部有关对外贸易的法律法规，废除了具有国家垄断色彩的《贸易临时法令》，允许和大力鼓励民营资本进入对外贸易领域，日本贸易由原来的官方统制体制，进入了民间自由贸易阶段。这一阶段，正处于日本的钢铁、煤炭、石油、海运、电力及合成纤维、化学肥料等领域的生产实施合理化进程之中，电子、汽车、精密机械等新兴产业进一步向重化学工业化扩展。此时日本对外贸易所面临的环境是，一方面贸易规模迅速扩大，贸易结构也出现了明显变化，经济发展对进出口的依存度明显提高；另一方面，在对外贸易中，日本一直存在着贸易收支逆差，并有逐步扩大的趋势，这对于外汇较为匮乏的日本来说，是一个必须引起重视的问题。为了扭转这一被动局面，日本政府一方面实施了积极扩大出口的政策，通过扩大出口创汇，来确保经济发展所需的矿产、能源、其他工业原材料的进口的资金需求；另一方面实施了限制出口的政策，对一些资源性产品、高科技产品、新兴产业的产品、国内紧缺的消费资料等制定较为严格的出口审查制度。

1946～1953年，由于美国的经济援助和朝鲜战争特需的收入，国际收支勉强维持了平衡。但是1953年转为赤字以后，外汇不足成为实现日本经济自立的最大障碍，为此日本不得不采取一系列政策振兴出口。其主要措施有以下几点。

第一，打破"盲人贸易"的局面。战后初期，在日本重新开始民间贸易的初期，当时日本既不了解海外市场的情况，海外市场也缺乏对日本商品的了解，日本贸易处在盲目出口的状态。为了打破这种局面，在民间商社向海外派驻联络员的同时，政府为了迅速准确地掌握海外市场动向，也采取了在海外设立办事处，在海外举办展览会或参加国际博览会以及在国内成立"海外市场调查会"等措施。

第二，设立日本贸易振兴会（JETRO）。为了在海外积极促进日本商品的出口，1954年8月把过去"国际样品展览协议会"、"日本贸易斡旋所协议会"和"海外市场调查会"三个组织合并为"财团法人海外贸易振兴会"，统一负责开展海外商情调查和设立"日本贸易斡旋办事处"，用以加强对外宣传、展览和出版等与振兴贸易有关的活动。1958年又根据制定的《日本贸易振兴会法》，把"海外贸易振兴会"改组为"特殊法人日本贸易振兴会"。但是到了20世纪70年代，随着国际贸易摩擦的激化，对日批评的增多，日本贸易振兴会活动的重点逐渐移到日本企业海外投资的现场调查、贸易摩擦的早期预报和促进制成品进口等活动方面。

第三，设立"最高出口会议"和"海外商品贸易会议"。1954年9月，内阁决议设立由总理大臣亲任议长，由有关省厅（部、委）大臣、日本银行总裁、日本进出口银行总裁以及著名学者为成员的"最高出口会议",用以统一负责出口计划和策略的制定,以及各行政部门有关出口贸易问题的调查审议。1962年根据新的立法改称"最高出口审议会";1970年为统一管理进出口,又改称为"最高贸易会议"。1964年日本为了把派驻各国的通产省、贸易振兴会和各行业协会工作人员收集的情报及时有效地反映到出口政策中,在通产省的指导下,针对驻在国有可能扩大进口的日本商品分别组成了"海外商品别贸易会议"。这个组织主要针对驻在国的具体情况,及时研究扩大出口的对策,向通产省提出切实可行的建议,因此它对日本出口的扩大,起了很大作用。

第四,建立出口金融制度。出口金融制度包括一系列利用金融手段促进出口的措施。具体内容包括以下几点。

(1) 日本银行对出口前贷款汇票的优惠制度。出口厂商为了进行从出口商品的订货加工到装船的一系列经济活动,要向民间银行取得贷款。当日本银行收到民间银行进行上述出口前贷款汇票时,或以低利率给予民间银行同额贷款,或增加对民间银行的放款金额,或对汇票实行担保,或由日本银行再次给予民间银行汇兑折扣补贴,以此进行优惠,从金融上鼓励出口。这个制度一直延续到1972年才被修改。

(2) 外汇资金贷款制度。出口商品装船以后,出口厂商为了向进口方提供低利便行的进口信贷,就向外汇银行发出外汇结算汇票。当外汇银行买进这种结算汇票时,日本银行就可以把这种汇票作为抵押,用中央贴现率的利息给予外汇银行同样金额的日元贷款。这项制度从1953年以"外汇抵押贷款制度"开始,1961年进一步充实,1963年废止。

(3) 日本进出口银行的金融贷款。"日本进出口银行"是在1952年由1950年成立的"日本出口银行"改组而成的,在只有短期贸易汇票的日本,这个银行是具有长期贸易贷款机能的特殊银行。它作为政府金融机构,主要是向民间金融机构难以独自承担的船舶、车辆、产业机械等部门出口设备或成套设备和进行技术合作提供比较长期的贷款。同时还对外国政府或法人进行日元借款和债务担保。以设备和成套设备出口为主要业务的日本进出口银行作为民间银行的补充,对日本重化工业的发展和出口起了巨大作用。

第五，出口保险制度。1950年依据《出口保险法》和"出口保险特别预算"而设立的出口保险制度，主要是用来对出口贸易和其他对外交易中所发生的通常保险不能救济的危险，由政府实行担保的制度。后来它相继发展为"普通出口保险""出口收入保险""外汇变动保险""出口汇票保险""委托贩卖出口保险""海外广告保险""海外投资本金保险""海外投资利益保险"等多种形式。但是"出口保险特别预算"是有限度的，不能无限制地支付保险金额，而且政府一旦支付了此项保险，那么就使对方贸易国的信用大为降低，双方贸易就会大量减少。

第六，出口税制。为了振兴出口，日本政府从1953年采取了种种税制上的优惠制度。如"出口收入特别扣除""技术海外收入特别扣除""出口损失准备金""海外办公设备特别折旧""海外市场开拓准备金""海外投资准备金""按出口增加比例加速折旧"等制度，现在除了"技术海外收入特别扣除"和"中小企业海外市场准备金"以外，大多已经废除。

第七，出口商品检查制度。日本政府为了改变"东洋货质量差"的坏名声，提高日本出口商品的国际信誉，1957年制定了《出口检查法》。这项法律规定对194种特定商品（约占出口额的9.6%）出口时，有义务接受政府指定检查机构对商品包装和质量的检查。日本从明治时代开始就有对出口商品进行检查的制度，后来几经延革，到战后民间贸易重新开始时，又制定了《出口商品管理法》，后来改为《出口检查法》。这些制度对保证出口质量、促进国际竞争有显著的作用。

第八，改善出口商品设计和防止照抄模仿。鉴于出口商品设计的改善对扩大出口有重大作用，日本在20世纪50~60年代，以日本贸易振兴会、中小企业厅、生产率本部、产业工艺试验所为中心，广泛开展了派遣留学生专攻商品设计、搜集海外竞争商品的样本、聘请海外设计师和商品专家传授设计知识等各项活动。同时为了防止互相照抄模仿商品设计，引起本国企业间过分竞争，影响出口秩序，制定了《设计法》和《商标法》，把商品设计和商标作为财产权加以法律保护。为了保护特定商品的"工业所有权"，对特定商品的出口，要根据"出口贸易管理令"取得通产大臣的批准。

第九，管理贸易秩序的《进出口交易法》。1952年为了防止非法出口，维护正常的贸易秩序，日本政府制定了《进出口交易法》，对签订贸易协定、设立"进出口组合"、政府为调整进出口而进行行政干预的权限以及必要时放宽"禁止垄断法"等问题做了具体的规定。该法有关出口问题的条款多用于纺织和杂货等商品。另外日本在对美贸易摩擦中，往往主动采取自行限制的措施。这是因为如果日本不主动自行限制，一旦对方采取进口限制，就会导致明显的贸易保护主义倾向，以至于波及其他国家或其他商品。但是一般地讲，对和政府关系密切的产业容易采取自行限制，而对和政府关系疏远的产业，如对汽车工业实行自主限制时就往往在政府和产业间产生分歧，甚至发生混乱。当自行限制不能解决问题或无法采取自行限制时，就要依"出口限制法"加以限制。

第十，外汇配额进出口连环制度。朝鲜战争以后，日本国内物价上涨，许多进口的原材料不是首先用于出口商品的生产，而是用于内需生产。为了扭转这种情况，坚持以进养出，1953年日本修改了1947年制定的"外汇优先制度"和1951年制定的"振兴出口外汇资金制度"，制定了外汇配额进出口连环制度。这项特殊的外汇分配制度规定，外汇使用的配额依照实际出口成绩而定，多出口可以多分得外汇、多进口原材料。这项制度不仅保证了出口商品的原材料供应，而且促进了某些商品出口的扩大。比如当时砂糖进口价格远低于国内市场价格，政府把砂糖进口总额60%的权限分配给造船业，造船业可以以低于成本的价格出口船舶，出口亏损部分由进口砂糖的超额利润填补，有效地扩大了船舶的出口。1960年在国际货币基金组织（IMF）的劝告下，废止了这项制度。

这一时期，日本政策在限制进口方面也采取了一系列政策措施，如实行进口替代政策。在优化发展重工业的经济战略基础上，政府采取各种手段限制外国产品的进口，通过进口替代，以减少进口需求。日本最初限制进口措施主要采用外汇配额和进口数量限制两种手段。①设立"进口组合"，充分调动了民间企业维护切身利益的积极性，与政府协调一致维护正常的进口贸易秩序。②实行进口许可证制度，严格管理非原料、燃料商品的进口。③制定进口押金制度，要求进口商在交易前，按进口交易总额提交日元保证金。

④建立外汇集中制，集中管理所有对外交易票据。通过法定外汇银行将其票据集中于中央机构，以其垄断外汇收支的权力，严格控制外汇的使用，限制不利的进口交易。此外，还以支付规则、时间约束手段限制进口。⑤严格限制"竞争性进口"和国外跨国公司对日本直接投资。通过减税壁垒和非关税壁垒等手段，限制国外产品对日本市场的过度冲击，通过"外汇配额"手段，对与国内保护性产业相竞争的产品，实行严格的进口限制。

应该指出的是，日本在严格限制进口时，不是全盘限制、搞一刀切，而是根据本国的国情和经济发展实际需要，实行扶持本国工业的严格的贸易保护政策。它所实行的关税制度有如下特点：资源、能源关税率低，加工产品税率高，生产资料税率低，消费资料税率较高；生活必需品关税率低，奢侈品关税率高，尤其是新兴工业产品税率高。

在贸易保护政策时期，日本的对外贸易政策由以行政手段为主的垂直型管理方式转换为以经济手段为主的水平型管理方式，大大地促进了日本贸易的快速和可持续发展。20世纪50年代中期，日本完成恢复国民经济的任务后，对外贸易开始进入正常发展轨道，充分利用国际市场提供的有利条件，贸易规模迅速扩张。1951年、1955年、1959年日本的出口贸易分别超过了10亿美元、20亿美元和30亿美元三个关口（见表2-1）。

20世纪50年代初，日本经济已进入全面恢复时期，经济发展步入上升轨道，随着生产规模的迅速扩大和产品量的激增，为生产所需筹措原材料及过量产品向海外输出成为制约日本经济快速和持续发展的关键环节，为此日本确立了"贸易立国"的经济发展战略，将海外贸易上升到国家战略高度。此项战略的提出，影响深远，为后来日本经济腾飞提供了重要的政策导向和制度保障。1950年朝鲜战争爆发，来自美国的大量和持续的军事物资采购以及以扩充军备为中心的世界性出口的剧增，为促进日本经济恢复和发展提供了千载难逢的机遇，同时也促进了日本经济与国际经济的融合以及大范围向国际市场的渗透。据统计，在三年朝鲜战争期间，面向日本的直接供应战场的"特需订货"累计达13亿美元，而外国机构在日本购物以及向日本支付款项的"间接特需"达23亿美元之多。在这三年间，日本电力的70%，煤炭的80%，海运和陆运的90%都直接和间接地服务于朝鲜战争。在这一时期，侵朝美军大量向日本企业进行军事订货和购买廉价劳动力，使日本国内库存积压和滞销的1500万日元的产品销售一空。并且，巨额的海外贸易盈余，一举改变了日本财政紧缩的被动局面，不断增大的政府财政投入，进一步盘活了整个日本经济，形成了国内经济与海外贸易相互推进的局面。可以说在这期间日本经济开足马力在满足战争需要的同时，也为日本经济注入了强劲的活力，"特需景气"也为后来的对外贸易大发展提供了有力的保障。据统计，1950年上半年与下半年相比，日本出口额猛增了55%。1950年6月至1951年底，日本对外贸易总额增长了2.8倍。出口大增，出现了较大的贸易顺差，外汇储备也大幅度增加，由1949年的2亿美元，上升到1952年底的11.4亿美元，3年内增长近5倍。1952年，日本"特需收入"为8.2亿美元，占当年外汇总收入的36.8%（见表2-1）。

表2-1 特需订货对出口和外汇收入增加的作用

年份	出口（万美元）	特需订货（万美元）	特需订货对出口比率(%)	特需订货外汇收入占外汇收入总额的比
1950	82784	14889	18.0	14.8
1951	135771	59168	43.6	26.4
1952	127290	82417	64.7	36.8
1953	127484	80948	63.5	38.2
1954	161924	59616	36.8	25.8
1955	201060	55661	27.7	20.9
1956	250064	59536	23.8	18.5
1957	285802	54927	19.2	15.1
1958	287656	48156	16.7	13.7
1959	345649	47082	13.6	11.6
1960	405454	54213	13.4	18.2

资料来源：张贤淳《战后日本经济高速发展的原因》，吉林大学出版社，1988，第20页。

1951年，旧金山"和约"签订后，美国名义上结束了对日本的军事占领。日本政府开始真正成为推动日本经济发展的引导力量，在政府提出"经济自立"口号的感召下，民间企业竞相增加投资，更新设备，引进新工艺、新技术。与此同时，政府实施了一系列国家垄断资本主义措施，国有经济规模也迅速扩大起来，特别是政府主导下的基础设施领域的大发展，为整个日本经济快速发展提供了有力的支撑。1951年日本加入国际货币基金组织和世界银行后，经济国际化水平进一步提高，国民经济获得了全面发展，日本人均国民收入超过了战前水平，标志着日本战后经济恢复大体完成。从1956年起，日本进入了以赶超先进工业国家为目标的国民经济现代化的新时期，在长达十几年的时间里，日本实际国民生产总值年平均增长在10%以上，成就了日本的所谓"经济奇迹"。从20世纪50年代中期到60年代初期，日本主要以重、化工业为重点，进行大规模的设备投资和更新，从而带动了轻工业、农业、商业和贸易的全面发展和综合国力的大幅度提高。在这期间，日本对外贸易的规模也迅速扩大，对外贸易的地位、功能也日益凸显。1946~1955年，日本的出口额年平均增长64.1%，出口额由1950的8.2亿美元，扩大到1955年的20.1亿美元（见表2-2）。

表2-2 1946~1960年日本贸易发展

单位：亿美元

年份	进出口	出口	进口
1946	4.1	1.0	3.1
1947	6.9	1.7	5.2
1948	9.4	2.6	6.8
1949	14.2	5.1	9.1
1950	17.9	8.2	9.7
1951	34.0	13.6	20.4
1952	33.0	12.7	20.3
1953	36.7	12.6	24.1
1954	40.2	16.3	23.9
1955	44.8	20.1	24.7
1956	57.3	25.0	32.3
1957	71.4	28.6	42.8
1958	59.1	28.8	30.3
1959	70.6	34.6	36.0
1960	84.8	40.6	44.2

资料来源：日本《战后世界资料手册》，1979年5月，第198~199页。

日本初级阶段战略贸易政策的有效实行，在一段时期内促进了日本经济的迅速增长。由于日本长期实行贸易立国的发展战略，其对外直接投资一直是以发展和扩大对外贸易为中心展开的。20世纪50年代，日本对外直接投资主要是以确保资源能源供应而进行的资源开发型投资。

二 日本对外贸易快速增长及贸易自由化时期（1961～1973年）

在整个20世纪60年代，日本经济处于高速增长状态，年均增长达11.1%，居于世界首位，其中工业年均增长14.1%。这一时期，日本经济年均增长速度与美欧各国相比，分别相当于美国的2.7倍、英国的4倍、联邦德国的2.3倍、法国的1.9倍。日本工业年均增长率分别相当于美国的3.1倍、英国的5倍、联邦德国的2.4倍、法国的2.3倍。在经济高速增长开始之前的1955年，日本GNP为240亿美元，落在英国、联邦德国和法国的后面，只相当于美国的6.0%。1967年，日本GNP超过了英国和法国，1968年又超过了联邦德国，仅次于美国，居世界第二位。在经济高速增长达到顶点的1973年，日本的年GNP增加到4170亿美元，分别相当于联邦德国的1.21倍、英国的2.30倍，与美国相比较，比重也提高到了35.1%。这一时期，随着日本经济的全面恢复和进入快速增长时期，对外贸易在国民经济中的地位逐渐提高，日本政府对对外贸易政策也进行了适时的调整，由贸易保护政策向贸易自由化政策转变。

（一）日本贸易自由化的实施

日本的贸易自由化始于20世纪60年代初。当时，日本政府迫于欧美各国要求日本放弃贸易保护、实行贸易自由化的压力，以及日本政府自身顺应国际经济发展形势的需要对经济及贸易政策进行主动调整。当时美国和西欧国家的进口自由化率已达90%以上，日本却不到30%。日本政府在1958年撤销贸易进口管制的基础上，于1960年6月制定了《贸易和外汇自由化大纲》，确定当年贸易自由化率提高至 40%，以后逐年提高，利用贸易自由化的积极有利因素谋求实现产业结构高度化作为"大纲"的基本方针和政策导向，并对各种商品制定了有利于本国工业发展的分期进口自由化计划。从贸易体制与制度上实现了由直接控制型的、以数量调整为中心的进口分配制度，转换为间接控制型的、以价格调整为中心的进口课税制度。到 1963 年 8 月，日本的贸易自由化程度已经提高到 92% 以上。总体而言，这一时期日本的贸易政策是在放宽进口的同时，谋求扩大出口，以进口带动出口。日本于 1964 年正式成为国际货币基金组织第 8 条款成员国，还加入了经济合作与发展组织，这一切标志着日本开始步入贸易自由化和开放型经济体制时期。日本先后加入了国际货币基金组织及关贸总协定，按照国际货币基金组织及关贸总协定的原则，其成员国在享受其利益的同时，也应相应地承担其义务，实行贸易自由化是一种必然趋势。为进一步扩大出口，1964 年日本政府设立了"海外市场开拓准备金制度"，对出口商海外交易提供额外补贴。同年，还制定了《出口振兴费用特殊处理法》，准许企业将支付给外国买主的旅费、生活费等费用，作为合法的税款扣除申报。

在 20 世纪 60 年代日本经济高速增长时期，贸易规模也急剧增大，出口年平均增长率为 16.9%，国际收支开始出现顺差。贸易的发展及质量的提升，不仅促进了经济规模的迅速扩张，也促进了产业结构的重大调整，最大的特征是农业的比重日益减小，第二产业和第三产业比重逐步扩大，产业结构高位化进程明显加快，在经济增长模式转型的促进下，出口产品也实现了换代升级，竞争力显著增强，加上当时整个国际经济都处于较为景气阶段，为日本扩大进出口贸易提供了良好的国际市场环境。这一时期，日本对外贸易实现了总量扩张与质量提升的同步进展和顺利交替，贸易盈余不断扩大，外汇储备连年增加。

对于当时的日本来说，实施贸易自由化，意味着在加速扩大对外贸易规模的同时，将使国内市场特别是弱势产业受到相当程度的冲击。为了在实施贸易自由化的过程中，既能获取经济利益，又能避免其可能给国内市场带来的负面影响，日本政府在实施贸易自由化中坚持以下原则。

第一，尽快实行原材料进口自由化，以降低生产成本。

第二，对有竞争力的国内制成品以及使消费者受益较大的商品优先实行进口自由化。

第三，尽可能延迟被扶持产业的进口自由化。

从以上日本在自由化中坚持的原则中可以看出，首先，日本贸易自由化的核心是立足于出口规模的扩大，通过原材料进口的自由化，提高出口产品的竞争力。其次，在开放中，以是否对日本经济有利为基准，确立了贸易自由化的先后顺序，实行逐步开放。最后，在贸易自由化过程中，注重对本国弱势产业加以保护，避免形成过度冲击。

在《贸易和外汇自由化大纲》中规定，日本将国内商品自由化按时间进程分为以下几类。

第一类，近期自由化商品（1年以内）；

第二类，中期自由化商品（3年以内）；

第三类，远期自由化商品（3年以上）；

第四类，难以实现自由化的商品。《贸易和外汇自由化大纲》还提出了具体的贸易自由化目标，即把进口自由化率从1960年4月的40%提高到3年后的80%左右（石油、煤炭为90%）。1961年3月日本政府又根据贸易自由化实施进程以及日本现有实际情况，制定了《贸易和外汇自由化促进计划》。在这一计划中，缩短了进口自由化时间，扩大了进口自由化程度，决定于1962年9月以前把进口自由化率提高到90%（参见表2-3）。

表2-3 日本进口自由化计划日程表

早期自由化的产品	生铁、普通钢材、锌铁板、锌矿石、光学机械、纤维机械、木工机械、农业机械、民用电器、船舶、铁路机车、苯、钾盐、石灰、医药品（除维生素类）、原棉、原毛、绢、棉织品、自行车内胎、橡皮软管、啤酒、加工蔬菜（除西红柿）、加工果品（除香蕉、菠萝、罐头）、特殊作物（除红茶、油菜籽）、大麻哈鱼罐头、木材制品、油渣、甲苯、混合二甲苯
近期自由化的产品（三年以内）	石油、特殊钢、钴、镁、机床（开发中的除外）、苯酚、丙酮、苏打粉、火碱、涂料、天然硝酸苏、维生素类、毛制品、合成纤维制品、平板玻璃、自行车内胎、杂货、精炼猪油、工业油脂、食用油、铁合金、丁醇
中期自由化产品（需更长时间）	钢、铅、镍、开发中的机械、机床、金属加工机械、工具、化工设备、轿车、重型电机、产业电子机器、尿素、麻制品、纸浆、皮革制品、葡萄酒、威士忌、特殊林产品
难以自由化的产品	硫黄、锰矿石、大米、面粉、香蕉、菠萝罐头、砂糖、奶酪、小麦

通过贸易自由化计划的实施，日本的贸易自由化程度进展显著：1961年4月日本进口自由化率上升到62%，1962年4月达到83%，1963年4月达到89%，1964年4月达到93%，1967年4月已高达97%。到20世纪60年代中期，日本非自由化的商品仅剩下136种（参见表2-4）。

表2-4　日本进口自由化率的变动

日期	进口自由化率	日期	进口自由化率
1859年8月末	26	1961年12月末	70
9月末	33	1962年4月末	83
1960年4月末	40	10月末	88
7月末	42	1963年4月末	89
10月末	44	8月末	92
1961年4月末	62	1965年2月末	94
6月末	65	1966年10月末	95
10月末	68	1967年4月末	97

资料来源：香西泰《高度成长时代》，日本评论社，1981，第9页。

（二）日本贸易自由化进程中的出口促进政策

日本在实施贸易自由化政策过程中，在扩大和促进进口的同时，也采取了相应的促进出口对策，其中包括制定新政策或对原有政策进行充实和完善。具体包括以下几项。

1. 实行税收优惠以及出口收入扣除制度

出口收入扣除制度，是指对企业的出口收入按一定比例实行不征税的制度。比如出口商社比例为1%，制造厂商为3%，出口成套设备为5%。这种出口收入扣除制度是一种很有效的奖励出口政策。除出口收入扣除制度外，日本还在1953~1962年，实行出口企业设备折旧制度，即按出口的一定比例扣除，以加快更新设备；1953~1962年，实行开拓海外市场储备制度，用以防止因取消出口交易合同给企业造成经济损失。很明显，采取这些措施实际上等于增加了企业的自有资金，减少了政府的税收。

2. 实行金融优惠，提供出口信贷支持

对于短期的出口金融贷款由银行提供；对长期的出口金融贷款由输出入

银行提供；对外援助由协力基金会解决。

3. 健全出口保险，减少出口风险

日本通过发展普通出口保险、出口款项保险、出口票据保险、出口金融保险（即出口信用保险）、委托销售出口保险、海外广告保险、海外投资保险7种保险的方法，用以支持扩大出口。

4. 注重运用关税杠杆来实施政策调控目标

为配合贸易自由化战略的实施，1961年日本对原有贸易保护时期的关税制度进行了重大调整和改革，在降低关税总水平的同时，引入了从量税、关税配额、选择税、紧急关税等。把税收项目从原来的900多项增至2200项，并提高了关税率，建立了能够适应贸易自由化的关税体制，从而使贸易自由化随着工业的重化学工业化、商品国际竞争力的不断提高而"逐步"得以实施、扩大。

在这一时期，以重化学工业为核心的产品出口急剧膨胀，也使出口产品结构出现较大的变化。一是出口产品中，重化学工业产品比重明显提高。1950年重化学工业产品的比重仅占19.7%，其中机械产品为10.0%，到了1965年，重化工业产品的比重上升到62%，其中机械产品比重为35.2%。二是在出口产品中，重化学工业产品已经形成了出口产品群，成为左右国际市场供求关系的重要力量。在1950年日本出口的10项组合产品中，重化学工业产品只占4项，总额合计占总出口额的17.6%，到1970年，原来十大出口组合产品已经全部被重化学工业产品全部覆盖，合计出口金额达到906亿美元，占出口总额的46.9%，其中属于新兴工业产品的比重为21.3%。三是出口产品结构与国际市场需求结构相对接。但是，日本在主要资本主义国家中，是限制进口商品种类最多的国家。即便是在贸易自由化时期亦如此。1969年，限制进口商品的种类，美国为5种，意大利为20种，英国为25种，联邦德国为39种，法国为74种，而日本竟高达118种。

实行贸易自由化，固然有利于充分利用国际分工，扩大社会再生产，驱使企业奋力竞争，走出政府的"育苗温室"，但它所带来的进口扩大，会影响国际收支平衡。因此，政府在逐步开放本国市场、利用关税管理进口的同时，全力扩大出口，并使之成为外贸工作的重点。在《国民收入倍增计划》中，政府重申了出口的重要性，即"以扩大出口为中心增加外汇收入，是完成该计划（倍增计划）的关键"。因此，政府全面地推行和实施了一系列振兴出口的政策。①政府广泛收集、处理研究信息，从市场结构和商品结构两方面技术性地运筹了目标年次的出口问题，制定了按商品类别划分的出口目标。②重视"拳头商品"，促进出口商品结构的高度化。政府把扩大出口同产业政策联系起来，不断调整产业结构，发展重点产品，使钢铁、汽车、造船"三大拳头"商品打入国际市场，带动了重化工业产品的出口，推动了出口贸易的发展。③健全贸易体制，充分发挥综合商社的综合机能。政府通过"行政指导"与各种优惠政策扶持其发展，使之成为推动出口的主力。④建立捕捉－传递－反馈的官民国际商情信息网络。政府在积极向海外派人、建立外贸机构的同时，充分发挥民间团体的作用，协调其与政府一致，在海外举办各种国际博览会，积极捕捉国际商情，并设立"海外商品别贸易会议"。这样，就与以前设立的贸易振兴会构成了一个捕捉、传递、反馈的国际商情信息网络。它针对各国的具体情况，捕捉信息再传递、输入到政府的出口政策中去，最后把实施政策的结果，反馈给政府，从而对出口的扩大起了重要的作用。

在日本贸易自由化时期，日本的贸易获得了飞速发展，1961 年日本贸易总额为 100.5 亿美元，1970 年增加到 381.9 亿美元，平均每年增长率为 16.2%，其增长速度不仅超过工业生产增长速度，而且在主要资本主义国家也首屈一指。特别是从 1965 年起，除个别年份外，一直保持出超水平。这一时期，日本贸易出口额在世界贸易出口总额中的比重迅速提高，由 1960 年的 3.2% 升至 1965 年的 4.5%、1970 年的 6.2%。另外，日本在世界贸易中的地位，从 20 世纪 50 年代的第 7 位，上升到 70 年代的第 3 位，先后超过了加拿大、意大利、法国和英国。随着日本贸易的迅速发展，外汇储备也急剧增加，到 1967 年底，日本贸易差额为 -12.1 亿美元，到了 1970 年底，猛增至 4.3 亿美元盈余，1972 年达到 51.2 亿美元（见表 2-5）。

从贸易构成来看，随着日本贸易自由化的深入进行，也发生了较大的变化。20 世纪 60 年代与 50 年代相比，出口产品主要是以重化学工业品为中心的工业制成品，1960 年工业品占出口商品的比重为 89.3%，1970 年达到了94.8%。在进口产品中,以钢铁为主的金属原料和以石油为中心的矿物燃料的比重大幅度攀升。

表2-5 1961~1973年日本对外贸易发展

单位:亿美元

年份	进出口	出口	进口	贸易差额
1961	100.5	42.4	58.1	-15.7
1962	105.6	49.2	56.4	-7.2
1963	121.9	54.5	67.4	-12.9
1964	146.1	66.7	79.4	-12.7
1965	165.9	84.2	81.7	2.5
1966	192.9	97.7	95.2	2.5
1967	221.1	104.5	116.6	-12.1
1968	259.6	129.7	129.9	-0.2
1969	310.1	159.9	150.2	9.7
1970	381.9	193.1	188.8	4.3
1971	437.6	240.2	197.4	42.8
1972	520.6	285.9	234.7	51.2
1973	752.4	369.3	383.1	-13.8

资料来源:日本《战后世界资料手册》1979年5月版,第200~201页。

1971年8月,尼克松政府实行"新经济政策",日元被迫对美元升值16.88%,以此揭开了战后日元升值的序幕。1973年"石油危机"的爆发,国际市场上石油供应量锐减,石油价格大幅度上升,对以美国为主要贸易伙伴,石油消费全部依赖进口,而其中的78%又必须依赖中东地区的日本贸易来说,遭受了沉重打击,仅1973年,日本的国际收支就出现了-13.7亿美元的赤字。1973年秋季第四次中东战争爆发,海湾地区产油国采取了削减石油产品和大幅度提高原油价格的战略,使日本原油进口量价格上涨3倍,这对严重依赖海外特别是中东地区石油供应的日本经济来说,遭遇了巨大的冲击,日本对外贸易受到了严重影响,开始进入调整期。在国际石油价格上涨的带动下,其他矿产品等原材料及初级产品的价格也普遍上涨,形成了第一次冲击波,日本的贸易收支开始由顺差转为逆差。

20世纪70年代以后,随着日本贸易顺差的不断扩大,日本政府对外贸易政策所面临的新课题是如何避免因贸易收支出现大量顺差而引起的经济贸易摩擦。日本政府所采取的对策主要包括以下几点。

第一,"自主限制"出口,同时积极促进出口商品的高附加价值化、多样化,推进出口市场分散化和多元化。

第二,取消或缓和妨碍进口的措施和制度,进一步开放日本市场。

第三,推进产业结构调查,扩大内需,增加制成品进口。

第四,同发达国家开展"产业协作",扩大对外直接投资和增加与发展中国家的经济合作。

(三) 日本贸易自由化进程中的市场开放促进政策

1960 年以后,由于受到内外压力,日本逐步放宽进口限制,开放国内市场。主要措施包括以下几个方面。

1. 进口市场的自由化

1958 年西欧各国实行了货币自由流通以后,外汇外贸自由化成为世界性的潮流。在这种情况下,1960 年 6 月日本内阁制定了《贸易、外汇自由化大纲》,决定把自由进口商品品种的比率三年内从 1960 年 4 月的 40% 扩大到 90%。1963 年日本成为国际货币基金组织(IMF)第 8 条款国以后,进口市场开放的速度进一步加快,到现在日本限制进口的商品只剩下了 27 种(其中工矿产品 5 种,农林水产品 22 种)。

2. 外汇交易自由化

1960 年在制定了"贸易、外汇自由化大纲"以后,制定了"非居住者自由日元结算制度",首次允许外国人持有日元自由兑换外汇;1964 年加入经济合作与发展组织(OECD)以后,资本自由化提到议事日程。但日本为了防止外国资本对本国企业的侵吞,极力推迟资本自由化进程,直到 1967 年以后才逐步对外国资本开放。现在对外汇交易的限制只剩下发行外资债券、旅居日本的外国人发行债券和发行欧洲日元债券等项目,除此之外,外汇可以自由兑换和交易。

3. 降低关税

日本经过"关税和贸易总协定(GATT)",多边会谈的"肯尼迪回合"

和"东京回合",连续几次放宽关税,为扩大制成品进口创造了条件。例如1978 年 3 月提前执行"东京回合"的关税协议,降低了 2400 种工矿产品和 200 种农产品关税;计划到 1987 年把平均为 7%~8% 的关税税率降低为 3%。

4. 修改《外汇外贸管理法》

1979 年 12 月日本彻底修改了《外汇外贸管理法》,1980 年 12 月生效。对于外汇管理由过去的原则上禁止改为原则上自由;同时对资本交易、劳务交易、外国对日直接投资、技术引进、进出口手续和对外支付方式等进行了一系列改革。

5. 积极扩大制成品进口

除了上述种种制度上的改革以外,日本为了减少经常收支大幅度的出超,缓和同欧美日益加剧的贸易摩擦,采取种种措施开放市场,扩大进口,特别是制成品的进口。例如 1979 年 7 月设立了"制成品进口对策会议";派遣促进进口代表团到国外考察;由"财团法人制成品进口促进协会"举办进口商品常设展览会,由"日本贸易振兴会"在海外举行"促进对日出口讨论会"等。

三 国际协调型贸易政策的展开 (1974~1989 年)

从 20 世纪 70 年代后半期到 80 年代前半期,整个世界经济处于停滞状态,各国对外投资的增长比较缓慢。然而,日本自 20 世纪 60 年代中期以后,除个别年份外,出现持续扩大的贸易顺差,为开展对外直接投资提供了有力支持。1973 年石油危机爆发后,日本与美欧各国之间的贸易摩擦日益尖锐,导致日本的电机、汽车等重要出口产品进入美欧国家受阻,促使日本选择"以直接投资替代贸易"的战略。日本的贸易立国(出口)战略开始向技术立国和扩大内需的战略转化。此时曾经创造出经济奇迹的日本经济体制,也出现了严重的结构失衡现象,呈现出难以为继的苗头和迹象。

（一）贸易政策的重心转向能源战略

1973 年爆发的石油危机，终结了日本长达十几年的经济高速增长态势，进入平缓增长和调整期。1974 年以后，日本对外贸易发展进入了一个新阶段，日本政府对外贸易政策也随之发生了相应的转变。进入 20 世纪 70 年代后，日本经济发展面临着三大矛盾，即日元升值、石油危机、贸易摩擦。日元升值，使日本在外汇储备上和出口贸易上蒙受重大损失，出口竞争力明显下降；石油危机给能源供给极为脆弱的日本经济以沉重甚至致命的打击，生产成本大幅度上升，国内通胀水平明显提高，经济高速增长失去支撑；世界经济陷入低谷，特别是在世界能源的争夺中，进一步加剧了日本与欧美国家的贸易摩擦，导致日本出口环境日益恶化，贸易立国战略受到严重制约。这三大矛盾突出和集中地表现在对外贸易上，使进出口贸易面临着战后以来前所未有的困境。为此，日本政府在对外贸易中采取了下列政策，以确保稳定的能源供给市场及广阔的商品销售市场，促进经济的稳定增长。面对石油危机，日本制定了相应的保障石油供给的贸易政策。

1. 抵御"石油冲击"，确保能源、资源的稳定供给

1973 年秋季第四次中东战争爆发，海湾地区产油国采取了削减石油产品和大幅度提高原油价格的措施，导致日本原油进口价格猛涨 3 倍，这给严重依赖海外特别是中东地区石油供应的日本带来了巨大的冲击，日本对外贸易受到了严重影响，开始进入调整期。在国际石油价格上涨的带动下，国际市场其他矿产品等原材料及初级产品的价格也普遍上涨，形成了第一次冲击波，进口成本大幅提升导致日本的贸易收支开始由顺差转为逆差，1975 年逆差幅度达到 20.4 亿美元。随之而来的第二次"石油冲击"的冲击波，对日本贸易形成了连续性打击。在石油危机的背景下，稳定和持续的石油供应成为确保日本经济正当运转和发展的生命线，在这一特殊时期，日本对外贸易政策不得不转到以石油供给为中心的轨道上来。

2. 以政府为主导，积极开展"能源外交"，疏通石油供给通道

在这一期间日本政府从首相到各经济职能部门的首脑，以及行业组织和经济界知名人士，奔走于世界各地的石油产出国之间，四处拉关系、找门路，动用政治、文化、经济等多种手段，与相关国家建立政府间、行业间沟通与协调机制，大力开拓石油供应渠道，广泛签订中长期石油供应的协定，谋求与石油输出国建立稳定和长期的供需关系。

3. 改变石油供应市场过于集中的局面，力求能源进口的多样化

实施能源供给"多边化"战略，避免石油供应单纯依赖中东海湾地区。日本先后与南美、非洲、东南亚及中国等国家达成长期的石油协定。另外，为了改变能源进口过度依赖石油的状况，积极调整能源进口结构，与中东国家、印度尼西亚、马来西亚等国签订了天然气进口的长期合同，与此同时，扩大煤炭的进口。

4. 建立海外资源开发投资损失准备金制度

为确保能源、资源的低廉、稳定和长期供给，日本政府积极鼓励民间企业在海外投资建矿、合作开发、权益投资，大搞资源开发，设立海外资源开发投资损失准备金制度，提升企业海外能源投资能力，降低投资风险。这项制度对保证日本能源、资源的低价和稳定进口，起了积极的作用。

（二）降低贸易摩擦的负面影响，实施多元化出口战略

从20世纪70年代后半期开始，在经济高速增长的推进下，日本贸易规模急剧扩大，对外出口形成了"倾盆大雨"式的倾销方式，引起了美、欧等长期贸易伙伴的强烈不满，日本与这些国家的贸易纠纷日益激化，贸易摩擦逐渐成为日本贸易出口的重要障碍。日本贸易出口额在1970年仅为193.1亿美元，1975年猛增至558.8亿美元，1979突破千亿美元大关，达到1030.2亿美元。为了缓解与西方各国的贸易摩擦，维持出口贸易稳定增长，为出口企业创造良好的贸易环境，日本政府采取了以下措施。

1. 通过开放国内市场，改善出口环境

日本政府为有效稳定出口和外需，避免西方各国频繁对日实施贸易制裁措施，积极实施与欧美各国间达成的关于分阶段降低关税税率的协议，进一步开放国内市场，通过一定程度对国内市场壁垒的松动，放宽对欧美等国产品对日出口和对日投资的限制，换取更多向这些国家出口的条件。

2. 加快推进产业结构调整，谋求出口结构的高级化、高附加价值化

日本政府制定出一系列政策促进企业开发本国特有的高技术、高性能的产品，促使日本的出口结构向高附加价值方向发展，并进一步推进以加工组装产业为中心的国际水平分工发展，引导日本出口产品由国际竞争性产品向国际互补性产品和国际协调性产品方向转换。此外，积极向当时推行工业化的发展中国家进行技术和成套设备的出口，加快产能过剩和低端产业向外转移，充分发挥日本的技术优势。

3. 实现出口市场的多元化

日本贸易结构的一个不平衡问题是，与资源拥有国逆差而与发达国家顺差，从而导致与欧美国家贸易摩擦不断并进一步激化。为此，日本政府通过各种经济合作和经济援助等手段，协调国际分工，在稳定欧美出口市场的同时，大力开拓发展中国家市场和新兴工业化国家与地区市场，在南美和非洲培育新的和潜在的出口市场，进一步扩大三国间贸易规模，实现出口市场的多边化，降低出口贸易过度依赖西方国家的状况。

4. 加大资本输出力度，把"促进对外直接投资"作为长期对策

进入 20 世纪 70 年代中期后，受国际经济环境变化影响，日本原有的"大量生产、大量出口"的模式已走到尽头，迫使日本政府与企业不得不对原有贸易政策和贸易体制进行反思和调整。而最为有效的规避贸易风险和协调国际贸易关系的办法就是加大对外直接投资力度，促进企业在海外投资建厂、就地生产、就地销售。为此，日本政府制定了一系列相关政策，包括：政府通过低税制、补贴、风险担保等多种优惠政策鼓励直接投资，对外直接投资总额连年增长（见表 2-6）；通过输出入银行发行外债来筹措美元资金，集中贷给出口企业，鼓励、支持其与海外进口商签订以美元计价的延期支付合同。这一时期，日本通过产业转移，较为有效地减轻了与西方各国的贸易摩擦。另外，当时日元升值也有利于企业在海外兴办企业，带动国内商品的出口，对外投资也成为企业发展与开拓国际市场的内在需求。

表 2-6　日本的对外直接投资（每年数额）

单位：百万美元

年份	总额（大藏省）	制造业（大藏省）	总额（日本银行）
1971	858	290	360
1972	2338	528	723
1973	3497	1499	1904
1974	2396	879	2012
1975	3280	924	1763
1976	3462	1025	1991
1977	2806	1074	1645
1978	4598	2038	2371
1979	4995	1693	2898

注：大藏省金额指许可或申报的金额；日本银行金额指以国际收支统计为基础的金额。
资料来源：〔日〕小宫隆太郎著《现代日本经济》，第225页。

这一阶段，日本实行金融放宽与宏观控制相结合的政策。1971年底，日本取消了1美元=360日元的固定汇率制度，美元与黄金脱钩，实行浮动汇率制度。由于油价猛涨出现了通货膨胀和经济衰退，国际收支趋于恶化，通货膨胀率高达27%。经过调整，经济一度复苏，但因设备投资与消费需求不足，经济出现了低速增长。1979年第二次石油危机发生，经济再度恶化，1980年国际收支出现100多亿美元逆差。就整个20世纪70年代看，日本为争取国际收支平衡，采取了放宽和紧缩交替使用的货币政策，基本保证了经济的平稳运行和对外贸易的顺利发展，为80年代经济调整奠定了基础。值得关注的是，整个20世纪70年代后半期，日本对外贸易是在与欧美的不断摩擦中寻求发展出路的，并在政府制定的一系列有效政策指导下，不断化解危机，对外贸易获得了长足发展。1979年，对外贸易总额突破2000亿美元大关，达到2156.9亿美元（见表2-7）。

表2-7　1975~1979年日本对外贸易发展

单位：亿美元

年份	进出口	出口	进口	贸易差额
1975	1137.6	558.8	578.8	-20.0
1976	1370.5	672.6	697.9	25.3
1977	1513.0	804.9	708.1	96.8
1978	1768.7	975.4	793.3	182.1
1979	2156.9	1030.2	1126.7	-96.5

资料来源：世界贸易组织数据库；世界贸易组织月度贸易统计。

（三）20世纪80年代的日本国际协调型贸易政策的实施与展开

20世纪80年代以后，随着日本逐渐成为世界经济大国，与世界其他发达资本主义国家的经济冲突和贸易摩擦的领域和范围也进一步扩大。在经济增长模式方面，日本逐渐放弃了外需主导的传统经济增长模式，开始向内需主导型的经济增长模式转变；在贸易政策方面，则采取了国际协调型贸易政策。这一时期，有效的政策实施促进了日本贸易规模不断扩大，1986年日本贸易总额达到3383.1亿美元，已超过联邦德国，上升到世界第2位，成为名副其实的世界第二大经济大国和贸易大国。在这一时期，日本贸易政策建立在更为长远和广阔的视角之下，包含了很多新的内容特别是非经济内容，并与国家发展战略紧密联系在一起。具体来看，日本国际协调型贸易政策的主要内容如下。

1. 推行金融自由化

在推动金融自由化的过程中，日本政府放弃了对外汇交易的"实际需求原则"和"外币换为日元原则"两条规则。按照新规定，日本的企业和个人都可以自由地在外汇市场上进行外汇买卖。由此，日本的货币市场便直接跟国际货币市场连接了起来，日元真正成为国际性货币。从一定角度来看，金融自由化是贸易自由化的重要和实质性的组成部分和内容，是贸易自由化更为完整和全面的体现。

2. 围绕日元升值签署《广场协议》

实际上，作为日美协调政策的日本金融自由化并没有产生预期的效果，日美贸易摩擦问题并没有得到彻底和根本性解决。为了防止美国对外收支不平衡的进一步扩大,进而损害世界经济平衡发展态势,1985年9月,美国、日本、联邦德国、英国和法国的财政部长和央行行长共同签署了《广场协议》。协议签署后,为缓解美国收支不平衡,按协议规定日本政府采取了日元升值措施。日本政府的国际协调政策在这一时期开始全面付诸实施。

3. 以内需为导向的两次《前川报告》

日本金融自由化和签订《广场协议》之后,日美经济发展不平衡的问题仍没有得到有效缓解,反而使日本经济出现了"日元升值萧条"的现象。为了促进日本经济健康和稳定发展以及有效解决国际贸易冲突,日本政府开始进行重大的政策调整,确定把"外需主导型"的经济结构转变为"内需主导型"经济结构。由着力开发海外市场,转为着力开拓国内市场;由特别注重出口,转为特别注重进口。"内需主导型"政策主要内容体现在两次《前川报告》之中。在这两份报告中,日本政府分别就需求结构、供给结构和进出口贸易结构的调整提出了具体措施,以确保日本内需主导型经济结构的最终实现。

4. 在对外贸易战略中融入了"国际国家"和"负责任的大国"的内容

进入20世纪80年代后,随着国力的增强,日本不再甘心做经济大国和政治小国的角色,提出以"美日共霸"为基础的国际分工战略构想,即"环太平洋经济圈构想"。为了实现上述目标,20世纪80年代,日本对相关地区进行了大规模的海外投资。日本政府以"美日共霸"为基础的国际分工战略构想的提出,大大加快了日本企业海外投资的步伐,同时也改善和平衡了对外贸易收支。在这一时期,日本积极促进和改善与其他国家的经贸关系,加强双边与多边贸易政策的协调,在未来的经济发展中更多地依赖技术进步、增加进口和扩大内需,而不是一味地追求出口的扩大。日本通过塑造"负责任的大国"的政治形象,将其发展成为"国际国家"。

5. 扩大市场开放,对贸易政策进行重大调整和变革

在日本的国际协调贸易政策中,协调的对象主要针对作为日本重要贸易伙伴的欧美各国,具体表现为迎合欧美国家的要求,扩大市场开放力度,具体反映在以下四个方面。

（1）进一步开放国内市场，大力改善市场准入条件，降低欧美国家企业和产品进入日本市场的门槛，贸易自由化和经济开放度得到显著发展。

（2）加大反垄断政策与措施的实施力度，激活国内市场竞争力。特别是对日本现有的限制竞争的法律法规进行了清除，加大反垄断法的实施力度，强化反垄断的针对性和实效性，为欧美的产品和企业进入日本市场提供政策支持和公平、透明的竞争环境。

（3）促进市场开放，加大吸引外资力度。在松动国内市场限制的同时，制定了相应的优惠和倾斜政策，促进欧美各国对日直接投资。

（4）加强对知识产权的保护。进入 20 世纪 80 年代后，日本不仅在经济上已经实现了赶超的目标，在很多核心及尖端技术上也处于与欧美各国平起平坐的地位，对国外技术的引进、模仿和消化的时代已经过去，并且逐步成为仅次于美国的技术输出大国。当时提出加强知识产权保护的口号，既是协调与欧美国家关系的需要，也是顺应 1985 年秋以后日元开始大幅度升值、日本加速调整产业结构、加快海外直接投资步伐、保护日本企业知识产权的要求。

6. 积极开发以亚洲为重点的发展中国家市场

政府 1986 年度制定的对以亚洲为主的发展中国家的开发援助额比 1985 年提高 10.4%，为 414 亿日元。力求以经济开发援助形式的国家资本输出带动大量的商品输出。开发重点为中国、越南、菲律宾、马来西亚、印度尼西亚、印度等国家。

总体来看，20 世纪 80 年代的日本贸易政策出现了两个根本性的变化：一是由强调独享垄断利润和充分利用规模经济优势向强调国际产业合理分工、建立公平贸易秩序转化，通过协调国家间贸易关系，减少贸易摩擦，分享国际贸易利益。二是由默许垄断转向鼓励竞争，以重建日本微观经济基础，活跃企业家创新精神，迎接新产业革命和知识经济的挑战。在这一时期，由于日本政府实行紧缩的货币政策，控制了通货膨胀，加之科学技术的进步，日本经济又出现中速增长（见表 2-8），于是逐步放开国内市场，实行更加开放的贸易自由化政策。1985 年，由于日元不断升值使日本出口出现了困难,于是日本政府又提出"对外投资立国战略"方针,大批中小企业便转向海外投资,以克服日元升值带来的困境。

表 2-8 20 世纪 80 年代日本的贸易发展

单位:亿美元

年份	进出口	出口	进口	贸易差额
1980	2703.3	1298.0	1405.3	-107.3
1981	2953.2	1520.3	1432.9	87.4
1982	2698.8	1383.9	1315.0	68.9
1983	2734.1	1469.7	1264.4	205.3
1984	3058.8	1697.0	1361.8	335.2
1985	3076.5	1771.6	1304.9	466.7
1986	3383.1	2107.6	1275.5	832.1
1987	3823.2	2312.9	1510.3	802.6
1988	4522.4	2648.6	1873.8	774.8
1989	4836.5	2739.3	2097.2	642.1

资料来源:世界贸易组织数据库;世界贸易组织月度贸易统计。

四 经济低速增长时期,建立在扩大内需基础上的进出口均衡贸易政策(1990 年以来)

20 世纪 90 年代,受欧美发达国家经济普遍衰退的波及影响,加之日本泡沫经济的破灭,土地价格和股票价格暴涨暴跌,信用危机和生产过剩危机交织并发,工业生产自 1991 年 5 月至 1993 年 10 月,持续 29 个月出现生产下降的局面,从高点到低点下降幅度竟达 14.9%。然而,同期日本的海外贸易则一直保持强劲的发展态势,其增长速度远远超过西方其他发达国家。20 世纪 90 年代以来日本对外贸易较为良好的表现,与日本及时调整贸易政策、大力倡导进出口平衡、以扩大内需包括增加进口为经济和贸易增长的重要动力有着直接关系。

（一）进出口均衡贸易政策的形成基础和条件

进入20世纪90年代，随着国内外经济环境的变化，日本政府努力追求提高市场占有率并最终形成一个国际性生产流通网络的对外投资目标，从而使日本市场占有率有一个大的飞跃。以制造业为例，1990年，在日本制造业对外投资中，为确保当地市场占有率而进行的投资占投资总额的38%左右，居于首位，而基于建立一个国际生产流通网络所进行的投资几乎为零。但到1993年，前者虽仍保持第1位，但其比重已降至30%以下，为建立国际生产流通网络这一构想而进行的投资升至第2位，比重已接近20%，加大了对外投资力度。值得注意的是，进入20世纪90年代，受发达国家经济普遍衰退的波及影响，加之日本泡沫经济的破灭，土地价格和股票价格暴涨暴跌，致使信用危机和生产过剩危机交织并发，工业生产自1991年5月至1993年10月，持续29个月出现生产下降的局面；1993年11月工业生产虽然开始回升，但回升势头却非常乏力。GDP的增长率在1992年为1.1%，到1993年为0.1%，1994年为0.5%，1995年和1996年均为0.9%。然而，同期日本的海外贸易则一直保持强劲的发展态势。1995年出口贸易额突破4000亿美元大关，由1991年的3145亿美元，增加到4429亿美元（见表2-9）。

表2-9　1991~1995年日本进出口贸易额

单位：亿美元

年份	出　口		进　口		进出口差额
	出口	增长率%	进口	增长率%	
1991	3145	10	2367	1	778
1992	3398	8	2327	-1.7	1071
1993	3609	6.20	2407	3.44	1202
1994	3956	9.60	2747	14.13	1209
1995	4429	11.96	3361	-8.60	1068

资料来源：根据日本贸易振兴会1995年《世界各国经济情报》统计数字计算。

20世纪90年代初期，日本贸易结构中出现明显的进出口失衡状态，1991年和1992年出口增速达到10%和8%，而同期进口增速只有1%和-1.7%。

贸易顺差也高达 778 亿美元和 1071 美元。在这种情况下，迫使日本政府不得不对贸易政策进行重新调整，贸易政策的重点取向是实现进出口均衡。

（二）进出口平衡贸易政策的基本内容

进入 20 世纪 90 年代，日本经济进入长期停滞状态，日本产业的国际竞争优势开始弱化，外需增长的势头受到多重因素遏制。从某种意义上说，正是由于日本的工业化发展已达到顶点，日本经济增长难以为继，日本工业危机导致了经济的低迷。由于失去了国内产业的有力支撑，日本政府不得不放弃国际协调型贸易政策，转向以扩大内需为主的进出口均衡的贸易政策。20 世纪 90 年代初期，日本海外贸易受本国经济因素影响，原有的贸易政策在实施中受到重重阻碍，越来越难以达成既定的政策目标，日本政府不得不对原有政策的效果进行反思，实行贸易政策的重建，提出了以扩大内需为重要内容的进出口平衡政策，其主要内容有以下三方面。

1. 提高产业竞争力和重塑产业比较优势

20 世纪 90 年代以来，日本产业国际竞争力开始明显下降，在高新技术和高附加值的领域，日本与美国的差距开始拉大，而与中国香港、中国台湾及韩国的差距在缩小，在高端制造业领域很多被欧盟各国所超越。如在纺织品、服装、家用电器等具有传统优势的大众消费品方面，日本产品的竞争力下降更为明显，甚至竞争不过发展中国家和地区；在电子计算机和信息产业方面与美国的差距越拉越大；在生物工程、汽车产业、飞机制造业等方面欧盟各国明显走在前面。在个别领域日本产业竞争力仍处于世界领先地位。但总体而言，与美国、欧盟国家、新兴工业化国家相比，日本的竞争力相对减弱是不争的事实。为了振兴新兴产业的国际竞争力，再现传统产业的比较优势，日本政府不仅制定促进信息化发展的"IT 立国"战略和重塑传统产业优势的《国家产业技术战略》，而且采取了减税和产官学联合开发研究等措施，用以扭转国际竞争力不断下降的态势。第一，大力促进现代信息技术、电子技术、生物工程技术、航天技术等高端产业的快速发展；第二，大力发展实体经济，弥补国内产业空心化，构建国内和国际相互衔接的产业链，重振传统产业优势；第三，大力发展节能环保产业、绿色产业，大力开发新能源、新材料，力求在今后国际经济发展中走在前列，把握先机。

2. 促进日元的国际化水平提升

在开放的国际经济条件下，日元汇率的变化（升值）和其贸易政策之间存在直接的因果关系。日元的升值和剧烈波动不仅造成了日本产业竞争力下滑，而且因为成本上升，包括一些高新技术企业在内的日本企业开始大规模向海外转移生产，导致日本的国家竞争力下降，这些都不利于日本经济的复苏。特别是20世纪90年代中期出现的日元升值危机，使日本政府认识到在开放经济条件下只有捍卫和强化日元国际地位才能保证政策的有效实施和经济的稳定。为此，日本政府不仅加强了东亚区域金融合作，而且通过产官学三方共同努力来推进日元国际化。

3. 贸易政策的重新构建

战后日本贸易政策的演进历史表明，日本经济发展进入平缓期后，日本政府所制定的中长期的基本国策和国家战略一直存在着体系性的缺陷。面对新的国际经济形势，日本政府一改以往只重视多边贸易，轻视区域和双边贸易的政策姿态积极寻求区域和双边合作的可能性，力争在区域合作中特别是东亚区域化合作中取得主导权，构建属日本主导下的经济圈。

进入21世纪，日本对外贸易政策出现了一些新的动向。此前，日本贸易政策一直围绕GATT、WTO框架展开，遵循"多边主义"原则，而对在贸易上具有差别待遇和安排的区域协定始终抱着抵触情绪。2002年1月，日本与新加坡正式签署了两国间自由贸易协定，决定取消除农产品之外的所有产品进口关税，并在投资和服务贸易等领域进行广泛合作。这是日本有史以来签订的第一个具有双边性质的贸易协定，一改日本长期以来一直坚持的以WTO体制为核心的多边主义立场。在当时，日本、新加坡自由贸易协定的签署虽然是日本在参与区域协定上的一种尝试，但仍可视为日本贸易政策转变的一个开端，可以被看作是一个新的动向。

日本实施进出口均衡贸易政策以来，贸易差额不断扩大的趋势有所改变，特别是进入21世纪以后，虽然连年顺差，但较为平稳，2000年顺差为997.4亿美元，2008年降至195.2亿美元，2012年达到-872.6亿美元。另外,日本实施进出口均衡贸易政策的效果,也可以从日本进出口贸易额的增长中体现出来。2000年贸易总额为8587.6亿美元;2004年突破万亿美元大关,达到10202.2亿美元;2009年受金融危机影响较上一年有所下降,但仍达到11326.8亿美元;2012年进一步上升到16840.4亿美元(见表2-10)。可见,在日本经济持续低迷的状态下,日本对外贸易的持续和平稳发展取得的成果还是相当可观的。

表2-10 1996~2012年日本贸易发展

单位:亿美元

年份	进出口	出口	进口	贸易差额
1996	7600.5	4109.0	3491.5	617.5
1997	7597.1	4209.6	3387.5	822.1
1998	6684.1	3879.3	2804.8	1074.5
1999	7276.1	4176.1	3100.0	1076.1
2000	8587.6	4792.5	3795.1	997.4
2001	7525.9	4035.0	3490.9	544.1
2002	7539.2	4167.3	3371.9	795.4
2003	8547.5	4718.2	3829.3	888.9
2004	10202.2	5656.8	4545.4	1111.4
2005	11108.1	5949.4	5158.7	790.7
2006	12257.9	6467.3	5790.6	676.7
2007	13365.7	7143.3	6222.4	920.9
2008	15445.8	7820.5	7625.3	195.2
2009	11326.8	5807.2	5519.6	287.6
2010	14625.8	7699.3	6926.5	772.8
2011	16750.5	8219.0	8531.5	-312.5
2012	16840.4	7983.9	8856.5	-872.6

资料来源:中国国家统计局数据库;世界贸易组织数据库;世界贸易组织月度贸易统计。

(三)日本贸易政策重建的影响因素

1. 美国对日本的牵制

世界金融危机以来,日本政府加强东亚区域合作的意识逐步增强,从地域角度与地区分工角度看，这是日本贸易政策重建的关键所在。但是由于日美两国间政治经济的紧密关联性，贸易政策重建乃至日本企图构建东亚经济圈的战略意图，都不能脱离现实的日美关系而另起炉灶。当前，美国将战略重心由欧洲转向亚太地区，必然对日本的贸易政策调整产生重大影响。日本贸易政策的构建，必须以协调与美国的关系为核心，特别是在构建东亚经济圈的战略实施过程中，必须考虑和兼顾美国的国家战略目标。因此，日本今后在贸易政策调整中，必然会受到各种非经济因素的强烈干扰甚至受到美国的硬性干预。

2. 中国的强大影响

中国作为世界第二大经济体，第一大贸易出口国，国际影响力不仅在亚洲，而且在世界也举足轻重。在东亚区域合作中如果没有中国的参与，东亚各国全面和深入合作将是残缺的，甚至难以最终付诸实施。尽管中日合作符合日本的长期战略和根本利益，但日本对中国的和平崛起形成的"中国威胁"论，对中国一直处于高度戒备状态，一方面恢复经济需要巨大的中国市场和进一步发展中日贸易；另一方面，中国的进一步发展将更加威胁日本的国际地位和经济影响力。因此，日本一直处于两难境地。不得不在配合美国遏制中国发展的同时，加强和扩大与中国的经济联系。2012年日本所谓收购钓鱼岛的行为，一方面迎合美国战略重心转移，无故挑起事端，达到压制中国的目的；另一方面，这种极端和一意孤行的做法，并非是美国的直接授意，美国对此采取中立性的暧昧态度，不仅导致中日两国关系降至冰点，而且严重损害了两国经贸关系，受到最大损失的则是日本。

3. 贸易政策的实施缺乏连续性

由于日本政坛的权力更替过于频繁，出现"十年十相"的党派轮流执政局面，每个执政党上台后都会提出一套自己的政策主张和经济发展规划，但由于执政时间过短，很难全面付诸实施，导致经济政策和贸易政策缺乏连续性。因此，近20年来，日本贸易政策的制定实施，在整体框架和体系上都缺乏完整性和一致性，缺少在经济恢复时期和经济调整增长时期来自政府的强力推动和有效引导，导致政策效果不甚明显。

五　战后日本政府对外贸易管理的特点

战后日本政府的对外贸易管理是国家垄断资本主义全面干预经济在对外贸易领域的一个具体体现。为了适应私人垄断资本的需要，保证社会再生产的实现，日本的对外贸易管理比较合理。虽然它主要是通过市场机制来实现的，具有一般国家垄断资本主义干预外贸的共性，但它又有着自身的日本式特性，正是这些特性构成了日本政府的对外贸易管理特点。

（一）官民协调共同管理

战后，日本政府在对外贸易管理中，采取了官民并举、两条腿走路的方针，大力调动地方、企业及民间团体的积极性，对外协调一致，共同管理外贸，从而形成了官民结合的对外贸易管理系统。第一，官民一致，加强组织信息搜集，有效地推动了进出口贸易活动。战后初期，日本曾一度中断了同海外市场的联系，因而对国际商情缺乏了解，陷入了"盲人贸易"的困境。为此，民间企业纷纷向海外派员调查商情，捕捉信息，以便有效地组织企业的出口，同时，政府亦积极给予支持，并配合行动，在海外广设办事处，举办各种展览会，参加博览会及在国内设立"海外市场调查会"。1954年8月，日本政府把"国际样品展览协会"、"日本贸易斡旋所协议会"和"海外市场调查会"三个组织合并为"财团法人海外贸易振兴会"，1958年又易名为"特殊法人日本贸易振兴会"，由政府与民间人士组成，建立了统一的振兴对外贸易活动的组织体制，统一设置、管理海外调查事业组织和贸易介绍所，组织捕捉国际商品信息及进行海外宣传等振兴贸易活动。第二，民间贸易商为维护自己的切身利益自动组织起来，共同维护出口秩序，政府立法予以承认，支持其成立"出口组合"，官民共同管理出口贸易，促进出口。出口组合受政府的《出口交易法》保护，不受《禁止垄断法》和《事业团体法》的限制，在《出口交易法》的范围内，并在其指导下，与政府一致，共同维护出口交易秩序，防止不公正交易，维护和开拓海外市场，处理有关出口纠纷等问题,而且在对外商谈中,保持口径统一,协调对外,从而对维护出口秩序、稳定出口市场、促进出口起到了积极作用。

(二) 行政指导协调管理

行政指导,是日本政府为了推行重点方针政策和解决各种经济难题,在没有法律根据的情况下,通过经常对民间企业提出各种指示、建议、希望、通知和意见等行政手段诱导民间企业按照政府规定的方向行动。它是日本政府为垄断资本服务的主要方面,是日本典型的国家干预经济的一个措施。日本政府对外贸的行政指导主要是靠通商产业省来实施的。通产省根据各时期的贸易政策,针对具体的经济形势,通过各种指示、劝说、建议及为企业提供咨询等行政手段,引导企业有效地进行外贸业务活动,从而诱导了企业的外贸活动沿着政府贸易政策所指的方向运行。20世纪50年代初期,日本政府为了扶持发展重化学工业,积极指导企业合理有效地引进国外先进技术和设备。通产省每年公布本国所需的技术清单,供民间企业参考,以便企业有针对性地制订引进计划,准确、合理地引进急需的技术、设备,从而减少盲目性。另外,日本在受到对方国家进口限制威胁或需要迅速消除贸易逆差时,通产省同有关产业部门的企业主协会进行谈判、磋商,商议降低出口数量,由企业主协会履行"出口自动限额",如20世纪70年代对美国的出口曾多次采用这种"自动限额"。在通过行政指导管理外贸活动的过程中,通产省不仅发挥本部门的主要职能作用,而且配合大藏省共同对民间企业的进出口活动进行行政指导。一方面给企业的外贸活动指出发展方向,说服、诱导企业按照这个方向发展,另一方面又通过贷款、补助金、税制、合同及批准手续等方式诱导企业按照政府的政策意图进行外贸活动,从而使各时期的贸易政策行之有效,促进了对外贸易的发展,达到了预期的目的。

(三) 综合运用法律、行政和经济手段

战后,日本政府对外贸管理的主要手段是法律手段,它贯穿于政府对外贸易管理的始终,同时,政府视对外贸易发展变化的具体情况,辅之以行政、经济手段。法律手段,是指通过外贸法规对国家与企业的外贸经济管理活动

进行法律调整。它施加于外贸经济活动一种作用，或是鼓励、保护、巩固与发展，或是限制、禁止、取缔与惩罚，从而成为外贸管理活动与经济活动的行为准则和基本尺度。1968年颁布、至今仍然沿用（经过了十几次修改）的《外汇及外贸管理法》，是日本政府管理对外贸易的主要法律。它与20世纪50年代以后制定的《进出口交易法》《出口检查法》《关税法》等外贸法规，构成了政府对外贸易管理机制的基础，为政府的外贸管理活动与企业的外贸经济活动提供了行为准则与法律准绳，从而使其活动有法可依、有章可循。日本政府在对外贸易管理中，充分发挥外贸法律手段这一机能的突出作用，同时，积极运用行政、经济手段，发挥其灵活、诱导性的机能作用，三个手段不仅发挥了各自的机能作用，而且融为一体，有机地构成了政府对外贸易管理的系统机制，从而在对外贸易管理中，发挥了这一机制的整体功能，促进了对外贸易的发展。例如，20世纪50年代，政府为了促进出口，提高产品的国际竞争力，颁布了《出口交易法》《出口检查法》等法规，以法律手段调整了出口秩序，防止过分竞争所导致的对方国家对日本商品的进口限制，通过出口商品的质量检查，保证了日本出口商品的质量及其在国际市场上的信誉，从而促进了商品的出口，提高了其国际竞争力。与此同时，政府依据这些法规具体制定了行政经济措施及办法，行使了行政、经济手段，如通过"最高出口会议"表彰出口有功的企业与个人，通过政府官员督促检查商品质量，通过优惠贷款、出口税制以及出口补贴、保险等措施鼓励出口，从而与法律手段融为一体，促进了出口贸易的发展。还应当指出，在以法律为依据，运用行政、经济手段管理外贸活动中，行政与经济手段随着对外贸易发展变化的需要，也有主次、轻重之分。如在经济恢复初期的国营贸易阶段，则需要以行政手段为主集中、直接管理与国计民生有关的进出口物资；在经济恢复末期的民间贸易阶段，则需要以经济手段为主，发挥市场机制的作用，管理进出口贸易。

六 日本经验对中国的启示

通过对日本经济高速发展时期的"贸易立国"战略、贸易政策以及对外贸易高速发展的原因分析，我们应该借鉴日本对外贸易的成功经验。中国加入 WTO 以后，按照承诺开放国内市场，给予外商以国民待遇，面临激烈的国际竞争，并不表示将放弃对幼稚产业的保护。我国应抓紧调整产业结构，在 WTO 规则允许的范围内制定相应的对外贸易政策，保护和扶持中国未来的主导产业，培育其国际竞争力。

（一）加快贸易发展方式转换，优化产业结构

首先，对提高国家竞争力和对产业升级起重要作用的特定产业，特别是未来的主导产业，应当动用可能使用的一切关税和非关税贸易保护措施，保护好其国内生产。以学习日本汽车产业保护政策为例，在确立保护国内汽车产业这个战略以后，要实施汽车产业培育计划。开放初期，应对汽车进口数量进行严格的控制，并课以高关税，使外国汽车不能轻易进入中国市场。然后，通过引进资金和技术，加强研究开发，掌握核心技术，努力提高国产化水平，并在满足国内市场的基础上，逐步进军国际市场，最终发展世界一流的汽车工业。

其次，贸易政策要与国内产业政策和科技政策配套实施，着重培育我国企业的自主开发能力，切实增强国际竞争力。为此，要学习日本将贸易政策、产业扶持政策和科技政策综合运用的经验。一方面，对进口产品实行阶梯形限制，保护本国产业免遭强大对手的竞争；另一方面，制定一系列的政策措施，对本国新兴的和幼稚的战略产业进行大力扶持，积极引进先进技术和设备，鼓励吸收并加以创新。根据选择产业结构的两个标准，即比较收入弹性标准和比较生产率标准的原则，在不同时期选定有发展前途的出口产业加以保护扶持，使其迅速成为具有国际竞争力的产业。单纯采用贸易激励政策容易招来贸易制裁，不利于贸易的持续发展，而且单纯的贸易政策激励容易促使企业走粗放型增长的道路。我国产业目标应该是产业高度化和技术的高度化。综合运用贸易政策、产业扶持政策和科技政策，可以改变当前我国外部促进型的贸易增长方式，提升产业结构和技术水平。要运用科学的方法选择我国战略产业，扶持既有规模经济，又有技术扩散效应的产业，促进其带动其他产业的发展。

战略性贸易政策的目的是强盛民族工业，而当前外商投资已渗透到国内产业的各个领域，所以在政策实施中还应该对内外资企业进行区别对待。否则，战略性贸易政策将难以奏效，甚至让外资企业得利最多。

（二）合理利用 WTO 的规则

应该看到，日本在实施战略性贸易政策过程中，同欧美发达国家的贸易摩擦在不断地加深。作为刚刚加入 WTO 的发展中国家，我国与日本相比在信息和资金等方面有很大的差距，出口很容易产生"瓶颈"效应，这就需要我们进一步搞活外贸体制。为此，要加强专业性进出口公司的"专业"优势，在实施战略性贸易政策时，充分发挥其在信息服务和组织、支持、保护中小企业方面的优势。同时，让企业特别是中小企业更好地了解"游戏规则"，避免同伙伴国发生大的贸易摩擦。所有国家加入 WTO 的目的都是为了增强经济实力，而不是拖跨国内产业，其最终的目标都是实现国家利益。世界贸易协定有它的漏洞，在合法、合理地利用这些例外的特殊规定方面，我们应该向日本及其他西方发达国家学习。尤其是日本，其保护国内市场的手段多种多样，有的是直接措施，有的是间接措施。其中，直接措施包括进口限制、反倾销、反补贴、自动出口限制、原产地规则等；间接措施包括广告限制、报关手续干扰、技术等级、卫生检疫标准等。上述这些措施都可以在 WTO 规则许可的范围内隐蔽地运用。

（三）制定战略性贸易政策的合理性和灵活性

我国作为发展中国家，生产力和经济发展水平较低，国内市场结构还不完善，大部分企业规模较小，远未达到规模经济的临界值。因此，我国企业要在以垄断竞争和寡头垄断为主的国际市场上参与国际竞争，必须得到政府的政策扶持。但是，合理保护本国市场，必须符合 WTO 规定和国际惯例并在其基础上应用产业政策，保护国内尚处于幼稚期的支柱产业和欠成熟但上升空间大的产业。保护的目的不仅仅是提高产业的国际竞争力以获得潜在比较优势，而且要充分考虑培育国内市场的竞争力。我国不同于日本，国内市场空间大，加入 WTO 后开放的力度也很大。因此，在扶持出口产业的同时，应适度保护其在国内市场的竞争力，尽量避免使用配额等非关税贸易壁垒。在国际条约和惯例允许的范围之内，制定切实可行的政策和法规，并加以灵活运用。不断开发创新，提高技术水平和能力，大力发展产业内贸易。扶持具有竞争力的产业，使其在开放中发展壮大，使企业经验逐渐达到规模经济的水平，努力降低出口成本，占领国际市场。政府要协助产业在某个地区发展"群聚"并升级。

（四）发展和扶持高科技产业

在发展国内高新技术和尖端技术产业方面，要认真借鉴日本的官产学联合方式。目前，国内很多企业研发技术力量薄弱，企业间既没有开展联合开发，也没有科研所、高校联合开发，科研和企业严重脱钩。一方面，科研所一些研究缺乏针对性，企业对科研所的发明成果不能很好地应用；另一方面，科研所因没有企业资金的有力支持而难以进展。在以科技水平决定综合国力的21世纪，科技创新是提高生产力的关键。而一些重大的科研项目只靠单个企业的力量是无法完成的，政府应该鼓励和支持开展企业间或企业与科研所的联合攻关。政府如果能参与其中，将使企业和科研单位的信心和力量增加，科研攻关更易成功。而且，高科技产业具有大的外部经济效应，在大力发展高科技产业的同时，也会带动其他相关产业的发展。政府真正的困难在于怎样选择具有竞争力的高科技产业，为此，应切实适应现代竞争的要求，通过各种手段获取信息，有力地支持高科技产业的发展。同时，加强与中介组织的协调，引导企业既加强联合又适度竞争，从整体性上提高技术水平和外贸出口能力。

（五）推进贸易和投资自由化，积极参与产业国际竞争和合作

20世纪60年代，在国内外开放压力之下，日本开始实行贸易自由化，在贸易自由化的过程中，采取了循序渐进、有规划有原则地放开、保护与放开相结合的原则，实行以质取胜战略，提高出口商品附加值，大力加强产业的国际竞争力，实现产业结构的高级化，并灵活运用优先分配外汇、金融支持等政策措施，扩大出口，获得了极大成功。

今天，我国对外贸易发展形势与当时的日本很相似，经济上都处于高速发展时期，因此，有必要借鉴日本对外贸易方面的成功经验，发展我国的对外贸易。首先，必须抓住历史机遇，推行适宜的贸易和产业政策，发展国民经济。日本的经济发展过程和世界发达国家的发展史均证明，一个国家要强盛，不走工业化的道路是很难实现的。日本的工业化道路是日本经济发展的主要基础，尽管有些发达国家已经进入信息时代或新经济时代，但也都是在高新技术的工业化基础之上建立起来的信息时代，而且以后也不会远离以高新技术为主导的工业化的社会基础。中国选择继续走工业化的道路，特别是走新型工业化的道路，是中国现实适应世界发展潮流的明智之举，只有这样才更能发挥后发优势。其次，适时推进贸易和投资自由化，参与产业国际竞争和合作，在世界市场范围内配置资源，进而实现经济持续增长。我国加工贸易产业结构层次较低，产业链条也较短，不符合我国产业结构优化的趋势，也不利于贸易利益向国内企业辐射，因此，贸易产品结构必须改善，加速向高技术、高加工度、高附加值的方向发展。

第三章 战后中日双边贸易的展开及演进

战后,中日贸易受国际环境、历史因素、政治因素和不同经济体制的影响,经历过不同的发展阶段,每一阶段都呈现不同的特点,两国双边贸易规模不断扩大,贸易结构日益优化,贸易关系日益紧密,两国从双边贸易中获取的利益日益增大,目前已经成为双方重要的贸易伙伴。总体来看,中日贸易在发展过程中,不时遇到一些坎坷,出现一些矛盾与纠纷,但大的方向没有出现大问题,大多时间内一直行驶在正确的轨道上。从"二战"后至今天,中日贸易的展开与发展大致经过四个阶段。

一 新中国成立后至中日邦交正常化前中日贸易的发展

新中国成立以后,中国长期实行计划经济体制,在经济上实行"独立自主,自力更生"政策,整个经济体系处于封闭和半封闭状态,对外贸易在国民经济中只是起到拾遗补阙的作用,中日贸易在这种体制之下,虽有发展,但增长缓慢,并不时受到各种非经济因素干扰,步履维艰。但在这一时期,由于中日两国共同利益所在,在两国政府和人民的推动下,仍然取得了相当大的成绩,为后来中日贸易快速发展打下了坚实基础。

(一) 1949~1959年的小额民间贸易阶段

新中国成立后在对外经济关系方面,中国政府既主张"首先同社会主义国家和人民民主国家做生意",也主张"同资本主义国家做生意";对于中日经济关系,更明确表示:"中日两国人民都极愿意在日本按照波茨坦协定实行非军国主义,而且是在民主化的条件下,和平共处,建立经济和文化的合作。"这就为在新的历史条件下、在平等互利基础上发展中日经贸关系提供了基本原则,指明了发展方向。这一时期中日贸易关系处于民间起步阶段,其特点是"民间先行""以民促官"。

战后初期,日本作为战败国处于美军占领之下,在美军占领当局的主导下,日本经过一系列的政治、经济体制的全面改革,社会经济发展逐步得到恢复,开始步入正轨。在这一过程中,日本已经纳入美国全球战略的重要一环,成为战后遏制社会主义国家发展的一颗重要棋子,虽然两国政府间贸易难以展开,但两国民间贸易却一直在悄然进行。早在1949年5月新中国成立之前,日本很多贸易界人士就组建了日中贸易促进会,随后又成立了日中贸易促进议员联盟,积极致力于中日经济关系的发展,主张尽快恢复中日贸易。然而,美国军事当局认为,"如果日本继续像以前那样依靠中国的原料和市场发展经济的话,日本将成为红色中国的一个工具",因而严厉禁止中日两国开展贸易活动。当时的日本吉田茂政府也极力追随美国,采取敌视新中国的政策,对中日民间贸易设置了重重障碍。后来朝鲜战争爆发,从1950年12月开始,美国对向中国出口的商品采取"事先批准制",实际上是禁止向中国出口。当时日本实际上成为美国在朝鲜战争中的重要军事物资供应和补给基地,并追随美国对中国实行"封锁、禁运"政策,全面冻结中国在日本的贸易资金,一度使中日贸易陷于全面中断。在这个时期,中国政府对于发展中日贸易的政策策略是:冲破"封锁、禁运",发展中日民间贸易,通过贸易增进两国人民的了解和友谊。在这一特殊历史时期,中日民间贸易在中国政府的推进和中日两国人民的共同努力下,取得了一定的成绩。从双边贸易额来看,1950年为5900万美元,占当年中国对外贸易总额的4.9%。但美国当局和日本政府的禁运政策压制,使本来规模就很小的中日民间贸易在后来又进一步下降。1950~1952年,双方贸易额从5900万美元下降到1540万美元,在中国对外贸易总额中的比重也从4.9%下降到0.8%。这一时期,从1952年6月至1956年5月的4年间,中国国际贸易促进委员会同日本贸易促进团体先后共签订了4次中日贸易协议或协定。此外，两国贸易公司还签订了长期钢铁易货协议。

1. 第一次中日贸易协议

朝鲜战争期间，日本政府采取追随美国、敌视中国的政策，禁止日本民间团体和人士与中国政府接触。为冲破西方国家对中国的经济封锁，发展中日友好关系，打开中日贸易大门，中国采取了积极、主动姿态，首先与日本民间友好团体进行联系，实行"民间先行""以民促官"的策略，通过外交场合，利用适当机会，广泛与日本民间团体和友好人士进行接触和沟通。中国方面的真诚、友好态度，得到了日本民间贸易组织的积极响应，不顾日本政府的重重阻挠，与中方进行联系与会谈，最终中日双方代表经过协商，确立了在平等、互利、和平、友好基础上开展中日贸易的方针。1952年6月1日，中日双方在北京正式签订了中日贸易协议。这是第一个中日民间贸易协议，其中规定，1952年底以前，向对方出口3000万英镑，出口货物按重要程度分甲、乙、丙三类，双方按相应比例输出商品，并且明确以同类物资交换为原则。但是，这个协议在执行中受到了美国和日本政府的百般阻挠，致使日方不能如期完成对中方的出口计划，协议规定中的全部甲类商品和大部分乙类商品都未能成交。协议延期一年后，仍只完成原计划的5%。1952年，中日贸易额仅为1540万美元左右。尽管如此，由于中国政府和日本各界友好人士的共同努力，中日民间贸易往来终于打破坚冰，迈出了关键性的第一步。

2. 第二次中日贸易协议

1953年7月朝鲜战争结束后，中日两国在政治上的敌对倾向开始有所减弱，日本民间团体和经济界人士对促进中日贸易发展的呼声更加高涨，日本政府根据自身发展需要，逐步放宽对华贸易的限制。但是，当时在日本社会也出现一种所谓"工业日本""原料中国"的论调，认为在中日贸易中，中国只能充当日本原料供应国的角色，如果中国与日本一样实行工业化，则日中贸易就会陷入死胡同，失去发展前途了。这一片面和极端并背离国际贸易原则的错误观点，在当时的日本尚有一定的市场，严重影响和制约了中日贸易的正常开展和顺利发展。对此，1953年10月，《人民日报》发表了《论中日关系》的社论，提出在中日之间建立"彼此尊重、互不侵犯、和平共处、平等友好、自主贸易和文化交流的睦邻关系"。该社论在日本各界产生了良好影响，取得了正本清源的效果。中日双方贸易促进组织于当年在北京签订了第二次中日民间贸易协议。该协议除对商检和仲裁条款做了规定外，还对个别商品分类及出口比例进行了调整。协议金额与第一次协议相同，仍为各方向对方出口3000万英镑。但该协议在执行中也因受到美国和日本政府的"禁运"政策限制，在14个月期间，仅完成计划的38.8%。

3. 第三次中日贸易协定

第三次中日贸易协定是于1955年5月在东京签订的。在此次协定中贸易金额及出口商品比例与第二次协议相同，仅对同类物资交换货单做了进一步调整，并就商品检验、仲裁及相互举办展览会等事宜做出了具体规定和安排。同时，该协定还建议两国尽早互设享有外交官待遇的商务代表机构及尽早达成由双方中央银行签订的中日贸易支付协定等。当时，中美两国政府正在日内瓦举行谈判，并且万隆亚非会议通过了十项原则，整个国际形势趋于缓和，此时中日关系开始出现向好的方向快速转换的征兆，时任日本首相的鸠山一郎也对改善日中关系、发展日中贸易发出了积极信号，并对日中贸易协议的实施，表示"愿给予支持和协助"。不久，日本国会通过了促进日中贸易及邀请中国代表团访日决议。随后中国政府派出代表赴日本进行访问，经双方商定将"贸易协议"改称"贸易协定"。这个新签订的协定在执行中延长一年。第一年完成了协定金额的67.3%，第二年完成了77.7%。1956年中日进出口贸易总额达1.26亿美元。根据第三次中日贸易协定安排，中日双方互办了展览会，这对加强两国人民相互了解、增强互信发挥了积极和良好的作用。中国于1955年首次在东京、大阪举办展览会，观众共达190余万人。日本于1956年和1958年先后在北京、上海、广州、武汉举办展览会，观众共达430余万人。

4. 第四次中日贸易协定

第四次中日贸易协定的谈判是从1956年10月开始的。但由于1957年2

月上台的日本岸信介右翼政府的阻挠，谈判陷入时断时续之中，直到1958年3月，才由中国贸促会同日本国会议员促进日中贸易联盟、日本国际贸易促进协会、日中输出入组合三团体组成的通商访华使节团在北京签订。这一新协定将贸易金额增加到各方向对方出口3500万英镑，将甲、乙、丙商品分类改为甲、乙两类。协定还规定双方将继续互办展览，加强技术交流，对重要物资确保长期稳定供应关系。特别是经双方反复协商，在附件备忘录中规定了互设商务代表机构的待遇等有关事项。该协定的实施，有效地促进了中日贸易的发展，很快双方签订了长期钢铁易货协议，确定自1958年到1962年5年间，双方向对方出口金额各为1亿英镑，中方出口铁砂、煤炭等，日方出口多种钢材。第四次贸易协定签订后，遭到了当时日本右翼政府的层层阻挠，后来由于日方挑起的"长崎国旗事件"，中国政府断然决定自1958年5月10日起停止签发对日本的进出口许可证，中日贸易再度中断。1959年以后，应日本民间贸易促进组织的请求，为了照顾日本一些处境极端困难的小企业和工人的生活，中国仍向日本供应生漆、栗子等"照顾物资"，同时也进口了总值约8万英镑的日本中小企业产品。

中日贸易协定自1952年起步到1958年中断，历时7年，经历了许多困难和曲折。但是，在当时东西方尖锐对立的情况下，中日贸易协定的签订和执行是难能可贵的，对打破西方国家对中国的"封锁、禁运"，发展中日友好和中日贸易事业起了重要而积极的作用。

（二）1960～1972年的中日贸易

20世纪60年代是日本工业化迅速推进时期，中日两国关系也趋向缓和，促进了双边贸易的发展。1962年中日签署《中日长期综合贸易备忘录》，大大推进了双边贸易的快速发展。1960年双边贸易额还只有2845万美元，到1972年中日恢复邦交正常化时，首次突破了10亿美元。这一阶段中日两国贸易的特点是由单纯的民间贸易向"半官半民贸易"转换。

1. 20世纪60年代中日贸易的基础

在这个时期，中日贸易关系发展过程中具有重大影响和历史意义的一件大事，就是中国政府发表的有关中日政治和贸易三原则。1958年以"长崎国旗事件"为导火线,中日关系大倒退,中日贸易陷入中断。1960年6月岸信介下台,池田政府成立,中日关系开始出现了转机。根据当时日本政府换届的新情况,中国政府把握时机,于8月27日发表了中日政治和贸易三原则,提出恢复对日贸易的建议,并规定此后一段时期发展中日贸易关系的主题:坚持中日政治、贸易关系三原则和政经不可分原则,通过友好贸易和备忘录贸易两种方式,渐进积累,促进中日政治关系和贸易关系的正常化。

中日关系政治三原则要求日本政府做到以下几点。第一,不执行敌视中国的政策;第二,不追随美国制造"两个中国";第三,不阻碍两国关系向正常化的方向发展。中日贸易三原则涉及以下三方面内容。第一,关于政府协定:由于日本政府不保证中日民间贸易协定的执行,因此,要由双方政府签订贸易协定;第二,关于民间合同:中国有关贸易公司同由日本有关团体和人士向中国推荐的"日本友好商社"之间,既可签订个别民间合同,也可签订长期合同;第三,实行个别照顾:按照1958年中日贸易中断时的做法,对陷入困境的日本中小企业继续给予帮助。与此同时,中国政府还针对日本部分人士的"政经分离"的主张,提出了政治和经济不可分的原则。这些原则指明了中日邦交正常化的道路,以及正确发展互利互惠的中日贸易关系的途径,得到了广大日本民间团体、友好人士和企业界的积极支持和响应。而后,在这些原则的基础上,中日双方签订了贸易备忘录和友好贸易议定书。至此,中日贸易关系由民间转入半官半民阶段。双方通过"友好贸易"和"备忘录贸易"这两个渠道加强了贸易往来,极大地促进了中日贸易快速发展。1971年,中日贸易总额达到了8.74亿美元。可以说,这一时期中日贸易能够得到较好的发展,主要依赖于在中日贸易关系中,确立起友好贸易和备忘录贸易的两种机制。

2. 友好贸易

中日贸易三原则发表后,受到日本经济界的欢迎,使更多的日本企业看好日中贸易的前景,许多日本厂商纷纷申请加入日中"友好商社"行列,积极期望与中国开展贸易,"友好商社"的成员不断增多,友好贸易规模逐步扩大。1960年10月,中国贸易公司同由日本友好团体和友好人士推荐的"日本友好商社"成员企业开始在北京洽谈交易。1960年春季，中国出口商品交易会开始邀请"日本友好商社"成员企业参加。1962年12月，中国贸促会与日本的日中贸易促进会、日本国际贸易促进协会在北京签订了关于发展双边友好贸易议定书，为"友好商社""友好贸易"的进一步发展奠定了基调和明确了方向。从此，"友好贸易"不断深入发展。"友好商社"的成员企业从最初的几家，发展到1972年的276家。"友好贸易"总额从1961年的3600余万美元增加到1971年的7.9亿美元，十年间增长近21倍。当时，广州中国出口商品交易会，成为促进"友好贸易"的重要桥梁和纽带。参加广交会的"日本友好商社"和与会人数逐年增加，1961年春季交易会为38家友好商社、400余人；1971年春季交易会则增加到1365家友好商社、2272人。另外，根据友好贸易议定书，中日双方贸促团体从1963年至1971年中日两国恢复邦交正常化前，在两国多次举办展览会和展销会。中国于1964年和1966年先后两次分别在东京、大阪和北九州、名古屋举办中国经济贸易展览会。日本则于1963年、1965年和1967年分别在北京、天津和上海举办日本工业展览会。

3. 备忘录贸易

1958年5月中日贸易中断，对双方经济发展都带来十分不利的影响，很多日本民间友好团体和有识之士为了谋求恢复中日贸易关系，开始在中日两国政府间进行斡旋和沟通，相继到中国进行访问，向中国政府传达现任日本政府及日本企业界强烈要求恢复日中贸易的态度，并提出了日方一些设想。中国政府则强调中日贸易应是平等互利的，基本上采取以货易货方式，贸易额开始小些，后来逐步扩大。1962年10月，中日双方确认了在平等互利的基础上，发展中日双边长期的、综合的、大宗的、易货的、包括延期付款的备忘录贸易的意愿，在此基础上中日双方在北京签署了关于发展中日两国民间贸易的备忘录。该备忘录规定：1963～1967年为第一个五年协议，平均每年贸易成交额为3600万英镑。这一备忘录在形式上是民间协定，但都带有双方政府的背景。该备忘录签订后，第一个五年协议执行得比较顺利。1963年日本政府批准仓敷人造丝株式会社利用日本输出入银行出口信贷,以延期付款方式成功地向中国出口了维尼纶成套设备。1965年双方的贸易公司还签订了为期三年的化肥长期供应合同。1966年"备忘录贸易"总额超过了2亿美元。为了执行备忘录贸易协议,双方于1964年就互设常驻联络办事处和互换记者达成了协议,并于1964年7月和1965年1月分别在北京和东京互设了具有半官方性质的办事处。

在这一阶段,中日两国贸易关系受政治因素影响,曾出现一定的波折。1964年11月,佐藤内阁成立伊始,便推行敌视中国、公开制造"两个中国"的政策,并对中日贸易实行严格限制和打压,拒不批准大日本纺织株式会社和日立造船株式会社等使用政府资金向中国出口第二套维尼纶设备和货轮,迫使两个合同相继失效。此后,直至1972年中日恢复邦交正常化前,日本未再向中国出口成套设备,使"备忘录贸易"难以达到预期目标。1968年以后,中日双方不再续签五年长期协议,仅在每年商定一次贸易协议事项,因此,"备忘录贸易"的总额急剧下降,到1971年降至8300万美元,仅占中日贸易额的10%。

"友好贸易"与"备忘录贸易"作为发展中日双边贸易的重要机制,在十余年的发展历程中,并驾齐驱,对推动中日政治、经济贸易关系向正常化方向发展发挥了重要作用。到了20世纪70年代后,国际形势发生了重大变化。1971年10月中国恢复了在联合国的合法席位,1972年2月美国总统尼克松访华,中美间持续了二十几年的敌对和紧张气氛开始缓和,大大推动了日中关系向着好的方向急速转化。日本国内的政界、经济界、学术界刮起了一股"中国热"浪潮,很多政界首脑、大企业家和知名专家学者纷纷访华,普遍表示,遵循中国政府提出的各项原则和条件,努力将中日经贸关系推向一个新的高潮。1972年8月,中国银行同东京银行就人民币和日元直接结汇问题达成协议。因此,中日间通过"友好贸易"和"备忘录贸易",不仅为后来的中日贸易大发展提供了坚实的合作、共赢基础,而且也为促进中日邦交正常化提供了有力支持。后来,随着中日两国恢复邦交正常化和中日政府间贸易协定的签订,"友好贸易"和"备忘录贸易"宣告结束,退出历史舞台。

二 1972年中日邦交正常化后的中日贸易

1972年9月29日,中日两国政府在北京签署了《中日联合声明》,宣告两国实现邦交正常化。在《联合声明》的基础上,中日两国政府先后签订了贸易、航空、海运、渔业、商标保护、租税、科技、投资保护等一系列协定。中日双边贸易开始由半民间、半官方性质转到了真正意义上的政府层面,为两国贸易全面而深入的展开揭开了新的历史篇章。1974年1月,中日双方各自给予对方最惠国待遇。1982年中国政府提出了"和平友好、平等互利、长期稳定"发展中日关系的三项原则。1983年日本政府提出将三项原则改为四项原则,即增加了"相互信赖"一项。中日贸易关系在两国政府的共同推进下,步入了稳定、健康、持续发展的轨道。

1974年1月5日,两国签订了《中日政府贸易协定》。该协定明确规定要尊重已有民间贸易所积累的成果,平等互利,在关税上互相给予最惠国待遇,并确认了1972年8月两国银行签署的人民币日元结算业务协议和中日双方定期召开贸易混合委员会会议等事项。这一时期的中日经济贸易关系在"和平友好、平等互利、长期稳定、相互信赖"的原则基础上,总的发展情况是好的、正常的,贸易额大幅度增加,双边经济贸易合作的领域和规模不断扩大,合作方式日趋多样化,相互投资、"三来一补"等经济技术资金合作成为中日经贸关系中的重要内容。具体来看,这一时期中日贸易有以下特点。

(一)双边贸易规模不断扩大,进出口贸易结构逐步优化

1972年中日两国双边贸易额只有10.39亿美元,1975年达到38.06亿美元,1981年增至99.78亿美元,1985年又增加到164.40亿美元。1987年由于日元升值等因素影响,中日贸易发展出现波动,双边贸易额降至131.59亿美元。1972~1988年的17年间,中日两国双边贸易额平均每年递增20.92%。中国对日出口商品增加2000多个品种,其中工矿产品所占比例增大。1974年以后,曾在中日贸易史上占重要位置的丝绸贸易,由于日

方限制进口而逐年下降，石油一跃成为对日本出口的第一位商品。中国从日本进口的商品以钢材、机械、仪器、化肥等为主，后来随着改革开放后工业化进程的加速，从日本进口的成套设备和技术引进有了显著增长。这一时期，中日两国贸易关系存在一个长期难以解决的问题，即贸易失衡问题。中方对日贸易持续出现逆差，并且数额不断增大。自1972年中日两国建交至1988年期间，除1982年因中国严格控制进口而出现11.13亿美元的顺差外，其余16年均为中方逆差，累计贸易逆差额高达218.56亿美元，其中1978年为13.86亿美元，1984年为20.2亿美元，1985年为52.2亿美元，1986年为51.33亿美元；1987年虽然经过努力，中方贸易逆差有所下降，但仍达13.27亿美元；1988年中方贸易逆差有了明显改善，仅为5200万美元。中方长期巨额贸易逆差成为中日贸易持续发展的严重障碍。为平衡双边贸易，1984年4月，当时中国对外经济贸易部通过日本驻华使馆向日方提出，要求日本政府对中国14种出口商品降低关税，对8种商品增加配额，对16种商品取消限制。之后，中方又通过中日政府成员会议、中日贸易混合委员会以及各种官方和民间交流渠道多次要求日本政府进一步开放市场、降低关税、放宽配额、取消限制。中方提出的扩大出口、争取积极平衡的主张得到日方普遍赞同。日本政府自1988年开始将中国高级手工地毯由过去的2.3亿日元的特惠关税额度有限度地扩大到15.6亿日元。同年3月，日本方面又宣布自3月1日起解除对中国哈密瓜的进口限制。随后，中国肉牛也实现了对日出口。

（二）中日签订长期贸易协议

1973年中国首次成功对日本出口了100万吨原油，1974年出口量增至400万吨，1975年进一步达到800万吨。为了保持长期稳定地对日本出口石油、煤炭以及从日本引进先进技术设备，中日双方开始酝酿缔结长期贸易协议。1978年2月16日，中日双方在北京签订了为期8年（1978～1985年）的《中日长期贸易协议》（以下简称《协议》）。《协议》规定，最初5年中国对日本出口石油、煤炭；日本对华出口技术设备、建设器材；双方出口金额分别为100亿美元。1979年3月，双方又商定将《协议》延长到1990

年，并将贸易额扩大两倍，即 1978~1990 年各方累计出口为 200 亿~300 亿美元。双方还商定 1986~1990 年中国每年向日本出口石油 880 万~930 万吨，煤炭 370 万~410 万吨。在《协议》精神的指导下，中日贸易顺利开展。1978~1988 年，中国向日本出口了共计 9000 万吨石油、3000 万吨煤炭和约计 180 亿美元的其他商品，约占同期中国对日本出口总额的 41.7%。

随着中日长期贸易协议的执行，中国从日本进口的成套设备和技术引进逐年增加。这方面贸易额 1978 年仅 3 亿美元，1980 年增至 15.69 亿美元，1981 年又增加到 20.67 亿美元，占当年中国自日本进口总额的 38.41%。1978~1988 年，中国从日本引进的技术和成套设备总值达 60 亿美元，再加上日方贷款采购部分，共计 100 亿美元。在技术设备引进中，项目较大的是上海宝山炼钢设备，这个项目的合同于 1978 年 4 月签订，第一期工程于 1985 年正式竣工。在中日长期贸易协议执行过程中，由于 1979 年中国进行经济调整，压缩基本建设，中方曾先后于 1979 年 2 月和 1981 年 1 月通知日方对石油、化工、纺织等部分合同暂缓生效，停建部分化工项目和宝钢二期工程项目。后来随着中国经济调整的成效日益显现，大部分合同得以恢复执行。其间，对个别项目变动给日方造成的损失，中国方面按国际惯例给予了补偿。事实表明，中日长期贸易协议的签订和执行，符合中日双方的需要和共同利益，对改善双方贸易不平衡、促进中日贸易关系的稳定发展发挥了重要作用。

（三）全面开展经济技术资金合作

自中国实行改革开放政策以来，中日两国经济合作的领域不断扩大，合作方式日趋多样化，除一般贸易外，兴办"三资企业"、开展技术贸易和"三来一补"、中小企业改造以及政府间贷款、无偿援助等合作项目全面展开。具体有以下几种方式。

1. 技术引进

中国从日本引进技术起步较早，始于 1963 年进口的第一套维尼纶成套设备。1978~1988 年，中国使用中央外汇从日本引进技术与设备 890 项，价值 82.52 亿美元，引进项目主要有发电、炼钢、机械、电子、轻纺、化工、冶金等技术设备。进入 20 世纪 80 年代以后，中日两国的经济技术合作规模迅速扩大。1982年从日本引进技术与设备的金额达1.4亿美元，1987年增至7.1亿美元，项目达138个。总体来看，这一时期中国从日本引进技术发展快、项目多、金额大。但不足之处是软件少、硬件多；一般技术多、先进技术少。而且，日本政府一直对高端技术转让设定重重障碍，例如，1987年5月，当时的日本通产省以违反"禁运"规定向苏联出口大型数控机床为由，处罚东芝机械（株），禁止该商社在一年内向苏联、东欧国家和中国等14个国家出口。尤其是1988年3月，日本警视厅以未经政府批准就向中国出口电子测定器为由，对极东商会和新生交易两家专门从事对华贸易的商社进行了处罚。

2. 设立"三资企业"

在中日经贸合作中，日本在中国设立"三资企业"始于1978年。至1988年底，日本企业在华投资项目共计659个，协议金额达12.17亿美元。其中合资项目510个，9.5亿美元；合作经营项目114个，2.78亿美元；独资项目27个，1.06亿美元；海洋石油合作勘探开发项目8个，8.8亿美元。日本对华投资的项目数量和金额仅次于香港地区和美国，居第三位。1988年8月，日本首相竹下登访华，两国签订了投资保护协定，日商来华投资更为活跃。

3. 政府贷款

日本政府于1979年和1984年向中国提供贷款，先后两次共提供8000亿日元，用于中国石油、煤炭开采和港口、铁路等开发。1988年8月，日本政府决定自1990年至1955年向中国提供8100亿日元的第三批贷款。

4. 黑字还流贷款

1988年，日本政府向中国提供1000亿日元的黑字还流贷款（即用日本对中国贸易出超的一部分，作为贷款提供给中国），用于促进中国出口产业的发展。贷款实施比较顺利，受到中国出口企业的欢迎。

5. 无偿援助

1981~1988年，日本政府对华援助的项目共22个，总金额为490.07亿日元，主要项目有中日友好医院、中日青年交流中心以及各类商品检验、养殖及研究中心等。这些项目都取得了良好的社会效益和经济效益。

6. 日本输出入银行能源贷款

日本输出入银行于1979年和1984年向中国银行提供能源贷款，先后两次共提供1万亿日元，用于中国煤炭、石油开采等项目。

（四）中日友好往来和经贸对口交流

随着中日邦交的正常化，中日政府和民间交流进一步扩大，两国政府职能部门和民间经贸团体之间的友好往来也日益频繁。1972年中国访日经贸团组只有6个、76人，日本经济界访华团只有9个、139人；1988年，中国访日经贸团组达2111个、10385人，赴日研修技术培训团组844个、4784人；日本来华访问人员也较十年前增长了十几倍。中国举办的春、秋两季广州中国出口商品交易会，每届都接待大批日本贸易厂商。

中日双方互办展览成倍地增加。1974年7月和9月，中国分别在大阪和东京举办了大型展览会，1977年中国又先后在名古屋、北海道、北九州举办了展览会，受到日本广大人民的热烈欢迎。日本方面于1975年、1976年和1977年先后在中国举办工业技术、环境保护、造船工业等展览会，给中国观众留下了深刻的印象。进入20世纪80年代后，中日双方每年都相互举办各种地区性和专业性展览会、展销会，对促进中日贸易的发展、增进两国人民的相互了解，发挥了积极作用。

根据《中日贸易协定》规定，中日两国于1975年举行了第一次中日贸易混合委员会会议，其后又于1977年3月和1978年11月举行了第二次和第三次会议，会议主要就发展中日双边贸易等问题交换意见；第三次会议就互设常驻代表处达成协议；第四次会议因双方定期召开了政府成员会议而被搁置，后来由于中日贸易出现严重不平衡等问题，在中方倡议下，于1978年复会。通过举行中日贸易混合委员会会议，双方共同进行探讨，对解决中日贸易中存在的各种问题是有积极意义的。

为了开展经贸对口交流，1986年中日双方先后成立了一些促进双边贸易的组织机构。中国方面成立了"对日经贸工作协调组"（后改称为"对日经济贸易协调委员会"）和"中国产品对日出口促进小组"。协调组下设11个专业小组。日中经济协会成立了"日本中国贸易扩大协议会"，日本国际贸易促进协会成立了"日本中国产品开发输入研究会"。日本扩大协议会同中国协调组相对应也下设 11 个专业部会。双方对应组织定期开展对口交流。1987 年 3 月和 1988 年 3 月,中日政府先后在东京和北京举行了第一次和第二次定期协商。通过会谈协商,双方就扩大与平衡双边贸易、推动日本企业来华投资以及消除技术贸易中的人为障碍等有关问题,广泛地交换了意见,并确定了不锈钢家具、机床、随车工具、高级手工地毯为中日样板商品合作项目。开展中日经贸对口交流,对协调和推动中日经济贸易关系的发展是有益的。

中日邦交正常化以来的中日贸易关系发展历史表明,在平等互利的基础上发展中日两国间的经济贸易关系,是符合中日两国人民的共同愿望和根本利益的,有利于促进双方经济的发展,加强两国的友好合作关系,保持亚太地区的和平与稳定。中日贸易往来和经济技术合作的成果来之不易,是中日双方进行长期努力和艰苦工作、不断排除各种干扰和障碍的结果。进一步发展中日经济贸易关系是历史赋予两国人民的重要使命。只要中日两国在和平共处五项原则的基础上,继续遵循中日联合声明和中日友好条约的各项原则,认真执行已经签订的有关经济贸易发展的各项条约和协定,继续做出不懈的努力,进一步发挥各自的优势和潜力,中日两国间的经济贸易合作所取得的成果必将进一步巩固,并获得长期稳定的发展。

三 中国加入 WTO 后至今的中日双边贸易

随着中国"入世",中国对外贸易进入了高速、持续的发展阶段。而此时,日本经济已经进入持续低迷时期,贸易摩擦加剧与日元不断升值使日本的贸易投资环境不断恶化,出口受到极大阻碍,加上内需难以有效启动,更使日本经济雪上加霜。而中国经济正处于快速上行的黄金期,加入 WTO 更使中国对外贸易如虎添翼,开始进入超常规快速增长阶段,这一时期,中国的巨大国内市场与强劲的外需,为中日贸易发展注入了动力,为萎靡不振的日本经济带来了新的活力。而中国从日本进口的高端产品和先进技术,也为中国经济稳定、持续和高速增长提供了有力的支持。

(一) 中日贸易进入超常规快速发展阶段

中国加入 WTO 后，2002 年中日贸易额突破 1000 亿美元大关，同比增长 16.2%。到 2003 年，日本连续 11 年成为我国最大的贸易伙伴。而我国则成为日本第二大贸易伙伴。2004 年中日贸易总额达到 1678.4 亿美元，占日本外贸总额的 16.45%。2005 年，中日贸易额继续上升，达到 1844.0 亿美元，同比增长 9.9%。中日经贸的发展直接推动日本经济增长 0.5 个百分点。2006 年，中日双边贸易额达到 2072.9 亿美元，中日贸易占到日本外贸总额的 16.91%，仅比日美贸易额少 0.2 个百分点。2007 年中国超过美国成为日本第一大贸易伙伴，而日本从 2004 年连续 7 年的中国第一大贸易伙伴降为欧盟和美国之后的第三大贸易伙伴。2011 年中日贸易额达 3428.3 亿美元，同比增长 15.1%，再创历史新高。2012 年中日贸易额受世界经济萎缩及钓鱼岛事件影响，降至 3294.6 亿美元，同比下降 3.9%，日本从中国第四大贸易伙伴退居为第五大贸易伙伴。而中国则已连续四年成为日本第一大贸易伙伴，其中中国对日本出口仅增长了 2.3%，中国自日本的进口下降了 8.6%。另据日本贸易振兴机构统计，一方面，2012 年日本对华出口 1778.1 亿美元。建筑机械、汽车和钢铁等领域下滑较为显著。另一方面，日本从中国进口额达 1516.5 亿美元，连续 3 年创下历史新高（见表 3-1 和图 3-1）。

表 3-1 中国"入世"以来中日双边贸易情况

单位：亿美元，%

年份	进出口额合计	增长	出口额	增长	进口额	增长
2001	877.3	5.7	449.4	8.1	427.9	3.2
2002	1019.0	16.2	484.3	7.8	534.7	25.0
2003	1335.6	31.1	594.1	22.7	741.5	38.7
2004	1678.4	25.7	735.1	23.7	943.3	27.2
2005	1844.0	9.9	839.9	14.3	1004.1	6.4
2006	2072.9	12.4	916.2	9.1	1156.7	15.2
2007	2360.1	13.9	1020.6	11.4	1339.5	15.8
2008	2667.3	13.0	1161.3	13.8	1506.0	12.4
2009	2287.9	-14.2	978.7	-15.7	1309.2	-13.1

续表

年份	进出口额合计	增长	出口额	增长	进口额	增长
2010	2977.8	30.2	1210.4	23.7	1767.4	35.0
2011	3428.3	15.1	1482.7	22.5	1945.6	10.1
2012	3294.6	-3.9	1516.5	2.3	1778.1	-8.6

资料来源：《中国对外经济贸易年鉴》。

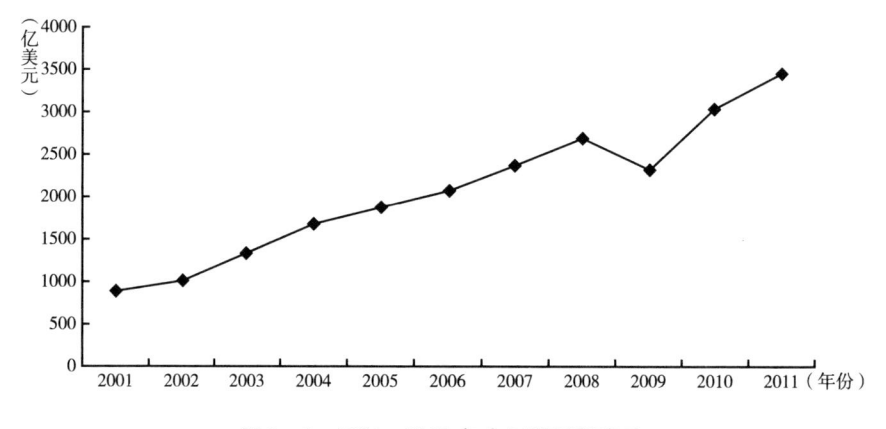

图 3-1 2001~2011 年中日贸易额变动

（二）中日双边贸易地位及结构出现显著变化

影响中日贸易关系结构变化及力量对比的因素，除两国的综合经济实力、产业构造、贸易结构、国际市场地位等外，还包括两国不同的经济发展阶段。与日本经济发展水平成熟化与经济结构和贸易结构相对固化相比，中国经济发展水平虽然较低，但具有强劲的后发性，产业结构可塑性强，贸易结构特别是区域结构的调整和变动空间较大，通过开拓新的市场和寻找新的贸易伙伴，可以在总量上快速拉升贸易额，进而使一些传统的重要贸易伙伴的地位趋于弱化。但这大都体现为一种量的扩张，在国际分工体系没有出现大的变动的情况下，与传统贸易伙伴在双边贸易利益配置格局中的变动在短时期不会很大，反映在中日贸易关系上，虽然中国对于日本来说地位有所上升，日本更加依赖于中国，但在国际分工体系中和贸易利益分配方面，仍然服从于以质取胜的规则，日本仍是最大的获利方，但从发展趋势上看，中日贸易间的利益分配将会逐步更多地向中方倾斜。

1. 中日双边贸易地位出现明显转换

改革开放之前,中日双边贸易规模很小,在日本贸易总额中所占的比重也很低,在中日贸易关系中,中方处于绝对的从属地位。中日恢复邦交正常化的1972年,双边贸易额仅为10.4亿美元。20世纪70年代末中国实施改革开放,中日贸易发展开始步入快车道,到1981年双边贸易额便突破100亿美元。而后在中国经济快速发展与大部分时间日本经济景气繁荣的推动下,至2002年中日贸易额一举跃上千亿美元台阶,达到了1019.0亿美元。后来,中日双边贸易额从1000亿美元上升到2000亿美元关口,主要借力于中国加入WTO所带来的外需持续扩大,仅用了4年时间,至2006年中日贸易额便达到2072.9亿美元,并且2007年的中日贸易额首次超过日美贸易额,中国一跃成为日本的第一大贸易伙伴。随后,中日贸易仅在金融危机初期出现短期的波动,而后屡创历史新高,2011年跨越3000亿美元大关,达到3428.3亿美元。20世纪90年代后期至中国加入WTO前,中方地位开始逐步上升。而后,在中日贸易关系发展中,中方的地位开始显著提高。2000~2010年的10年间,日本对外贸易总额增长69.2%,明显低于对华贸易额增长的2.52倍。其中,出口增长59.7%,明显低于向中国出口增长的3.90倍;进口增长81.4%,也明显低于从中国进口增长的1.76倍。日中贸易额占日本贸易总额的比重逐年上升,2011年达到20.42%,由于日本对华贸易增长速度大大超过日本对外贸易,中国在日本对外贸易中的地位迅速提高(见表3-2、图3-2、图3-3)。

表3-2 日本历年贸易总额及对华贸易额占日本贸易总额比重

单位:亿美元,%

年份	日本贸易总额	日中贸易额	日中贸易额占日本贸易总额比重
2002	7539.2	1019.0	13.52
2003	8547.5	1335.6	15.63
2004	10202.2	1678.4	16.45

续表

年份	日本贸易总额	日中贸易额	日中贸易额占日本贸易总额比重
2005	11108.1	1844.0	16.60
2006	12257.9	2072.9	16.91
2007	13365.7	2360.1	17.66
2008	15445.8	2667.3	17.27
2009	11326.8	2287.9	20.20
2010	14625.8	2977.8	20.36
2011	16789.7	3428.3	20.42

资料来源：《中国对外经济贸易年鉴》。

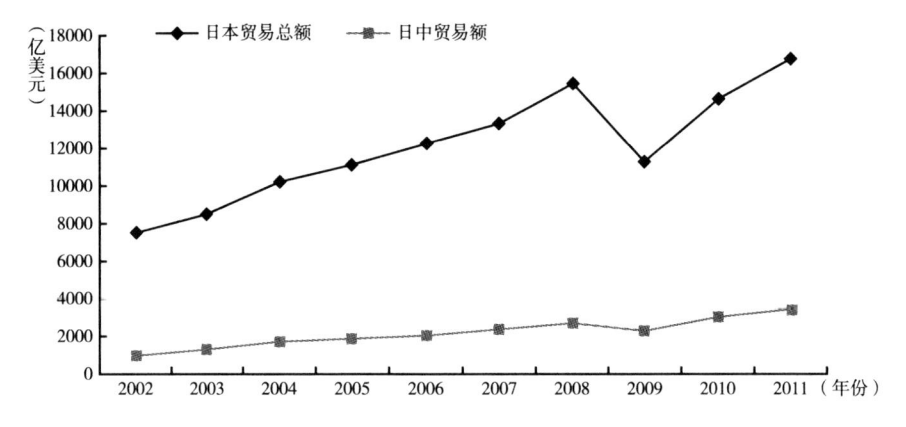

图3-2 日本贸易额及日中贸易额变动

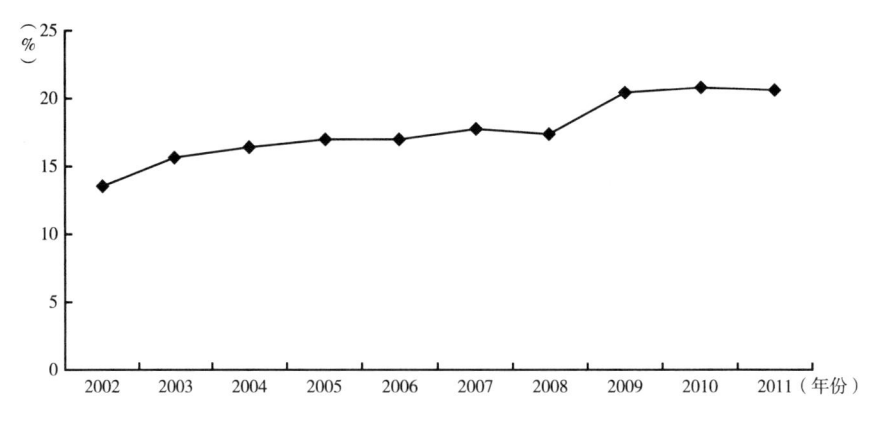

图3-3 日中贸易额占日本贸易总额比重

2001年，日中贸易占日本对外贸易总额的11.8%，低于日美贸易的24.5%、日欧（欧盟）贸易的14.5%和日东（东盟）贸易的14.4%。当时，中国是日本第四大贸易对象国。其中，日本向中国出口占日本出口总额的7.7%，从中国进口占日本进口总额的16.6%，前者低于日本向美国出口的30.0%、向欧盟出口的16.0%和向东盟出口的13.5%，后者低于日本从美国进口的18.1%，高于日本从东盟进口的15.6%和从欧盟进口的12.8%。2002年，日本从中国进口一举超过从美国的进口，中国首次成为日本第一大进口来源地。2004年，日本向中国出口超过向东盟出口，中国首次成为日本第三大出口对象。2007年，日中贸易首次超过日美贸易，中国首次成为日本第一大贸易对象；当年，日本向中国出口超过向欧盟出口，中国首次成为日本第二大出口对象。2009年，日本向中国出口超过向美国出口，中国首次成为日本第一大出口对象。2010年，日中贸易占日本对外贸易总额的20.36%，明显高于日东贸易的14.6%、日美贸易的12.7%和日欧贸易的10.5%。其中，日本向中国出口占日本出口总额的19.4%，日本从中国进口占日本进口总额的22.1%，前者明显高于日本向美国出口的15.4%、向东盟出口的14.7%和向欧盟出口的11.3%，后者明显高于日本从东盟进口的14.6%、从美国进口的9.7%和从欧盟进口的9.6%。2011年，日中双边贸易总值为3428.3亿美元，同比增长15.1%，占日本对外贸易总额的20.42%。其中，日本从华进口1482.7亿美元，同比增长22.5%；日本对华出口1945.6亿美元，同比增长10.1%。

2. 日本在中国对外贸易中的地位趋于下降

2000~2010年，中国对外贸易总额增长5.27倍，增速相当于中日贸易额增长2.58倍的2倍多。其中，出口增长5.33倍，增速相当于向日本出口增长1.63倍的3.3倍；进口增长5.25倍，增速相当于从日本进口增长3.25倍的1.62倍。因此，尽管中日贸易在21世纪出现了新发展，但在中国对外贸易发展更为迅速的情况下，日本在中国对外贸易中的地位却趋于下降（见表3-3、图3-4、图3-5）。

1993~2003年，日本曾连续11年保持中国最大贸易伙伴的地位。2003年，中日贸易额占中国对外贸易总额的15.69%，高于中美贸易的14.8%和

表3-3　2002~2011年中国贸易总额及中日贸易额占中国贸易总额比重

单位：亿美元，%

年份	中国贸易总额	中日贸易额	中日贸易额占中国贸易总额比重
2002	6207.7	1019.0	16.42
2003	8509.9	1335.6	15.69
2004	11545.5	1678.4	14.54
2005	14219.1	1844.0	12.97
2006	17604.4	2072.9	11.77
2007	21765.2	2360.1	10.84
2008	25632.6	2667.3	10.41
2009	22075.4	2287.9	10.36
2010	29727.6	2977.8	10.02
2011	36420.6	3428.3	9.41

资料来源：《中国对外经济贸易年鉴》。

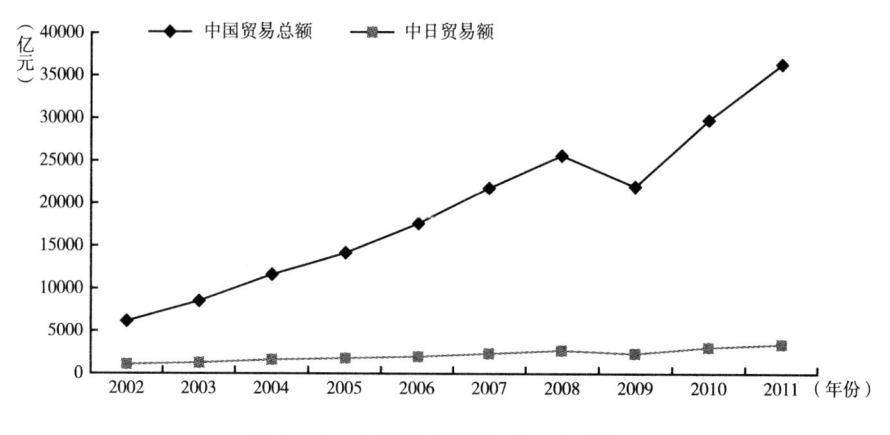

图3-4　中国贸易总额与中日贸易额

中欧（欧盟）贸易的14.7%。其中，中国向日本出口占中国出口总额的13.6%，从日本进口占中国进口总额的18.0%，前者低于向美国出口的21.1%、向香港地区出口的17.4%和向欧盟出口的14.7%，日本是中国第四大出口对象，后者高于从欧盟进口的12.9%、从中国台湾进口的12.0%和从东盟进口的11.5%，日本是中国第一大进口来源地。2010年，中日贸易额占中国对外贸易总额的10.02%，明显低于中欧贸易的16.1%和中美贸易的13.0%，日本退居中国第三大贸易对象。其中，中国向日本出口占中

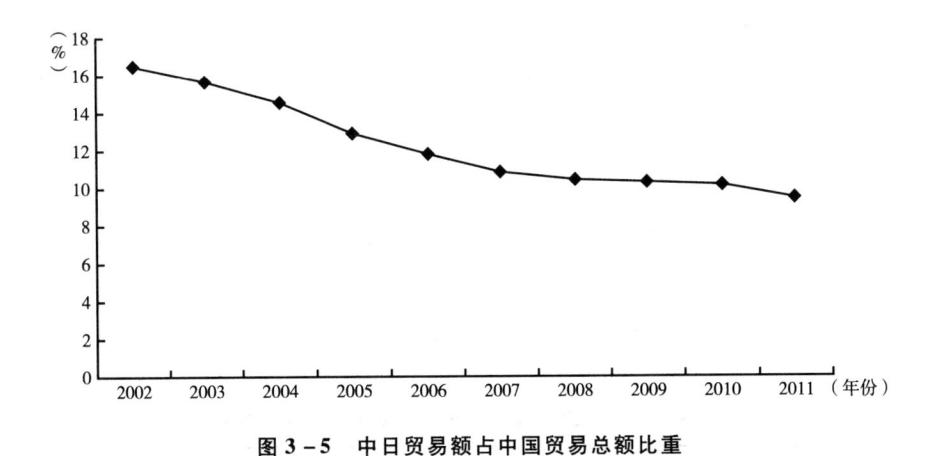

图 3-5 中日贸易额占中国贸易总额比重

国出口总额的 7.7%，从日本进口占中国进口总额的 12.7%，前者低于中国向欧盟出口的 19.7%、向美国出口的 18.0% 和向东盟出口的 8.8%，日本仍是中国第四大出口对象，后者高于中国从欧盟进口的 12.1%、从东盟进口的 11.1% 和从香港地区进口的 8.8%，日本仍然是中国第一大进口来源地。2011 年 1~6 月，中日贸易额占中国对外贸易总额的比重进一步下降为 9.4%，不仅继续低于中欧贸易的 15.4% 和中美贸易的 11.9%，而且首次低于中东（东盟）贸易的 9.8%，日本退居中国第四大贸易对象。其中，中国向日本出口占中国出口总额的 7.7%，从日本进口占中国进口总额的 12.7%，前者低于中国向欧盟出口的 19.7%、向美国出口的 18.0% 和向东盟出口的 8.8%，日本仍然是中国第四大出口对象，后者高于中国从欧盟进口的 12.1%、从东盟进口的 11.1% 和从香港地区进口的 8.8%，日本继续保持中国第一大进口来源地的地位。

3. 中日贸易紧密程度的基本状况

我们可以通过贸易结合度指数变动来考察中日双边贸易的具体发展情况。贸易结合度指数（TCD）是指一国对某一贸易伙伴国的出口占该国出口总额的比重，与该贸易伙伴国进口总额占世界进口总额的比重之比。其数值越大，表明两国在贸易方面的联系越紧密。贸易结合度的计算公式如下：$TCD_{ab} = (X_{ab}/X_a) / (M_b/M_w)$。式中，$TCD_{ab}$ 表示 a 国对 b 国的贸易结合度，X_{ab} 表示 a 国对 b 国的出口额，X_a 表示 a 国出口总额，M_b 表示 b 国进口总额，M_w 表示世界进口总额。如果 $TCD_{ab} > 1$，表明 a、b 两国在贸易方面的联系紧密；如果 $TCD_{ab} < 1$，表明 a、b 两国在贸易方面的联系不紧密。TCD_{ab} 越大，表示 a、b 两国贸易关系越紧密；反之则越松散。表3-4的中日贸易结合度指数显示，2001~2011年11年间，中国对日本贸易结合度指数平均为2.45，日本对中国贸易结合度指数为2.34，表明中日双边的贸易关系一直处于极为密切的状态（见表3-4和图3-6）。

表3-4　21世纪以来中日两国贸易结合度指数变化

年份	2001	2002	2003	2004	2005	2006	2007	2008	2009	2010	2011	平均
中国对日本贸易结合度	3.00	2.84	2.66	2.49	2.19	1.75	1.92	1.95	2.83	2.61	2.71	2.45
日本对中国贸易结合度	1.96	2.09	2.22	2.13	2.09	1.94	2.79	2.32	2.74	2.78	2.76	2.34

资料来源：《中国对外经济贸易年鉴》；日本海关。

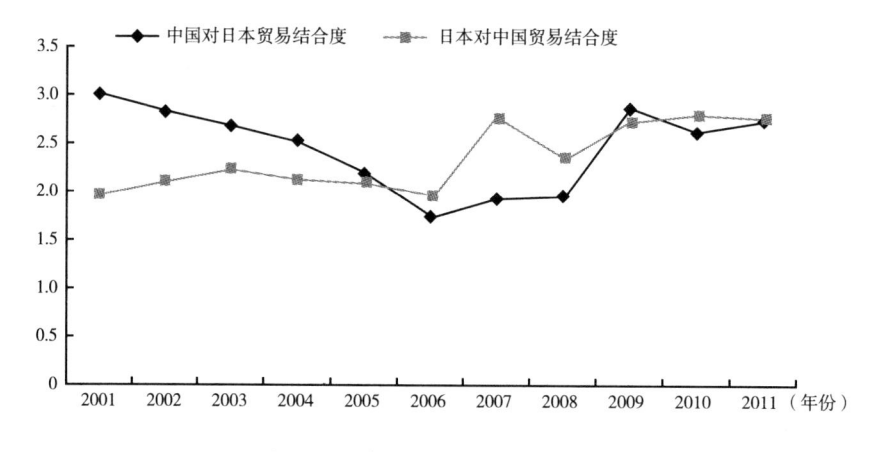

图3-6　中日贸易结合度指数变化

（三）中日贸易关系变动对两国经济的影响

自中国改革开放以来，中日贸易的发展对于促进中国经济持续、高速增长提供了强劲的支持，特别是大量的日本高端产品和现代技术向中国的输出,以及日资企业对中国的直接投资对促进中国经济高速增长、产业结构优化、中国经济整体发展质量提升都发挥了举足轻重的作用。进入21世纪以来,中日两国贸易关系发生了一系列新的变化,中日两国在产业结构中的关联性及在国际分工体系中的互补性愈加明显和突出,中日贸易的迅速发展,对两国经济发展都提供了巨大动力。

对日本经济来说,对华出口迅速增加为促进其景气复苏提供了强劲动力。20世纪90年代,日本经济增长陷入了长期低迷状态,但在2002～2007年6年间,日本经济出现了持续时间较长的经济平衡增长势头,其重要原因之一,就是对中国的出口迅速增加。在中国经济高速增长带动下,日本向中国出口的集成电路、电子产品、各种零部件、机械、机器以及钢材、化工原料等产品迅速增加,日本相关企业多年来闲置的生产设备利用率纷纷提高,开足马力加班加点生产,就业率大幅度增加,海运业也出现空前忙碌的景象。由于企业收益大幅度提高,对外直接投资也空前活跃起来。由此,从2003年开始,"中国特需"一词就不胫而走,日本的政界、学术界和企业界的许多人士,开始正视中国经济的高速发展对日本经济的重要性。在日本社会流行的"中国经济威胁论",开始被"中国经济市场论"所代替。原来日本人担心中国经济持续高速发展会削弱日本经济在世界经济中的地位,弱化日本在国际分工体系中的影响力,转而开始更多地担忧中国经济出现减速对日本经济可能产生的负面影响。

2008年末由美国次贷危机所引发的金融危机爆发,整个世界经济陷入衰退,但中国经济受到的影响相对较小,仍然保持强劲的增长势头,对整个世界经济在对抗危机过程中起到了稳定器的作用。特别是对日本来说,对华出口的强力支撑,使危机中陷入严重衰退的日本经济在2010年走出低谷,实际经济增长率由2008年下降1.2%、2009年下降6.3%,转为2010年增长3.9%。这一增长水平,不仅是日本近20年来最高的增长率,也高于同期欧美发达国家。这其中,内需拉动2.1个百分点,外需拉动1.8个百分点。特别是在日本内需扩大陷入极度困难的情况下,外需一直是促进日本经济复苏的主要动力,中国是日本最大的贸易伙伴和最大的出口对象国,中国经济高速增长及对日进口,直接拉动了日本经济复苏,也表明日本经济对中国的依存度越来越大。

(四) 金融危机冲击下的中日贸易关系的变动

总体来看，金融危机对中日贸易的影响有限，而通过共同对抗危机，中日两国贸易的融合度变得更为紧密。由于日本长期以来经济处于低迷状态，承受金融危机打击的能力较欧美西方国家相对较弱，危机爆发不久曾一度陷入深度衰竭状态。而从中国方面来看，金融危机对中国经济包括对外贸易的冲击相对较弱，经济高速增长势头虽有所回落，但降幅有限，而且很快走出低谷，重拾高速增长态势，这对于中日贸易的企稳回升，进而对于稳定遭受重创的日本经济，起到了关键性作用。2009年，日本在总出口下降25.2%、对美国出口下降31.2%的形势下，对中国出口只下降11.6%，而且对中国出口占日本出口中的比重也由2007年的15.3%上升到2009年的18.9%。相反日本对美国出口比重却由2007年的20.1%下降到2010年的15.4%，下降了4.7个百分点。

具体来看，2008年9月全球性金融危机爆发，11月和12月中日双边贸易额出现大幅度下滑，11月中国自日本进口出现45个月以来的首次负增长，12月中国自日本进口又下降了15.3%，较上月进一步扩大了0.5个百分点。中日双边贸易额在这两个月中的增长，分别为204.4亿美元和205.2亿美元，由上年同期的两位数增长转为下降6.5%和7.4%。从年度统计数据来看，2009年，受金融危机和世界经济衰退的影响，中日贸易多年来第一次出现了大幅度减少的局面，当年贸易额为2287.9亿美元，比2008年下降14.2%。即使如此，进入2010年后，中国经济率先恢复增长，中日贸易也很快恢复并实现了新发展，当年贸易额为2977.8亿美元，比上年增加30.2%，超过了2008年的贸易规模（见表3-5）。在2010年，中日经济关系出现了两个里程碑式的变化：其一是中国经济总量超过日本，成为世界第二大经济体；其二是中国大幅度增持日本国债，中国从日本的债务国一跃成为日本的债权国。2012年中日双边贸易总值为3294.5亿美元，下降3.9%，占中国外贸总值的8.5%，而中国内地与中国香港的贸易额已超3414亿美元。由此，中国香港取代日本，成为中国内地的第四大贸易伙伴。

表3－5 中日双边贸易进出口额及比重

单位：亿美元，%

年份	中国对日本进口额	中国对日本进口额占中国进口总额的比重	中国对日本出口额	中国对日本出口额占中国出口总额的比重	中国对日本进出口额	中国对日本进出口额占中国进出口总额的比重
2006	1156.7	14.62	916.2	9.46	2072.9	11.78
2007	1339.5	14.01	1020.6	8.38	2360.1	10.85
2008	1506.0	13.3	1161.3	8.31	2667.3	10.41
2009	1309.2	13.02	978.7	8.14	2287.9	10.36
2010	1767.4	12.66	1210.4	7.67	2977.8	10.19
2011	1945.6	9.29	1482.7	9.69	3428.3	9.5

资料来源：《中国对外经济贸易年鉴》；中国海关。

（五）中国对日贸易结构渐趋优化态势，但总体仍处于垂直分工状态范区

中日产业内贸易指数测算结果表明，中国加入WTO以来，中日两国在机电产品、光学、医疗设备、化工产品等领域的产业内贸易指数都更趋向于1。这说明在这些行业特别是机电行业中，中日产业内贸易越来越活跃，中日贸易正在向水平化的方向发展，这是生产国际化的结果，是中日之间资本、劳动、技术和货物流动加速的体现。

中日贸易结构是两国的产业结构、产品结构、比较优势等因素的客观和现实反映，其变化将是一个长期和渐进的过程。中国经济经过改革开放以来，特别是进入21世纪以来的迅速发展，在经济规模急剧扩张的同时，经济结构也一直处于不断优化之中，特别是最近几年，随着中国经济发展模式转型步伐的加快，经济现代化水平有了明显提高，在某些领域的科技水平与发达国家的差距越来越小。从中日贸易发展趋向看，正在向水平化分工方向发展，这既是生产国际化的结果，也是中日之间资本、劳动、技术和货物流动加速的体现。但是中日这种水平分工仍具有明显的梯度特点：中国的比较优势产品主要是劳动密集型、资源密集型和部分资本密集型产品，而日本的比较优势在于技术密集型、知识密集型产品；中国在初级加工的产品上具有

较强的比较优势，而日本的优势则在于产品的深加工和科技的深度开发；从在产业链中所处的位置看，中国的优势主要体现在加工贸易中的产品组装和加工环节，而产品的设计和研发等核心技术还是由日本企业控制。这种分工方式体现在商品结构上则表现为：在同一大类商品中，日本主要对中国出口各种类型的发动机及零件、加工机床、数字程控交换机、集成电路等高技术含量的核心部件产品，而中国则主要向日本出口冰箱、风扇等家用电器以及计算器、计算机显示器、电话机等加工组装后的制成品。因此，尽管中日双方的贸易结构有了较大的改善，各具比较优势，但中国仍然处于较弱的地位，双方在产业链中所处的位置并未发生根本改变，总体来看仍处于垂直分工状态，表明两国的贸易商品结构和产业结构都有很强的互补性。根据全球贸易统计，在中国和日本面向全球市场的出口中，一般机械、电气机器所占比重都很大，而且比较相近，在全球出口中所占份额也很大，说明两种商品目标市场领域相互重合，具有明显的竞争关系。但这种具有竞争性的商品，在中日贸易总额中所占比重较小，在20%左右，而互补性商品则占80%左右。随着中国自身经济实力的增强和产业技术水平的逐步提高，中国将由目前的价值链低端位置向中高端位置不断前进，中日两国商品在国际市场的竞争将会不断加深。总体来看，在中国对日出口商品中，原材料的比重逐步降低，纺织、机电、光学医疗设备等工业制成品的比重大大提高。矿产品对日出口的比重由1992年的20.06%下降到2005年的3.38%；机电、音像设备及其零件、附件对日出口的比重由1992年的4.36%提高到2006年的33.7%，机电产品成为中国对日出口第一大类商品。中国从日本进口的商品始终以高附加价值的工业制成品为主，其中机电、音像设备及其零附件的占比已经超过50%。

四 目前中日贸易关系存在的主要问题

中日两国同为重要的贸易伙伴，在互补性关系中，也存在着诸多短期内难以解决的问题。在这些问题中，既有双边贸易本身的问题，也有两国经济自身存在的问题，还有历史形成的各种政治问题，各种因素交织在一起共同作用，使两国贸易关系的发展不时受到干扰和阻碍，特别是两国间政治问题的敏感性要远远超出欧美各国，前一时期出现的"政冷""经热"只是表面现象，实际"政冷"的直接效果是对"经热"的降温，反映在中日贸易关系上是贸易的正常增长受到阻碍，双方间内在的发展能力和潜力受到压抑。中日贸易关系目前存在的主要问题有以下几方面。

（一）日本经济长期萎靡不振是影响中日贸易潜力发挥的主要障碍

自20世纪90年代以来，中日贸易的持续和快速发展，主要的动力来自中国经济持续、稳定和高速增长。改革开放30年来，中国经济的突出表现之一是进出口能力迅速提高，贸易规模急剧膨胀，这是推动中日双边贸易总额不断扩大的主要动力，中国取代美国成为日本第一大贸易对象国，就充分说明了这一点。在中日贸易关系中，中国在日本对外贸易中的地位迅速提高，与中国经济崛起以及国际经济地位的不断提升相一致。然而，与中国对外贸易高速增长相比，中日贸易增长却相对缓慢，致使日本由中国第一大贸易对象国下降为目前的第四大贸易对象国。之所以出现这种反差，主要原因是日本自20世纪90年代初泡沫经济崩溃以后，陷入了长期停滞的局面，时至今日，20多年来日本经济发展虽有起伏，但一直不温不火，难有大的起色，被日本人称之为"逝去的二十年"。世界金融危机爆发后，外需的急剧萎缩，使高度依赖国际市场的日本经济雪上加霜。2010年中日贸易虽然恢复了迅速发展的势头，但2011年3月东日本大地震发生后又出现了减速的局面。以此为背景，日本向中国的出口虽然因中国的市场旺盛需求而迅速扩大，但中国向日本出口却因日本市场需求低迷而难以有较快的增加。因此，从长期看中日两国贸易发展仅靠中方力量来推动是不正常的，今后更需要通过日本经济的景气复苏来为中日贸易发展注入新的能量和动力。

（二）贸易保护主义抬头直接或间接影响中日贸易正常发展

根据世界银行对贸易和贸易相关措施的监测清单，金融危机爆发不到一年，世界一些国家纷纷推出或拟定推出的保护主义措施大约有78项，并有47项已付诸实施。其中，针对中国的贸易保护措施力度不断增加，严重阻碍了中国出口贸易的正当展开。仅 2009 年上半年，中国面临的"两反两保"（反倾销、反补贴、保障措施、特殊保障措施）调查就达 60 余起，案件数同比上升 11%，涉及出口额超过 80 亿美元。此外，西方国家还对中国的对外投资设置种种障碍，阻止我国购买能源和核心技术。国际贸易保护主义的抬头，对中日双边贸易的影响不可低估，因为中国从日本进口技术含量高的零部件，然后在国内进行组装之后销往美国、欧洲等最终消费地区，这样就形成了"日本－中国－欧美"三角形贸易结构，中日贸易已远远超出了中日两国范围，受到经济全球化的影响，中日贸易已经与世界贸易融为一体，国际贸易保护主义的抬头也必然直接或间接影响到中日贸易的扩大。

另外，随着中日双边贸易额的不断扩大，中日间的贸易摩擦也不断增多。目前，两国贸易摩擦的范围已由农产品为主，逐步向我国生产的部分纺织品、轻工产品等领域全面展开。最近几年，两国之间的贸易摩擦更多地延伸至国际资源领域及第三国市场。在中国加入世贸组织前后，日本曾对中国的农产品实行紧急进口限制措施。2006 年，日本实行了更为严格的进口标准，中国多种出口商品均受影响，具有代表性保护措施的是实施"农产品进口肯定列表制度"。随着金融危机的发生，日本不断加大知识产权方面对中国施压的力度，知识产权保护已成为日本对华贸易壁垒的主要手段和表现形式。另外，中国对日贸易还要面对日本众多的技术性贸易壁垒，日本的技术壁垒主要体现在技术标准与法规、产品质量认证制度与合格评定程序、绿色技术壁垒三个方面。2011 年，日本调整针对发展中国家商品的贸易"普惠制"，从目前规定每个发展中国家可利用的上限为 20% 降至 10% ~ 15%。中国是日本的第一大进口来源国，400 多种出口商品受波及。总体来看，日本在处理中日贸易摩擦中，主要采取贸易壁垒方式，通过事前设防，以法律法规的方式设置贸易壁垒，阻止某些中国商品进入日本市场，而较少采用欧美等国常用的事后惩罚和制裁等措施。

（三）中日贸易收支长期处于不平衡状态，影响两国贸易健康、正常发展

20 世纪 90 年代以来，中日贸易收支情况一直处于动态变化中，但总体上以中方逆差的情形居多。自2002年后,在中日贸易中,中方一直处于逆差状态,2002~2010年的9年间,逆差累计达2362.36亿美元。而且,逆差呈迅速扩大之势,2010年逆差额高达556亿美元。中日贸易收支逐步失衡的原因,一是随着中国经济的发展,特别是制造业的日益发达,中国从日本进口的先进设备迅速增加。同时,随着在华日资企业的日益增多,这些企业生产所必需的零部件,很大一部分是通过产业内贸易方式来配置的,由日本国内的总公司来供应。二是一大部分在华日资企业所生产的产品,原来返销日本,现在越来越多地销往欧美等其他国家,导致中国实际上对日本出口的数量减少,贸易逆差增加。三是目前中国已成为名副其实的制造大国,中日之间在生产领域的贸易所占份额较高,中国对日本机械设备和高端零部件进口比重较大。尽管中日之间的贸易结构正逐步从垂直分工向水平分工方向转化,但总体来看,日本在技术含量高、附加值大的产品方面仍占优势,中国具有竞争力的产品主要是劳动密集型和资源密集型产品,这是导致中方长期对日贸易赤字的结构性原因。解决问题最现实的办法就是日本大力增加对华进口,拓宽进口商品范围,特别应大力增加对中国的中高端产品的进口。

(四) 中日FTA长期无实质性进展阻碍中日贸易潜力的挖掘

总体来看,进入21世纪以来,中国政府和日本历届政府以及两国企业对促进双边贸易发展均采取了积极鼓励和推进的姿态,共同将双边贸易不断推向新的高度。但中日两国在FTA方面,由于日方一直态度暧昧,迟迟难以跨出关键性的一步。目前,中国已经分别与东盟、泰国、新加坡、巴基斯坦、新西兰、秘鲁、智利、哥斯达黎加等国缔结了FTA,并参加了亚太自由贸易协定。另外,中央政府还分别与香港和澳门签署了《紧密经贸关系协定》(CEPA),海峡两岸关系协会与台湾海峡交流基金会也签署了《两岸经济合作框架协议》(ECFA)。另外,目前中国正在谈判的FTA对象有澳大利亚、GCC(海湾合作委员会)、冰岛、挪威、瑞士,与韩国的FTA谈判即将开始,与日韩两国的中日韩FTA已经从研究阶段进入实质性实施阶段,与SACU(南非共同体)和印度的FTA正在协商之中。再从日本来看,日本已经分别与新加坡、泰国、马来西亚、菲律宾、文莱、越南、瑞士、印度、印度尼西亚、东盟、智利、墨西哥、秘鲁签署了 EPA（经济伙伴关系协定），与韩国、澳大利亚、GCC 的 EPA 正在谈判，与欧盟、蒙古的 EPA 即将开始谈判，与美国、加拿大、土耳其、南非的 FTA 正在进行研究或协商。通过 FTA 或 EPA，2010 年中国和日本的贸易自由化率分别达到了 22.2% 和 16.5%。尽管中日两国各自缔结的 FTA 或 EPA 都在不断增加，但中日 FTA 却长期难以起步，尽管中国政府早在 2005 年就主动建议与日本缔结 FTA 协议，但一直没有得到日本政府的正面和确切的回应。在目前，世界经济出现明显的区域化发展的形势下，中日 FTA 的缺失，无疑使本应更加快速发展的中日贸易受到相当程度的限制和压抑。

（五）日本国内市场的封闭性严重阻碍中日双边贸易正常展开

日本是一个以推行贸易立国政策发展起来的经济大国，在开展国际贸易中，充分利用"二战"后国际社会逐步确立起来的自由贸易体系，迅速扩大出口规模，促进和支撑 20 世纪 60～70 年代日本经济的高速增长。可以说日本是现代世界自由贸易体系的最大受益者，但其国内市场本身并没有向世界完全开放，目前仍存在着诸多非关税壁垒包括技术壁垒、绿化壁垒等以及由日本企业组织体系和交易惯例所编织的非政府性障碍，导致日本贸易出多进少的局面长期存在，并引发与欧美西方国家尖锐的贸易冲突，严重阻碍中日双边贸易正常展开，这些都成为增大双边贸易失衡的主要原因。进入 21 世纪以来，中国与日本的技术合作虽然有所加强，但日本方面仍然对出口中国的技术实施了一些严格限制措施。日本政府从 2002 年起制定并公布《全面控制出口管制外国最终用户名单》，日本企业在向被列入该名单的企业和组织出口有关敏感货物、技术时，需向经产省进行事前咨询，如得不到许可，货物不得出口。受此影响，许多向中国出口的产品都必须报批，手续非常烦琐。比如日本企业购买中国出口的某一产品，如果日本政府认为该种产品有可能被用于军事目的，就会要求日本企业提供该产品使用用途的详细资料和必要说明，使很多本应出口到中国的一些产品受阻。日本《出口贸易管理令》规定的技术提供限制领域十分广泛，且判断需审批技术的标准尚缺乏足够的透明度，加之审批过程中政府要求相关企业提供大量文件，审批时间漫长,给日本企业对中国出口、投资、技术转让、技术合作造成了极大的困难。另外,中国对日出口的不少中药都因其药物成分不属于日本承认的药品类,只能作保健食品销售。同时,有些在中国属于保健食品的产品,却被日本认定为药品,必须受日本关于药品进口和销售管理制度的限制。对于获得认可的药品,日本《药事法》又将其分为"一般用药品"和"医疗用药品"两类。"一般用药品"只能在普通药店销售,消费者可以自由购买,但购药费用不在医疗保险承担范围内,其所占市场份额约为10%。"医疗用药品"是只能在医院销售的处方药,其购药费用在医疗保险承担范围内,市场份额高达90%。目前,中国出口至日本的中成药中没有一种被列为"医疗用药品",因而大大影响了中国中成药在日本市场的销售。

(六) 政治因素严重影响中日双边贸易的发展

贸易作为中日经济关系的重要方面,其发展不仅受到两国经济发展状况和两国经济关系的影响,还不时受到两国政治关系的制约。从总体情况看,自1972年中日邦交正常化以来,中日贸易虽然一直是在中日友好关系的大背景下顺利发展的,但由于中日关系不时出现不和谐的声音,在小泉政府时代甚至一度出现"政冷"的局面,中日贸易也因此而受到了冲击和影响。自安倍以来的日本各界政府,在中日两国战略互惠关系的基础上,中日经贸关系获得了长足发展,但双方"政冷"的因素并未完全消除,政治因素干扰中日贸易关系正常发展的情况时有发生。可以说,进入21世纪以来,日本贸易在中国贸易中的地位不断下降,其中一个重要原因是政治因素对中日贸易关系的负面影响,两国政治间的不信任的加剧和升级,突出表现是由"政冷"带来的"经凉",而最先受到影响的是中日两国贸易发展,贸易额大幅度下降,而且影响广泛而深远,被损害的正常贸易关系需要相当长的时间才能恢复到正常水平。最近几年,中日两国政界、企业界和学术界对于政治因素对中日两国经贸关系的消极影响逐步取得了共识,一度盛行一时的"中国经济威胁论"开始被"中国市场论"所取代。今后,中日间的历史问题、台湾问题、钓鱼岛主权问题以及东海油气田开发问题,都是影响中日贸易关系的政治因素。特别是2012年日本政府采取所谓的购岛行为,更使两国关系进入了冰点,直接和严重影响到两国经济关系的正常展开,至今其负面效果日益显现。可以说,中日两国钓鱼岛主权问题的纷争,是摆在中日两国间重大而不可回避的障碍。

五 促进中日贸易关系发展的对策建议

当前,中日两国分别处在"经济转型"和"日本再生"的重要时期,作为世界第二、第三经济大国,加强务实合作意义重大。目前,中国适当降低发展速度,推进经济转型,不仅不会给日本经济的复苏带来负面影响,而且有利于双边贸易在更高层次上发展和展开,实现中日贸易可持续发展。双方可重点在以下领域加强合作。

(一)加强日本灾后重建合作,促进中日贸易平衡发展和持续增长

震后,日本政府提出了一项为期10年的灾后重建计划,该计划投资总额达23万亿日元,其中8成左右约合9万亿日元,将投放在重建的最初5年。日本大地震发生后,中国政府和人民及时伸出援助之手,为日本人民抗震救灾提供了极大的帮助,两国的经贸合作也开启了新的篇章。中日领导人与中日政府部门已经就加强两国灾后重建合作及互通信息达成了重要共识。随着日本灾后重建工作的全面和深入展开,中国对日输出商品中用于震后重建的物资包括水泥、钢材以及其他建筑材料大幅度增加,对日出口的农产品增速也很明显。2012年年初,日本政府将2012年定为灾后重建年,政府投资规模极为可观,中日两国都应抓住灾后重建这一契机,加强经贸合作,促进中国对日出口,以减少长期以来存在的日本对华贸易的顺差,促进两国贸易关系平衡。

(二)深化中日两国能源领域合作

中日两国均是国际能源市场中的重要买方,对能源需求、能源价格产生着重大影响,加强两国在能源领域中的合作,有利于提高能源市场规则制定权和能源国际定价的话语权,不仅可以避免恶性竞争,也有利于建立公正合

理的国际能源市场秩序，维持国际能源价格的基本稳定和供需基本平衡。对于中日两国来说，加强能源领域的合作可以实现互利共赢，中国引进日本在节能环保方面的经验和技术，可以加快当前高耗能、高污染的经济发展模式转换，促进中国经济可持续发展。而中国经济的适度和健康发展，可以促进日本经济复苏，并且中日两国在能源领域的合作空间广阔，有利于日本开拓中国市场。目前中日两国在低碳经济、绿色经济、循环经济、节能环保、核电、再生能源等方面优势互补性明显，日本高端技术和先进管理经验与中国的广阔市场形成优势互补。我国在"十二五"期间，对新能源领域的支持力度大增，该领域的投资规则将超过3万亿元，为中日经贸合作以及日本加大对华能源领域的投资提供了不可错失的良机。

（三）加强中日两国金融领域的合作，促进中日贸易便利化

全球金融危机的爆发，使世界各国都意识到国际金融体系的脆弱性，再构和重建安全、稳定和透明的全球和区域性金融体系迫在眉睫。中日两国应加强在金融领域的合作，在世界经济治理和金融规则制定方面获得更多的话语权，改变被动地接受他国规则的现状，降低受欧美诸国支配的风险。两国应该加强在汇率协调、货币互换、债券市场建设、金融业监管等方面的合作，既可以有效化解外汇风险，也可以为两国贸易稳定发展提供有力支持。2009年5月，东盟十国与中日韩三国财长发表联合公报宣布，确定规模为1200美元的亚洲区域外汇储备库在该年度末期正式成立并运作，其中，中日两国分别以32%的出资比例同时成为最大的出资国，这为稳定亚洲市场、联合亚洲各国对抗金融危机提供了坚实的保障。2012年6月1日，中日两国实现了人民币对日元直接交易，这一政策的实施，有利于形成人民币对日元直接汇率，降低双方企业的汇兑成本，促进人民币与日元在双边贸易和投资中的使用，进而扩大中日双边贸易。另外，截至2012年3月末，中国外汇储备余额达到33050亿美元，日本目前亦有近2万亿美元的外汇储备，这为两国加强金融领域的合作，促进人民币国际化水平的提升，稳定国际金融市场，重构国际金融秩序，推进人民币与日元最终实现直接兑换，降低双边贸易成本和提高贸易效率都具有重大而长远的意义。

(四) 建立和完善双方联动的贸易争端磋商解决机制

中日两国互为重要的贸易伙伴，在经济上形成了谁也离不开谁的互惠互利局面，在发展中寻求合作共赢将是双方始终不变的共同愿望。而随着中日贸易规模的不断扩大和贸易结构的不断变化，出现一些分歧和摩擦也是在所难免的。因此，在处理两国贸易关系中，解决贸易纠纷和贸易摩擦是一个不可避免、不可回避的常态化的日常工作。双方在看待和处理贸易纠纷时，需要通过相互磋商、对话和沟通进行理性解决，及时化解矛盾，寻找正确处理问题的途径和方法。目前，中日两国应强化三个层次的贸易摩擦处理机制：一是通过"中日战略对话机制"，加强高层互访和互动，重点解决和处理中日两国贸易间存在的重大问题，从战略层面为排除中日两国贸易中的障碍、促进中日贸易关系正常发展提供战略性的支持，为两国贸易关系的中长期发展指明方向，确立基本原则和重大方针。二是通过政府间协作，建立和完善贸易摩擦预警机制。即在中日两国贸易管理部门间建立互动机制，对双方贸易的政策、贸易法规和贸易规则的调整进行磋商，对可能出现的大的苗头性和倾向性问题，双方相关部门及时介入，进行协商，依据WTO准则进行妥善和公正的处理，为中日两国贸易关系正常发展提供政策层面的支持。三是建立中日两国行业组织间的贸易纠纷处理机制。行业组织是企业的联合体，也是企业的自律组织，代表的是整个成员企业的整体利益和长远利益，在处理问题上更有发展眼光和全局意识，并且对行业规则和惯例更为熟悉，不仅对企业行为有着极强的约束力，而且对政府政策的制定与实施产生不可忽视的影响，有时甚至在重大国际贸易争端中，左右着政府的态度和决策，是解决企业间日常经济纠纷不可或缺的重要力量。大力和广泛地开展中日两国行业组织间的协作，是有效解决贸易摩擦和避免事态进一步升级的有效途径。

(五) 以构建中日韩自由贸易区为契机，促进两国FTA取得实质性进展

2009年，中日韩三国领导人达成共识，承诺将在2012年前完成中日韩自贸区联合研究，努力完成三国投资协议谈判。2012年3月，中日韩投资

协定谈判圆满结束。这一协定的签署在中日韩三国经贸合作中具有里程碑式的意义，是中日韩第一个促进和保护三国间投资行为的法律文件和制度安排，同时为下一步中日韩自贸区的构建提供了坚实基础。可以说，中日韩三国投资协定的签署，表明中日韩自由贸易区的构建已从研究论证阶段进入实质实施阶段。对于中日两国来说，应该抓住这一机遇，以构建中日韩自由贸易区为突破口，打破两国间FTA的坚冰，实现中日经贸合作的新突破，通过构建中日自由贸易区，来寻求促进两国经贸发展的新的增长点。

（六）日本应加大市场开放力度，对目前闭锁性市场进行彻底改造

除对现有贸易政策、贸易法规、贸易体制进行重大变革外，应清除过渡性的不合理的技术壁垒和绿化壁垒，简化审批、审查和检疫程序，建立快捷性通关通道。另外还需借助于政府力量，打破目前日本企业间所构建的系列化市场屏障，为扩大中国企业对日投资扫清障碍，改变目前中日两国相互投资的不均衡状态。从目前看，促进和加大中国对日本的直接投资，不仅有利于双边贸易平衡发展，而且对于扩大双边贸易总额、优化贸易商品结构都具有强大的推进作用。

第四章 中日贸易摩擦的特点及体制与制度成因

中日两国具有要素禀赋的明显差异，优势互补性极为明显，经过"二战"结束以来长时期的经贸关系发展，结成了谁也离不开谁的紧密关系。但是，随着中国加入WTO以来中日双边贸易规模的迅速扩大，加上近年来国际政治经济环境的大幅度变化，两国之间的经济贸易摩擦也随之增多。中日两国近年来贸易摩擦频发的主要原因有三个方面。一是日本自20世纪90年代后国内经济一直处于持续低迷状态，国内市场萧条，内需不足，产能过剩，在这种情况下日本政府开始实施严格的贸易保护政策和措施，作为日本重要贸易伙伴的中国受到的影响较为严重。二是长期以来日本国内市场封闭性引起欧美西方国家强烈不满，不断向日本政府施压，要求开放市场，日本国内市场面临着国外产品冲击的强大压力，日本在降低欧美产品进入的门槛的同时，提高了中国产品进入的门槛。三是中日贸易摩擦主要集中于农产品领域，而中国农产品具有较大的价格优势，日益增多的中国农产品进入日本市场，一定程度上必然损害日本农民的利益。而且日本的几个主要政党，历来对农民的诉求高度重视，因此为了政治利益，各大党派所采取的政策措施会影响到与其他国家的贸易关系。

一 中日贸易摩擦的基本情况

日本是世界上最大的粮食进口国，其进口额占世界农产品贸易额的

1/10。耕地资源有限、农业机械难以大规模耕作和土地经营规模难以扩大等不利因素导致日本粮食的自给率大大低于世界平均水平，仅为40%。日本大豆的自给率为3%，小麦为9%，水果为49%，肉类为55%，鱼贝类为66%，大米为95%。此外，日本国内农业劳动力的急剧减少，导致其生产成本过高，农产品价格居高不下，在全球农产品市场的竞争中长期处于不利地位。因此，日本国内的农产品消费基本上都依赖进口，其进口额约为农产品消费额的60%。而中国则幅员辽阔，物产丰富，产地分布广。中国可生产各种优质农产品，加上产品价格低廉、供应充足，所以一直是世界上农产品出口大国之一。日本在农业生产上所处的不利地位决定了它必须在市场准入方面采取一些限制性措施，以保护国内脆弱的农产品市场。20世纪80年代，中日两国农产品贸易顺利展开，但20世纪90年代后，随着中日两国农产品贸易规模的不断扩大，贸易摩擦开始日益显现。

1995年初，日本根据WTO中的《农业协议》第5条特殊保障条款对从中国进口的大蒜和生姜提出限制进口措施，最终经过两国政府协商和谈判，以中国实施出口配额管理和日方实施进口商申报管理而结束。同年日本对中国的棉府绸实施反倾销措施，1996年又对从中国进口的纯棉绸实施保障措施调查。总的来看，20世纪90年代中日两国贸易摩擦集中在农产品方面。

进入21世纪后，随着中国加入WTO以及在中国经济持续、高速增长的带动下，中国出口至日本的农产品规模大幅度提高，中日贸易摩擦也随之增多和升级，而且从农业领域向轻工业领域蔓延。2001年2月，日本毛巾业联合上书日本政府，要求对从中国进口的毛巾发动紧急进口限制措施，限制我国毛巾对日的出口。同年4月10日，日本政府宣布，依据世界贸易组织有关规则和日本国内的关税率法，从2001年4月23日至11月8日对来自中国的大葱、鲜香菇和灯芯草等农产品实施一般紧急进口限制措施。其主要内容是，从当年4月23日起的200天内，如果从中国进口的这三种产品的数量分别不超过过去200天的平均进口量，即大葱5383吨、鲜香菇8003吨和蔺草席7949吨，则按现行的3%～6%征税，超过部分最高将课以266%的高关税。此次日本对中国3种农产品设限是自1995年其成为WTO

成员国以来第一次对海外输入产品真正实行数量限制,矛头直指中国农产品。中国政府就此问题多次与日方磋商,反对日方的不公平和歧视性的做法,而日方拒不接受中方提出的合理解决问题的方案,仍然坚持其错误决定。中国政府于 2001 年 6 月 18 日宣布,决定对原产于日本的汽车、手持和车载无线电话、空气调节器三种产品加征特别关税;6 月 22 日,中国政府对以上三种商品实施加征 100% 特别关税的措施。该年 5 月,日本政府又考虑对中国的鳗鱼进口实行紧急限制措施;几乎同时,日本还准备限制从中国进口的领带和袜子等纺织品;6 月,日本政府以检测出禽流感病毒为由,宣布停止从中国进口禽类产品;7 月,日本财务省决定将对从中国进口的食用盐和工业用盐征收高额关税。在整整一年的时间里,我国承受了来自日本的巨大压力,同时由于缺乏应对经验,采取的措施不利,使国内的相关产业遭受了重大打击。

2004 年 1 月 27 日,日本方面以中国发生高致病性禽流感疫情为由,单方面宣布停止从中国进口禽类产品,致使中国的养殖户及相关产业利益遭受严重损失。该年 6 月 17 日,日本方面又对进口的中国产粉丝食品实施"过氧化苯甲酰"项目命令检查,检查频度为 100%,检查标准明显增加,致使中国尤其是山东产的粉丝食品出口受阻,相关企业产品积压,损失惨重。

2005 年 5 月,日本对从中国进口的农产品大幅提高检疫标准,此举开始诱发中日检疫摩擦,两国通商摩擦逐渐白热化。

2006 年 5 月 29 日,日本正式实施针对进口农产品的新规定《食品中残留农业化学品肯定列表制度》。该项制度至少涉及 300 种农产品、796 种农业化学品(农药、兽药、饲料添加剂)和 53862 个限量标准,几乎涵盖所有农业化学品的管理,范围之广、标准之严前所未有。肯定列表制度分为"暂定标准"和"一律标准",前者对 734 种农药、兽药及饲料添加剂设定 1 万多个最大允许残留标准;后者则对尚不属于具体"暂定标准"的农药、兽药及饲料添加剂,设定 0.01 毫克/千克的标准。同年 7 月 18 日,日方对肯定列表制度中原有农残标准进行调整。调整标准共 22 项,其中 4 项趋严的产品标准中,仅有一项涉及我国出口的蜂王浆产品;18 项趋松产品标准中,涉及我国 6 项产品,包括鳗鱼、鲫鱼、甲鱼、鳝鱼及其加工品等。

"肯定列表制度"的实施，对中国粮谷类、豆类、蔬菜类、水果类等农作物、畜禽和水产类的对日出口造成直接影响，涉及大约6000多家生产出口企业，30%以上的中国农产品对日出口受拒。据中国海关统计，2007年6月中国天津口岸对日本出口的农产品共计5034万美元，比2006年同期下降26%，比施行"肯定列表制度"的5月下降21.8%。同年6月，中国对日农产品出口5.96亿美元，比2006年同期减少1.31亿美元，同比下降18%。受此影响，2006年6月中国对外出口的农产品同比下降了1.2%。

　　自日本实施肯定列表制度以来，中国国家质检总局通过各种渠道多次向日方提出交涉。2006年12月，日方终于承认部分"暂定标准"未经风险评估，并在一些具体项目上做出让步和调整，主要让步集中在5个项目上。同时，由于我国相关部门积极应对，输日农产品贸易额先降后升。中国海关统计显示，2006年6月同比下降17.9%后稳步回升，7~10月，我国对日农产品出口额同比增幅分别为-1.76%、9.8%、9.9%和13.2%，呈现加速增长的态势。但业内人士认为，应对日本肯定列表制度，当务之急是必须在我国建立健全有效的农药、兽药残留监控体系，及时储备检测技术，提高检测能力，改进检验检疫监管模式。

　　2007年年底和2008年年初日本发生的"中国水饺中毒事件"，在中日间掀起轩然大波。日本3个家庭有10人先后食用市场上的中国河北天洋食品厂生产的速冻手工饺子而中毒。经日本警方侦查，在饺子包装袋内检出了高毒农药甲胺磷。日本政府和新闻媒体的大肆渲染，在日本消费者心理上留下了极大的阴影，日本消费者不仅拒绝购买中国水饺，而且对其他中国食品也敬而远之，有的超市干脆暂停销售中国产冷冻食品。日本东北6县、首都圈1都7县以及札幌三地的生活协同组合决定，从2008年春起全面停止销售中国产加工食品。日本共同社通过电话进行的全国民意调查显示，75.9%的受访者回答"今后将不买中国食品"。对此，中日两国政府高度关切，并迅速采取措施进行认真的调查。经过调查，此次中毒事件是一起蓄意投毒的刑事案件，而不是一起因蔬菜农药残留问题引发的系统性食品安全事件。中日双方警方共同认为"饺子事件"是个人为的个案，并非中方饺子加工的问题。尽管如此，原本兴盛的天洋食品厂经营形势仍急转直下，在短短的时间内就濒临倒闭,在日本市场货架上的中国食品被撤去,大量的出口食品被积压,中国冷冻食品,甚至所有中国食品在日本市场遭受重创,严重影响了中国农产品对日出口,严重危害了中日农产品贸易的正常秩序。

二 中日贸易摩擦产生的主要原因

"二战"结束后,日本经济发展先后经历 50~60 年代的恢复期和 70~80 年代的追赶期。但进入 90 年代以后,由于受股市泡沫与非效率金融的影响,随着日本股市的持续暴跌,日本货币市场与资本市场同时丧失融资功能,整个金融体系背负巨大的不良债务包袱,日本经济的高速增长期宣告结束,随之而来的是长达 20 多年之久的零增长甚至多数财政年度的负增长。经济的长期低迷和衰退令日本国内贸易保护主义倾向抬头。美国一家权威机构的调查表明,日本经济的自由程度已经由 1999 年的第 20 位下降到 2011 年的第 24 位。

21 世纪以来,中日贸易摩擦不断加剧的成因是多方面的,但起主导作用的是日本现行贸易体制与贸易制度,而贸易体制与贸易制度又与日本的整个经济体制与制度、政治体制与制度相互关联、影响和作用,导致中日贸易纠纷不断,在一定时期呈现多发和激化局面。其主要成因包括以下几个方面。

(一) 壁垒森严的进口贸易体制

20 世纪 90 年代日本泡沫经济破裂以来,日本经济在发展过程中虽有起伏,但一直难有起色,时至今日,被日本人形容为失去的 20 年。在国内经济持续低迷、内需不足、外需不振和劳动力成本居高不下等多重因素的共同作用下,日本的一些工业品和农产品在国际市场中的价格竞争力明显下降。而中国的这类产品在价格上则占据较大的优势,日益增多的物美价廉的中国产品进入日本,对日本市场形成较大的冲击。在这种形势下,日本政府出于保护国内产业的目的,对中国的出口产品开始设置贸易壁垒,进入 21 世纪以来,日本贸易壁垒层层加码,成为对农产品市场保护最多的国家之一。

（二）日本设置双重生产标准

对于日本来说，在本国市场销售或出口到欧美国家的无论是工业品还是农产品，在质量上都要优于出口到中国的产品，而且在售后服务上也存在较大的差异。这种歧视性做法，导致销往中国的日本产品频频发生严重质量问题，这在一定程度上也加剧了中日贸易摩擦。例如，2001年，在中国销售的三菱帕杰罗越野车的刹车系统频频发生故障，其主要原因就是产品实行了双重标准。日本本国市场上销售的帕杰罗越野车装备了ABS防锁死刹车系统，因此不需要安装感载阀。而当时在中国国内ABS并非必需的装备，因此，日本三菱为了降低成本，出口到中国的帕杰罗越野车没有安装ABS而是安装了感载阀，导致刹车系统出现问题。类似的还有东芝笔记本事件和2005年10月索尼公司六款数码相机不合格事件等。最近几年在中国进口的日本产品中，问题产品仍然集中于家电和家用汽车两种产品上。可见，日本一方面对于中国进入日本的产品不断提高门槛，设置障碍；另一方面对出口到中国的产品，采取双重标准，一直缺乏从根本上改进产品质量、提高售后服务水平的诚意，这是导致中日贸易摩擦不断加剧的一个重要原因。

（三）双方对双边贸易差额统计存在巨大的差异

中日双方在统计方法上的不同，导致大多数年份中，各自的统计均为逆差。从中国的统计资料来看，1978～2000年，中国对日贸易仅在1982年、1990～1991年、1996～1998年和2000年等7个年度出现贸易顺差，其他16年均为贸易逆差。因此，中国认为，对日本贸易逆差是一个重要、长期的问题。但是，日方并不持这种看法，相反认为日本对华贸易长期逆差。例如，根据中国海关统计，2000年中国对日本出现1.4亿美元的贸易顺差，改变上年对日本逆差13.7亿美元的状况；根据日本的统计，2000年日本对中国出现贸易逆差，达到249.3亿美元，比上年增加27.4%，惊呼日本对中国贸易逆差增大。实际上，这是统计方法上的差异。采用到岸价格、离岸价格计算导致有差异，采用产地统计也导致有差异，尤其是将中国香港等地的转口贸易统计在进口商品中，这与中美贸易差额统计口径出现的问题一样。最近几年，中日双方在双边贸易差额统计上，得出的仍然是相反的结果。而日本统计出现的连年逆差，正是日本限制中国对日本出口，提高市场壁垒和制定更为严格进口标准的借口。

（四）日本部分产品国际竞争力下降

第二次世界大战以后，日本制造业迅速发展，很快达到了发达国家的水平。但是，随着日本工业化和城市水平的逐步提高，农村人口特别是青壮劳动力大量向城市迁移，日本农业从业人员呈现老龄化趋势，就业人口逐年减少，农村劳动力后继乏人，土地出现了"空洞化"。加之农业生产资料成本和劳动力价格高，农业生产处于衰退的趋势，根本没有比较优势和国际竞争力。尽管日本政府对农业多次实施多种保护政策，但难有起色。目前农产品的自给率占40%左右，是发达国家的最低水平。而受日本总体物价的影响，日本农产品价格是世界各国最高的。高居不下的农产品价格，理所当然地给农产品进口提供了贸易和市场空间。而价格低廉的中国农产品具有绝对的比较优势和竞争优势。在纺织品、服装等劳动密集型产品方面，日本由于受国内劳动力成本等因素影响，国际竞争力明显低下。而中国经济经过改革开放的推进，加快了企业的技术改造和技术进步步伐，调整了产业结构，在不断降低成本的同时，质量也有显著提高，物廉价美的中国产品当然受到日本消费者的欢迎。

（五）政治因素成为加剧中日贸易摩擦的重要根源

20世纪90年代以来，日本历届政府中的官员频频参拜靖国神社，修改历史教科书，在台湾问题上干涉中国内政，并在钓鱼岛的归属、东海划界、俄罗斯天然气管道等问题上多次制造事端，严重影响了中日双边关系以及双边贸易的正常发展，成为两国产生贸易摩擦的催化剂。政治因素始终与经济、贸易因素交织在一起，每当中日两国在政治上处于紧张状态之时，必然影响到两国经济合作与贸易的开展，日本方面往往以种种借口，制造贸易摩擦，限制中国产品对日本的出口。另外，自20世纪80年代以来，随着日本经济结构加快调整，高新产业迅速发展，日本的部分传统产业则从比较优势转向比较劣势。日本企业纷纷出驻海外、移居中国。国内产业的"空洞化",加剧了日本人的失业。而价格低廉的中国农产品的大量进口,直接冲击了日本的农业生产和农产品价格,影响了日本农民及涉农部门的利益。由此,利益受到损害的群体必然会发出呼吁和抗争,并寻求他们的政治代言人加以保护。日本农协及其农民属于强势群体,农民在社会中的政治地位比较高。日本的执政党派以及国会议员,其选民多数在农村及其涉农部门。政治家为了自己的政治利益和政治生命,急需赢得选民的支持,拉到更多的选票,对利益受害群体和农民的呼吁要求不敢轻视怠慢。所以他们站出来对其表示同情和支持,并督促和操纵相关部门甚至国会,采取贸易保护措施甚至极端手段来维护日本农业和农民的利益。

三 日本贸易管理体制对中日贸易摩擦的影响和作用

日本是以贸易立国为基本国策,而且在经济上高度依赖国际市场的国家,在贸易管理体制上一直奉行扩大出口和限制进口的政策。在进口管理体制方面,存在着较明显的封闭性和排他性特点。

(一) 日本贸易管理体制的制度构造及机制

日本贸易管理体制与制度在发达国家中以闭锁性最强而著称,在欧美等国开放体制下,大都通过相关法律和规则来确立贸易秩序,对违规行为依法实行制裁,具有较高的透明性。而日本贸易管理体制,除制定较欧美更为严格和细密的法律和规则外,法规与制度执行较为随意,变动较为频繁,欠缺透明性,通常以抬高门槛来进行市场保护。具体而言,可从日本近年来实施的贸易保护政策和措施中反映出来。

1. 关税制度

(1) 关税管理制度。日本与关税相关的法律主要有:《关税法》、《关税定率法》、《关税暂定措施法》和《关税定率法别表》(简称关税税率表)。

日本财务省是关税管理制度的制定机构,其下属的海关是执行机构。

　　日本的关税税率分为基于法律制定的关税税率和基于条约制定的关税税率两种。基于法律制定的关税税率即国定税率,包括基本税率、暂定税率、普惠税率等,主要由《关税定率法》《关税暂定措施法》规定。其中,《关税定率法》规定了长期不变的基本税率,《关税暂定措施法》规定了临时适用的暂定税率以及对发展中国家适用的普惠税率,日本对最不发达国家的产品基本适用免税制度。截至2010年,日本对155个国家和地区适用普惠税率。国定税率还包括两种简易税率,一种是对入境者携带的进口货物征收,另一种是对课税价值总额10万日元以下的小额进口货物征收。基于条约规定的税率即协定税率,适用于WTO全体成员国。除WTO协定税率外,还有适用于自由贸易协定缔结国的自由贸易协定税率。截至2010年底,日本已与新加坡、墨西哥、马来西亚、菲律宾、智利、泰国、文莱、印度尼西亚、东南亚国家联盟、越南和瑞士签订了自由贸易协定。日本进口关税税率适用的优先顺序依次为普惠税率、协定税率、暂定税率、基本税率。

　　2010年2月12日,日本对《关税法》及《关税暂定措施法》进行部分修正,决定将2010年3月31日到期的暂定税率(415种产品)的适用期限延长一年,将2010年3月31日到期的特别紧急关税制度(米、奶制品等乌拉圭回合达成协议的146种关税产品)的适用期限延长一年,将2010年3月31日到期的牛肉及猪肉关税紧急措施的适用期限延长一年。此次修改还加大了对逃脱关税罪、进出口违禁品罪的处罚力度。

　　2010年4月1日,日本修改与《关税法》和《关税暂定措施法》相关的政令,规定了不需要适用许可特例的保税仓库和不需要认定的通关业者的登记手续,并指定中国产的苏打灰等不适用普惠制关税税率。

　　2010年9月26日,日本海关对使用进出口港口信息处理系统的海关业务的范围进行了修改;新增船舶等的资格变更程序,规定了船舶和飞机进行资格变更需要提交的文件以及审查程序。

　　(2)近年来关税水平变动及调整。2009年度,日本最惠国简单平均税率为4.9%,其中农产品最惠国关税简单平均税率为5.6%,非农产品最惠国关税简单平均税率为 2.5%。

日本政府 2011 年 4 月 1 日实施了新一轮普惠制方案，取消限额管理，扩大普惠税率适用例外的范围。近年来日本每年根据年度审查均大幅取消对中国产品适用的普惠税率，对普惠制的修改可能对中国相关出口企业造成影响，中方对此表示关注。

（3）关税配额制度。从 1961 年起，日本开始实行关税配额制度并沿用至今。日本对关税配额内的进口产品不征税或者征收较低的税率，对于超过关税配额的部分征收较高的税率。日本目前对奶酪、皮革、皮鞋、杂豆、魔芋等 20 类产品实行关税配额制度，每年发布政令决定配额的数量。日本主管关税配额制度的机构是农林水产省和经济产业省。目前经济产业省主管染色牛马革、其他牛马革、羊皮和山羊皮、皮鞋四类产品的关税配额。农林水产省对玉米（颗粒）、奶酪、糖浆、无糖可可制品、番茄酱、菠萝罐头、乳清、其他乳制品、脱脂奶粉、无糖炼乳、黄油、落花生、魔芋、调制食用油脂、生丝一年制定一次关税配额。此外，农林水产省对玉米、麦芽、杂豆、菊糖、淀粉调制品每年分上、下半期制定关税配额。

2. 主要进口管理制度

日本实施进口管理的主要机构是经济产业省和海关。进口管理制度的法律依据主要有《关税法》《外汇及外国贸易法》《进出口贸易法》《进口贸易管理令》。

日本《关税法》规定禁止进口枪支弹药、炸药、化学武器材料、可能用于生物恐怖活动的细菌、侵犯知识产权的产品、假钞、影响公共安全和道德的出版物、儿童色情产品等 11 类产品。除《关税法》外，《植物防疫法》规定禁止进口中国产的木瓜、芒果等热带果实，苹果、西红柿、扁豆、樱桃等生果实，红薯类的生茎叶、生块根等；《家畜传染病预防法》规定禁止进口疯牛病发生国的牛、马、羊及其制品，禽流感发生国的家禽及其制品等。

除禁止进口产品之外，日本还有诸多法律法令规定了对进口的限制。限制进口的产品主要有：需要配额的产品（如鲱鱼）、进口前需要确认的产品（如疫苗）、兴奋剂、医疗器械、鱼苗虾苗、农药、砂糖、淀粉、黄油、脱脂奶粉、米、汽油、烈酒、家禽及其制品等。上述进口限制的主管机构主要有经济产业省、农林水产省、厚生劳动省、环境省、警察厅、国税厅下属的相关机构。此外，日本还对《华盛顿条约》规定的濒危物种进行进口限制，如宠物及观赏用动植物，标本及使用濒危物种制作的皮草、皮包、腰带、靴、手工艺品、中药材等。进口《华盛顿条约》规定的濒危物种必须获得出口国政府的出口许可证书和经济产业省颁发的进口许可证书。

日本在通关环节采用 AEO（认证经营者）制度。AEO 制度是世界海关组织《全球贸易安全与便利标准框架》（以下简称《标准框架》）的核心要素之一。根据《标准框架》，AEO 被定义为：以任何一种方式参与货物国际流通，并被海关当局认定符合世界海关组织或相应供应链安全标准的一方。获得 AEO 资质的企业，通关时可以减少货物和文件审查手续，进而减少通关时间和仓储费用；而没有获得 AEO 资质的企业必须经过较为烦琐的检验程序，货物延期交付的可能性随之增加。

2010 年 2 月 12 日，日本部分修改《关税法》及《关税暂定措施法》，规定了 AEO 仓库业者以及 AEO 通关业者自行中止业务的申请程序。2010 年 6 月 9 日，日本海关发布通告，规定 AEO 通关业者在货物保存场所的管辖机构和申报机构不同的场合，可以自行选择向任一机构提交进口申报及相关文件。

3. 主要出口管理制度

日本实施出口管理的主要机构是经济产业省和海关。出口管理制度的法律主要有《关税法》、《外汇及外国贸易法》、《进出口贸易法》和《出口贸易管理令》。

日本《关税法》规定以下四类产品禁止出口：麻醉药、精神药物、大麻、鸦片、罂粟粉及兴奋剂（包括兴奋剂原料）；儿童色情出版物；侵害专利权、实用新型权、外观专利设计权、商标权、著作邻接权或者表演者权的产品；构成违反《反不正当竞争法》规定的使用模仿他人商标包装的产品。

日本为了实施出口管制制度，对出口商公布了可能进行大规模杀伤性武器开发的外国企业和组织的信息名单。出口商与该名单上的外国企业或组织交易时，除了可以明确出口产品不会用作大规模杀伤性武器开发的情况，都必须提出出口许可申请。自 2002 年 8 月日本引入出口管制制度以来，每年日本都会公布该名单。2010年日本屡次新增外国使用者名单，使得名单上的企业总数达到331个，其中有15家中国企业。

4. 贸易救济制度

日本与贸易救济制度有关的法规主要有《关税定率法》《关于反倾销税的政令》《关于反补贴税的政令》《关于实施紧急进口关税等的政令》。日本负责贸易救济的机构是财务省、有关产业的主管省和经济产业省，但终裁权由财务省单独行使。经济产业省和财务省及各产业主管省厅共同接受申请，实施贸易救济调查，并实行贸易救济申请前的事前商谈。

（二）日本投资管理制度

日本对外国投资者的投资进行审批所依据的法律是《外汇及外国贸易法》。另外，《进出口贸易法》《进口贸易管理令》《出口贸易管理令》以及政府公布的相关政令、省令、告示、进出口注意事项等也规定了投资管理制度。

经济产业省是日本投资的主要管理部门，财务省及其下属机构海关、农林水产省、厚生劳动省、日本银行等机构均涉及部分贸易及投资管理方面的职能。此外，独立行政法人日本贸易振兴机构（JETRO）内设对日投资商业支援中心（ISBC），协同政府为对日投资企业提供信息及咨询服务等。

日本对外国投资原则上均实行自由化，农林水产业、矿业、石油业及皮革和皮革制造业除外。日本对外资采取事后报告制度，但涉及国家安全、妨碍公共秩序、公众安全的行业以及可能会对日本经济的顺利运行产生不利影响的行业，实行事前申报、审批制度。《外汇及外国贸易法》规定对日投资必须经过日本银行向财务大臣或者行业主管大臣提出事前申报或者事后报告。

2010年4月23日，日本经济产业省在产业结构审议会上提出《亚洲基地化综合战略》方案，希望通过实行税收优惠政策和简化入境管理手续等吸引更多外企来日本投资。此后经过历次讨论修改，2010年11月29日，日本经济产业省发布《促进对日投资战略》方案，将《亚洲基地化综合战略》的内容纳入其中。《促进对日投资战略》希望通过吸引外企在日本建立亚洲地区总部和研发部门，来应对飞速扩大的亚洲新兴市场国家的需求，激发日本的经济活力。该方案还提出了今后应该采取的政策措施，包括降低企业所得税实际税率、改革机场和港口等物流相关制度等。该方案还建议向在学历、资格和职历等方面满足一定条件的人员提供优惠，以保证企业能在日本国内充分利用外国人才。此外，为了消除企业选址和投资的障碍，减轻企业负担，该方案还提出在全国九大区域设立信息共享平台——"促进国内投资地方总部"，并在各地经济产业局设置"工厂选址咨询窗口"。

另外，日本与贸易投资相关的管理制度还有知识产权和出入境管理两项制度。

（1）知识产权相关法规。日本知识产权的主管机构是经济产业省下属的特许厅（JPO），与知识产权相关的法律法规主要有《专利法》《专利法实施规则》《商标法》《商标法实施规则》等。

（2）签证和出入境管理制度。日本签证和出入境管理的主要法律依据是《1982年出入境管理及难民认定法》（简称《出入境管理法》）。外务省主管签证事务，法务省主管出入境管理制度。一般长期居留签证、就业签证等需要事前审查。

2009年7月15日，日本国会公布了《出入境管理法修正案》，引入了新的签证管理制度，废止外国人注册制度，修改研修、技能实习制度。根据该修正案，2010年7月1日，日本法务省开始实行新的研修技能实习制度。有关研修、技能实习签证认定证明书的交付申请和变更许可申请都必须采用新的格式。

（三）日本的检验检疫制度

日本与卫生及植物卫生相关的主要法律法规包括：《食品卫生法》《药事法》《消费者产品安全法》《饲料安全保证和改进质量法》等。厚生劳动省和农林水产省是日本负责卫生与植物卫生措施的主要部门。

日本对于进口食品的检查依严格程度分为自主检查、监视检查和命令检查三种级别。自主检查是进口商的自律行为，由进口商自选样本送到厚生劳动省指定的检疫机构进行检验，对检出的问题必须依法报告。监视检查是厚生劳动省按照不同的食品类别、以往的不合格率、进口数量（重量）、潜在风险的危害程度等确定监视检查计划,对一般进口食品进行的一种日常抽检。抽检计划于每年3月公布。如果在监视检查中发现一次违规,则提高抽检率进入强化监视检查阶段,在强化监视检查期间发现第二次违规则启动命令检查,即强制性检查。但是,若进口食品中出现与公共健康有关的突发事件或会引发公共卫生危机的风险,一例违规即可启动命令检查。只有在出口国查明原因并强化了新的监督、检查体系,确定了防止再次发生的对策等,确认不会再出现不合格出口食品时,才能解除命令检查。

日本厚生劳动省于2008年11月和2009年10月下达通知要求对进口中国食品强化射线照射检查。2010年5月11日,日本厚生劳动省发出"食安输发0511第3号通知",由于生产商提出了发生违法的假定原因及防止再发生的对策,因此厚生劳动省决定废除上述通知,解除对进口时检查的强化。

2010年3月29日,日本厚生劳动省公布了《日本2010年度(2010年4月至2011年3月)进口食品监视指导计划书》(以下简称《计划书》)。《计划书》规定,对畜产食品进行抗菌性物质、残留农药、成分规格、放射线辐射检查;对畜产加工食品、水产食品、水产加工食品进行抗菌性物质、残留农药、成分规格、添加剂、放射线辐射检查;对农产食品和农产加工食品进行抗菌性物质、残留农药、成分规格、添加剂、放射线辐射、霉素类、转基因食品类检查;对其他食品、饮料进行残留农药、成分规格、添加剂、霉素类检查;对添加剂、器具及容器包装、玩具进行成分规格等检查。

2010年5月,中日两国政府在东京举行以"食品安全"为主题的部长级定期磋商首次会议。会后双方签署了《关于推进中日食品安全合作倡议的备忘录》,为加强中日间进出口食品等的安全措施,允许两国相互对对方的食品相关设施进行现场检查。根据这份备忘录,两国政府今后将每年定期召开一次部长级官员磋商会议,对食品以及婴幼儿玩具和器具类产品的安全对策进展情况进行确认。

(四) 2010年颁布的技术性贸易措施

1. 技术法规

(1) 根据《化学物质控制法》指定禁止进口产品。2010年2月5日,日本经济产业省发布 G/TBT/N/JPN/325 号通报。基于《化学物质控制法》内阁令的第 3 条，将润滑油、液压油、黏合剂（源自植物和动物的介质除外）、油灰、砌块或天花板、涂料（水成涂料除外）的填充剂、加热或制冷设备（其热载体是液体）、纸质电容器的电力变压器、含有油的冷凝器和飞机装置中使用的、用于调换/置换国外生产的这些产品的有机镀层冷凝器或空气调节器（产品与那些调换/置换的产品的规格或类型相同，含有多氯联苯量超过 0.005%）等指定为禁止进口的产品。本次通报批准日期为 2010 年 5 月，生效日期为 2010 年 11 月。

（2）部分修订规定道路车辆安全法规详细资料的公告。2010 年 2 月 5 日，日本国土交通省发布 G/TBT/N/JPN/327 号通报。此次通报主要是为了使道路车辆安全法规与联合国欧洲经济委员会（UNECE）的法规 Nos. 11、13H、30 等相一致。通报修订了与车门锁、车门保持件、乘用车制动器、充气轮胎等有关的相关法规。本次通报批准和生效的时间为 2010 年 3 月 22 日。此外，2010 年 8 月 18 日，日本国土交通省发布 G/TBT/N/JPN/340 号通报。此次通报主要是为了在不降低国家安全标准和环境法规标准的情况下，促进关于汽车零部件和设备的车辆法规的国际协调。

（3）关于由经济产业省管理的指定产品安全要求的省颁法令。2010 年 2 月 5 日，日本经济产业省发布 G/TBT/N/JPN/328 号通报。此次通报覆盖的产品主要有家用高压锅和高压灭菌器以及（汽车、自行车等）头盔。

（4）修订 J55001"噪声强度标准"。2010 年 3 月 19 日，日本经济产业省发布 G/TBT/N/JPN/329 号通报。此次通报根据《电器及材料安全法》修订省颁法令"经济产业省根据法令第 2 条认可的技术要求"中的 J55001"噪声强度标准"，升级 J55013"声音和电视广播接收机及相关设备 - 无线电干扰特性 - 限值和测量方法"和 J55022"信息技术设备 - 无线电干扰特性 - 限值和测量方法"，使其与新的国际无线电干扰特别委员会（CISPR）国际标准一致。本次通报批准日期为 2010 年 6 月，生效日期为 2010 年 9 月。

（5）修订《消费品安全法》中关于打火机的规定。2010 年 6 月 16 日，日本经济产业省发布 G/TBT/N/JPN/333 号通报（也称 CR 打火机法案）。根据《消费品安全法》，打火机被规定为"特定制品"及"特别特定制品"。该产品应当符合与 ISO9994 和 ISO22702 要求相一致的要求，以及防儿童开启规范。2010 年 11 月 5 日，日本经济产业省发布相应政令并就实施细则征求意见，12 月 27 日，日本开始正式实施打火机 CR 法规，要求进入日本市场的打火机和点火枪（包括一次性产品以及与一次性产品构造相同的打火机及点火枪）必须符合上述要求，否则不能在日本市场销售。该法规规定了 9 个月的过渡期，截至 2011 年 9 月 26 日。此外，该法规实施细则还规定了 5 个例外条件。符合该 5 个例外条件的打火机及点火枪产品可以不受该法规限制。

2. 卫生与植物卫生措施

（1）部分修改食品、添加剂等的规格标准。2010 年 1 月 18 日，日本厚生劳动省发布《食安发 0118 第 1 号修改通知》。设定了农药新烟碱类和 Pyrasulfotole 在食品中的残留标准、撤销畜水产品中动物用医药品激素（Etyprostontromethamine）的残留标准。

2010 年 2 月 18 日，日本厚生劳动省发布《食安发 0218 第 2 号修改通知》，对食品中的灭螨醌（杀虫剂）、Tefuryltrione（除草剂）、茉莉酸诱导体（植物生长调整剂）的残留标准进行了修订。

2010 年 4 月 6 日，日本厚生劳动省发布《食安发 0406 第 5 号修改通知》，对食品中农药 EPN、吡虫啉、恶嗪草酮、双氯氰菌胺、双苯氟脲、稻瘟酰胺、嘧菌腙、丙草胺、戊菌隆的残留限量进行了修订。同时，修订了动物用医药品头孢哌酮、特卡霉素、巴龙霉素、利福西明，以及饲料添加剂越霉素 A 的残留限量。

2010 年 8 月 10 日，日本厚生劳动省发布《食安发 0810 第 1 号修改通知》，设定了农药吡虫清、恶二唑虫、戊草丹、恶草酮、二甲吩草胺、抑虫肼、布洛芬、稗草畏、苄草丹、四聚乙醛、甲霜灵和精甲霜灵在食品中的残留标准。此外，还设定了饲料添加剂那西肽在食品中的残留标准。

2010 年，日本还多次将食品、添加剂等的规格标准向 WTO 通报。2010 年 4 月 7 日，日本厚生劳动省发布 G/SPS/N/JPN/247 号通报，批准 2－乙基－5－甲基吡嗪、异戊胺、硅酸镁为食品添加剂，并设定这些物质的标准及规格。

（2）日本公布部分经过审查的转基因玉米品种。2010年3月8日，日本厚生劳动省新开发食品保健对策室公布部分经过审查的转基因产品。根据转基因食品及添加剂的审查手续（厚生省2000年233号告示），日本厚生劳动省通过了对抗草丁膦除草剂、抗蝗虫类害虫、抗鳞翅目害虫、抗耐草甘膦除草剂等七组玉米品种的审查。

3. 日本的贸易壁垒

日本的贸易壁垒表现为多个方面，包括关税壁垒和技术壁垒、产品标准和商品检疫制度等非关税壁垒。

（1）关税及关税管理措施。

①关税高峰。2010年，日本仍对农产品、加工产品、皮革制品和鞋类征收较高的关税。如牛肉38.5%、柑橘32%（夏天为16%）、部分奶及奶制品35%、脱水土豆片20%、苹果17%、冷冻玉米10.55%、牛皮12%、羊皮16%、鞋类最高达24%、部分纺织品10.9%。

②关税升级。日本对部分产品依加工深度按关税升级原则设定了相应的关税。但部分产品的原材料和半成品或制成品的税率差过大，削弱了中国相关半成品或制成品在日本市场的竞争力。农产品、纺织品、木制品都存在此问题。比如天然奶酪关税为29.8%，加工奶酪关税40%；对咖啡免税，对咖啡加工品征收25%的关税；棉织物关税为5.6%，棉制服装关税为10.9%；对针叶木免税，针叶木木棒关税为5%。

③关税配额。目前，日本对无糖可可、大米、大麦、小麦、玉米、乳制品、生丝等农产品以及皮革、皮鞋等制成品进口实行关税配额管理，对配额外进口实行高关税，比如牛、马革等产品配额外关税高达30%。虽然配额外进口原则上实行自由贸易，但由于高额关税大大削弱进口产品的竞争力，导致配额外的一般进口数量极少。配额内进口部分往往对品种、价格、国别、用途等有限制。以大米为例，日本政府招标时以长粒米为主，中国大米所占比重很少，美国大米份额占50%~60%，导致中国大米难以对日出口。

日本关税配额管理程序复杂，欠缺应有的透明度。例如，仅公布获得配额的企业名单，但不标明各企业获得的配额数量，致使配额申请人无法通过横向比较来评估分配结果的公正性。中国希望日本提高关税配额管理制度的透明度。

（2）技术性贸易壁垒。日本技术性贸易壁垒是贸易壁垒的主要方式，其规则复杂，涉及面极广，可从以下标准表现出来。

①对打火机的新技术要求。2010年12月，日本实施打火机CR法案，该法案附加条款第三条规定"有关打火机点火装置的主要零部件，至少能超过5年使用期限"。日方没有明确该条规定中5年使用期限等用语的定义，导致日本进口商和中国出口企业对该法案部分条款的理解产生分歧。2010年在日本进行打火机立法过程中，日本国内一些打火机进口商下单变得更加谨慎或处于观望状态，据海关统计，同期中国对日本打火机出口量明显下滑。中方希望日方在制定该法案实施细则过程中，充分考虑该行业特点，明确相关定义，保障该法案技术上的可实施性，在保护儿童安全的同时最大限度地降低对贸易的负面影响，帮助企业平稳过渡，实现贸易双赢的局面。

②食品标签频繁修订。日本食品标签要求复杂，且常常处于修订之中。2010年6月日本分别修订了冷冻肉丸和冷冻汉堡牛排的标签要求，对标签上冷冻肉丸中肉重量百分比和植物组织蛋白重量百分比以及冷冻汉堡牛排中忽略的辅料做了更为细致的限制。这种细致复杂的要求为企业在实际操作中增加了难度，企业稍有不慎或者检测方法不当就有可能导致货物与标签要求有出入。中方希望日本在修订标签要求时充分给予有利害关系的企业表达质疑的机会，以制定出便利企业、操作性强的标签要求。

（3）卫生与植物卫生措施。日本以卫生与植物卫生检验检疫严格而著称，具体可从以下几方面表现出来。

①检验检疫程序。日本对进口农产品、畜产品以及食品的检疫防疫制度非常严格。对于入境农产品，首先由农林水产省下属的动物检疫所和植物防疫所从动植物病虫害角度进行检疫；在接受动植物检疫之后，还要由日本厚生劳动省下属的检疫所对具有食品性质的农产品从食品角度进行卫生检验。日本进口的农产品及食品大部分来自中国，因此中国生产商深受严格烦琐的检验检疫程序之苦。

②肯定列表制度。日本于2006年5月29日开始实施食品中农业化学品肯定列表制度。肯定列表制度实施四年多来，给中国农产品和食品对日出口

带来巨大影响。肯定列表制度设定了"一律标准",对没有设定具体标准的药物残留,一律执行 0.01ppm 的标准。而国际通行的做法是依据毒理学评价结果,并考虑"每日允许摄入量"(ADI)和"良好农业规范"(GAP)制定不同的农药残留限量标准。

日本的农残标准相对于国际通行做法要严格,虽然根据 SPS 协定第 3.3 条,日本有权制定比国际标准、指南等更加严格的国内标准,但是 SPS 协定第 2.2 条和第 5.5 条也规定了这种标准必须基于科学证据原则之上并且不应给国际贸易带来不必要的限制。日本的高农残标准使得中国产品进入日本市场屡次受阻,不达标准的产品往往被废弃,给中国出口商造成了损失,对中日之间的贸易造成了不必要的限制。

(4) 其他壁垒。

①反假冒贸易协定。2010 年 11 月,日本、美国、欧盟及其成员国、韩国、澳大利亚、加拿大、墨西哥等国在东京签署《反假冒贸易协定》(ACTA)。ACTA 针对各国如何实施他国的知识产权相关法律制定了标准,中国并非 ACTA 参与国,ACTA 一旦生效,中国企业与协议成员国,如日本,进行贸易活动将面临更加强硬且严格的知识产权监督和管理体系,特别是 OEM 企业的出口行为可能面临壁垒。中国希望能够以多边方式,特别是在多哈回合谈判中兼顾发达国家和发展中国家的利益,解决知识产权问题。多边谈判应兼顾发达国家和发展中国家的利益,发达国家不应凭借自身较为发达的知识产权保护水平的优势单方面达成贸易协议,给知识产权保护水平较低的发展中国家造成贸易壁垒。

②透明度问题。日本的立法及决策过程缺乏透明度。以咨询机构为例,咨询机构及政府授权的研究机构在立法及决策过程中往往发挥重要的作用。但是这些机构的组建过程模糊,而且外人无法参加这些机构的研究或者提出自己的意见。中方希望日本能够提高咨询机构的透明度,给利害关系方以充分的机会参加咨询机构的研究或提出自己的意见,使自己的利益能在立法及决策过程中得到考虑。此外,日本的公众评议期间过短,企业往往还没准备好提交意见,政府就已经公布了最终的法规或政策。中方希望日本能够完善这一制度。

四　中日贸易摩擦的特点

中日建交以来，随着两国贸易规模的扩大和贸易结构的变动，贸易摩擦也开始逐步升级。但从总体来看，中日贸易摩擦与日美贸易摩擦、日欧贸易摩擦、中美贸易、中欧贸易摩擦相比，无论是数量还是涉及的产品范围都要小得多。但从变动趋势看，中日贸易摩擦开始以农产品和纺织品为主，逐步向其他领域扩大，由以低端产品为主向中高端产品蔓延，由双边贸易向第三国贸易转变。目前，中日贸易摩擦的主要特点表现为以下几方面。

（一）日本主要以设置高标准的准入门槛为主，较少采用贸易救济措施

与欧美等国不同，日本在中日贸易纠纷中较少采用反倾销、保障措施等贸易救济手段。日本是一个贸易大国，对国际市场有着极强的依赖性，无论日本的贸易政策如何变动和调整，贸易立国一直是其长期坚持的一项既定国策。自20世纪80年代以来，日本"大量出口"模式对欧美等国市场造成了强烈的冲击，日本与西方发达国家的大规模的贸易摩擦不断升级和加剧，比如日美、日欧在汽车、家电、半导体、工业机械等领域的贸易摩擦愈演愈烈，西方各国对日本的反倾销调查异常频繁。对此，日本当时的通产省等贸易管理部门在处理对外贸易摩擦的时候，一般不愿进入反倾销调查立案阶段，而是通过相关的行业协会进行产业内协商，通过自愿出口限制等措施，进行贸易保护，只有极少数的反倾销调查进入立案，并最终征收反倾销税，目的是避免与主要的贸易大国发生类似的贸易战，影响和恶化日本的出口贸易环境。在WTO规则中，反倾销是一种正当的法律手段，具有形式合法、易于实施、能够有效排斥外国产品进口的特点，从而成为世界各国保护农业的有力武器。反补贴制度由于本身运用操作上的复杂性和高成本性，比反倾销措施使用得少。日本在运用反倾销措施方面十分低调，主要原因有以下三点。第一，日本政府对反倾销手段的使用态度谨慎，倾向于与外国出口商协

商解决反倾销摩擦。而且日本对于国内产业及其市场一直倾向于采用保障措施、自动出口限制等保护措施。第二,自 20 世纪 70 年代以后,日本产业的国际竞争力日益强大,日本消费者对本国产品比较认可和信赖,无须依靠反倾销手段来保护本国市场。当时,无论是劳动密集型、资本密集型还是技术密集型产品,无论是在国际市场还是在国内市场,日本产品质量、性能和款式等方面都具有较强的竞争力。因而,日本往往是反倾销的被诉者,而不是申诉者。同时,日本制成品进口的比重较小,1987 年,日本制成品进口额在总进口额中所占的比例为 39.8%,至 1996 年,这一比例也仅为 56.9%,进入 21 世纪以来,这一比重也只在 60% 左右徘徊。另外,在日本的制成品进口中,相当一部分是日本本国的跨国公司以企业内部贸易的形式来进行的。当时日本经济产业省对日本公司海外业务的调查资料显示,日本电子厂商设在亚洲的子公司向日本的出口额占其总出口额的比重从 1986 年的 22.2% 稳步上升到 1997 年的 33.8%,进入 21 世纪以来,上升至 40% 左右。因此,日本制成品面临外国进口品的压力较小,无须依赖反倾销手段的保护。第三,日本进口的大量产品大都是资源密集型产品、技术密集型产品以及与国内产业形成互补的劳动密集型产品。作为资源相对贫乏的国家,这些进口产品相对而言与国内产业没有太大的冲突。

(二) 中日贸易摩擦形式主要以技术性贸易壁垒为主

总体而言,在中日贸易摩擦中,日本更多采用技术性贸易壁垒措施,而美欧则是大量采用技术性贸易壁垒、贸易救济措施。日本对于农产品和纺织品等不具有比较优势的产业较多地采用技术性贸易壁垒保护本国产业。例如,农产品的肯定列表制度,纺织品的烦琐的法规标准等。2006 年 5 月 29 日日本实施"肯定列表制度"以来,我国农产品出口受到一定影响,部分产品出口受阻,市场份额被挤占。根据海关统计,2006 年下半年我国对日本出口农产品 49 亿美元,同比增长 3.1%;其中对日本出口食品 44.3 亿美元,增长 3.6%,而 2005 年同期增幅为 4.2%。2006 年下半年,我国对日本市场农产品、食品的出口份额分别下降到 25.3% 和 26.5%。2006 年日本厚生省查出违反日本《食品卫生法》并最终采取了废弃或退货处理的进口产品共1440批次，同比增加了82%。其中批次最多的依次是中国476批次、美国242批次、越南131批次。中国产品的退货批次从2005年的343批次增加到476批次，同比增长39%，这对我国优势农产品出口产生了重大影响。2006年日本公布各国家和地区（不含中国）进口食品违规案例共649起，其中明确列明违反"肯定列表制度"87起，涉及14个国家和地区。2006年6~12月，我国有14种输日商品先后被日方实施命令检查，其中适用"一律标准"的共11项，涉及的商品主要为鳗鱼、食用菌、蔬菜、茶叶、花生和荞麦。2007年前9个月，日本在中国农产品出口市场中的份额从2001年的35.8%下降到23.5%，降幅达12.3个百分点；在中国食品出口市场中的比重也从2001年的39%下降到24.5%，降幅为14.5个百分点。日本在中国出口市场中的比重已从原来的1/3下降到目前的1/4左右。但是，日本虽然对中国产品采取较多的技术性贸易壁垒，但是与美欧相比，日本的比重依然是最低的。美国和欧盟技术性贸易壁垒的比重高达40%以上，远高于日本的技术性贸易壁垒的使用。

（三）中日贸易摩擦多集中于农产品和纺织品

长期以来日本是仅次于美国的世界第二大经济强国，许多尖端产业和高端工业品都具有较强的国际竞争力，相比之下，原来风光一时的纺织业作为传统产业，早已成为夕阳产业，而农业在日本的经济总量中占比已经很小，但经济地位仍很重要，甚至对日本政治格局产生重大影响，这两个领域历来是日本政府保护的重点对象。20世纪80年代中期日元升值以来，日本产业特别是劳动密集型和资源密集型产业不断向海外转移，以缓解日元升值带来的生产成本不断提高、产品国际竞争力下降的局面。但仍有少量行业无法完全外移，如农业、纺织业等劳动力密集型行业，这两个行业往往受到日本政府的重点和特殊保护。日本在进行自由贸易区谈判中所制定的EPA战略的一个重要前提就是对方对于日本的农业开放要求不高，以保证日本国内农业在建立FTA之后不至于受到太大的冲击。另外，中日贸易摩擦集中于农产品和纺织品也与中日两国贸易分工形式有关。中国改革开放以来，日本在中国的广泛领域进行投资，产业间形成了互为协作与分工的关系，除汽车、电子、机械设备行业外,农业和纺织业中也存在着一定的分工协作关系,如我国出口日本的蔬菜很多是日本商社在中国组织生产加工的,纺织品生产中很多是由日本提供原料,在中国进行加工生产的。而这种通过直接投资方式形成的产业分工中,一般不出现贸易摩擦。但这一部分产品的贸易量的大量存在和增加,必然对存在协作与分工之外的同类产品进入日本市场造成影响。由于纺织业在日本属于弱势产业,农业属于特殊产业,因此二者均属于政府的重点保护对象,而与日俱增的、大量的并且价格低廉的中国产品进入日本市场,必然出现激烈的贸易摩擦。

(四) 中日贸易摩擦与欧美相比数量较少

一般来说,贸易摩擦的发生与双边的经贸关系发展程度有关,双边贸易越大,经贸关系的范围越广,产品竞争越激烈,发生贸易摩擦的可能性越大。改革开放以来,对外贸易一直是推动中国经济持续、调整发展的主要动力之一。随着中国贸易规模的不断扩大,中国与主要贸易伙伴间的贸易摩擦在所难免。但相比之下,中国与欧美产生的贸易摩擦较为频繁,涉及领域较广,纷争较为激烈,措施较为严厉。而与同是中国重要贸易伙伴的日本的贸易摩擦相比,数量相对较小,时间较为集中,涉及的领域和范围较窄,动力的制裁措施也较为温和。美国和欧盟从1979年以来对华反倾销数量和频率都在逐步上升,中国"入世"之后,美国和欧盟对中国的纺织品、化工产品和农产品进行反倾销调查和保障措施调查进入高密集期。目前,美国与欧盟对我国进行的反倾销调查都已高达 100 件以上。

五 有效缓解和应对中日贸易摩擦的对策

随着经济全球化和激烈的国际市场竞争,中日贸易出现了一些不和谐的音符,尤其是两国农产品的贸易摩擦不断。但从目前的中日农产品贸易的最新动态来看,两国农产品的贸易走向趋势发展良好。由于两国各种政治、经济和社会的复杂因素,农产品贸易的摩擦甚至对抗难以避免,需要双方自觉遵循国际贸易的惯例和规则，忠实地履行 WTO 的责任和义务，一有摩擦征兆，积极采取合理、妥善而有效的措施，将其解决在萌芽状态。

（一）利用 WTO 规则维护我国出口企业利益和合理保护国内产业

我国作为 WTO 成员国在贸易摩擦中应有效利用 WTO 规则，以事实为依据，据理力争，最大限度地保护中国企业的利益。在中日贸易摩擦中，较为适用和有效的规则有以下四种。

1. 非歧视原则

非歧视原则是 WTO 规则中最基本的原则，主要体现在最惠国待遇与国民待遇上。其基本要求是缔约国一方给予另一方特权、优惠及豁免不得低于给予第三方的特权、优惠及豁免，且缔约方应给另一缔约方企业、公民、船舶与本国居民平等的经济权利。日本在中日贸易摩擦中曾援引《保障措施协定》对中国三种农产品设限，实质上严重违背了 WTO 的非歧视原则精神。中方对日方的不正当做法给予了严厉的驳斥，认为日方在进口设限产品调查中采取了国别歧视，选择的三种农产品 90% 以上来自中国，而对主要来自 WTO 成员国的进口激增的农产品则不予调查，背离了 WTO 的非歧视原则，迫使日方纠正错误做法。从目前来看，中日两国同为 WTO 成员国，严格遵守 WTO 规则，全面履行"入世"承诺是 WTO 缔约国共同的责任与义务，很多贸易纠纷完全可以视其做法在世贸组织的框架内寻求合理和妥善解决。

2. 有效利用争端解决机制

争端解决机制由 WTO 所有成员国的代表组成，它有权成立专家组，采纳专家和上诉机构的报告，监督规则和建议的实施情况，授权终止各协议所规定的特权与义务。WTO 争端解决机制规定，贸易争端双方先协商解决，10 天内要对协商请求作答复，30 天内需进行协商。如超过规定时间未作协商，任何一方可直接要求成立专家组予以解决。另外，如经双方为期 10 天的协商仍无结果，当事方可以以同样方式要求成立专家组予以处理。21 世纪初，中日双方曾将农产品贸易争端诉诸 WTO 争端解决机制，中国方面一直表现出在自由贸易规则下寻求解决的理性态度和务实作风,采取了有理、有利、有节的反击措施。日方开始的态度强硬,咄咄逼人,但面对中方强烈的反制措施,最后还是同意协商解决争端。在经历多轮的磋商和会谈后,双方终于于2001年12月21日在北京就这次农产品贸易争端达成协议。这是双方从两国经贸、政治关系的大局出发,互相让步和妥协的结果。根据协议,日方决定不启动对大葱、鲜香菇、蔺草席三种农产品的正式保障措施。双方还强调通过政府和民间两个渠道,在现有基础上进一步探讨并加强两国农产品贸易合作,同意就三种农产品尽快建立贸易合作协调机制,促进稳定健康的贸易关系。两国政府加强协作,积极交换信息,加强对企业的宏观指导,共同维护正常贸易,打击非法贸易,并根据需要举行磋商。同时,双方民间组织建立具有广泛代表性的农产品贸易信息沟通和协商机制,就市场需求、产品质量、产量、价格等信息进行交流,及时掌握生产、贸易及需求状况,共同努力提高产品质量,引导两国农产品种植、生产和贸易的良性发展。

3. 合理实施反倾销措施

按WTO规定,当一国产品以低于国内价格甚至低于成本价格对外销售,或当进口数量的增加对另一国造成或将会造成严重损害时,另一国可征收反倾销税。从反倾销措施的使用频率来看,中国针对日本产品的反倾销调查远远多于日本对中国产品的反倾销调查。2003~2008年,中国提起反倾销调查的案件29件,其中21起案件涉及原产于日本的产品,比率高达72.41%。在这21起反倾销调查案例中,又有16起的被调查产品属于化工行业。中国"入世"以来经济高速发展,在电子、通信、汽车、建材和轻纺工业的拉动下,国内化工产品市场需求旺盛,国产合成材料等产品只能满足国内一半需求。国外化工产品供过于求,外国一些企业相互压价、抢滩中国市场,采用倾销方式出口化工产品挤占中国市场的势头有所增加。在这种情况下,中国提起的反倾销调查就比较多。按照日方的出口品种统计,日本化工产品对华出口历来占据重要的位置,出口额仅次于电器和一般机械,居第三位。日本企业通过与其他厂商进行竞争获得我国的进口市场,不可避免地使一些日本企业也加入了向我国倾销化工产品的行列。从实际情况来看,我国对日本某些产品征收反倾销税,一定程度上保护了国内产业,为中国相关行业企业的发展提供了一定空间。

4. 充分发挥特别关税的作用

2001年,日本政府对中国农产品实施紧急限制措施后,作为应对措施,当时中国对外贸易合作部向日本驻华大使馆发出通告,决定自2001年6月22日起,对原产于日本的汽车、手持及车载移动电话和空气调节器加征税率为100%的特别关税。在此次征收特别关税的三类日本商品中,向中国出口的商品中数额最大的是汽车,因此,中国加征100%特别关税,在日本受到震荡最大的也就是汽车业。中日两国汽车行业在对方的市场中都占有比较重要的份额,根据联合国的贸易统计数据,2002~2005年,世界汽车产品出口年均增长率为33.26%,但是中国汽车产品出口年均增长率却高达186.46%。2005年中国汽车产品出口总额16.59亿美元,在世界汽车产品出口中占1.83%,是亚洲增长速度最突出的汽车产品出口国。与此相比,日本汽车产品出口年均增长率为24.88%,低于世界汽车产品出口年均增长率。2005年日本汽车产品出口总额为125亿美元,在世界汽车产品出口中占到13.85%,仍保持亚洲汽车产品出口第一大国的地位。中日两国汽车行业相互依赖,彼此在对方市场上的出口份额较大,两国紧密的贸易关系不允许发生大规模的贸易摩擦。

(二)培育和发展行业组织,提高企业组织化程度和应对贸易摩擦的整体能力

目前,面对日本的反倾销诉讼,大多数的中国企业由于高昂的反倾销诉讼费以及对国际法规缺乏了解,不去积极应诉,而是甘愿默默接受。而且,受到日本反倾销诉讼的中国企业大多是中小型企业,无论是从规模上还是从出口量上来看,中小企业应对贸易摩擦的实力有限,很多企业只能拱手让出日本的相关市场。即使个别企业费时、费力打赢了官司,也会出现在经济上、精力上和时间上"得不偿失"的后果。可以说,企业之间缺少一种凝聚力是我国在中日贸易摩擦中屡受损失的一个重要原因。而把分散性的企业组织和联合起来的最好组织形式是行业协会,它代表的是成员企业的整体利益，由它出面解决贸易摩擦则比单个企业单打独斗的获胜概率要大得多。行业组织设有专门机构，熟悉贸易对象国的法律及规则，了解本行业世界市场的行情，可以及时提供相关资料并协调国内企业的关系。我国应该更加重视行业协会的作用。日本的实践证明，农产品协会在发展农村经济中的地位和作用非常重要。我国可以借鉴日本农协的成功经验，完善农业的社会化服务体系，组建中国特色的农产品行业协会。通过农产品协会，向广大农民提供市场信息、技术推广和生产资料的社会化服务，包括同生产直接相关的销售、供给、加工以及金融与保险等服务，在出现贸易纠纷时，由协会出面代表企业进行协调和解决，帮助企业进行投诉和应诉。

（三）实施市场多元化战略，规避和分散贸易摩擦带来的风险

中日在农产品贸易领域频频出现贸易摩擦，一个不争的事实是中国的农产品出口过于向日本集中。在2001年中日农产品贸易摩擦中，中国部分地区的出口深受影响，其中很重要的一个原因是，当地出口以农产品为主，品种、出口对象单一，大部分出口日本，国际市场稍有变化就会对当地经济产生重大影响。以山东为例，山东出口日本的蔬菜占全国出口总量的70%，且香葱、菠菜等出口市场仅限于日本，结果日本非关税贸易壁垒启动后，仅安丘一地的损失就达几千万元，"圆葱之乡"惠民县李庄镇种植的近两万亩圆葱，价格已跌到最低点，每公斤不到1毛钱，大量堆在路边卖不出去。若此次能做到在开拓日本市场的同时，加快向其他亚洲市场出口，就会分散风险。事实告诉我们，单一性的出口市场空间有限，最终的结局必然是不断频发的贸易摩擦，有效的解决途径就是实行出口市场多元化策略，减少某一国家市场出现的突发性事件以及消费者需求变化所产生的巨大负面影响。例如，在农产品出口市场选择中，应该大力拓展欧美市场，培育新兴经济体市场，大力开拓发展中国家市场。另外，在出口产品结构上实行多样化、个性化和差别化策略，回避与贸易对象国产品的过度竞争。另外，通过农产品的深加工和精加工，提高产品的科技含量和附加值，走出口产品高端化道路。通过实施市场多元化战略可以降低市场集中度，减少对部分市场的过度依赖，分散风险，减少贸易纠纷，规避贸易壁垒，提高应变能力。

（四）加强政府间协商与沟通，化解或减轻贸易摩擦带来的负面影响

作为政府，特别是对外贸易的主管部门，在解决中日贸易摩擦中应承担更为重要的角色。一是要加大对外交涉力度。对一般性贸易纠纷，要协商谈判解决，建立两国政府主管部门间的常设调节机构，处理日常贸易纠纷问题。对涉及原则性的贸易摩擦，政府部门要据理力争，绝不妥协，采取合理和有效的应对措施，按 WTO 程序和国际通用准则加以处理和解决，最大限度地维护本国企业正当利益和合法利益。二是政府应该进一步强化公平贸易工作，完善符合国际惯例的贸易救助机制。公平贸易工作通过出口应对和进口调查防范等手段，在应对贸易摩擦、创造公平有利的出口贸易环境、保护国内产业和市场、维护国家经济安全等方面具有十分重要的作用。要借鉴国外成熟的贸易救助机制经验，健全应对贸易摩擦的快速反应机制，完善我国政府实施反倾销、反补贴、保障措施、技术性贸易壁垒、知识产权保护等与贸易摩擦相关的应对机制的建设。一旦中日贸易摩擦发生，除了国家有关部门要积极应对外，行业协会应该代表本行业的利益，积极地站出来为受害企业说话，以符合 WTO 规则的措施积极应对。该起诉的要起诉，该应诉的要应诉，最终建立以政府为主导，企业、行业协会和商会为主体的应对贸易摩擦的新机制。三是建立有效的预警机制和防范机制。政府通过建立和完善相关机制，随时跟踪并及时发布有关主要产品的进出口状况，尤其是进口与出口激增、进口与出口价格急速变化等状况。贸易主管部门、国内相关产业主管部门之间建立联席会议机制和信息发布机制，及时相互通报产品国内生产、销售与进出口贸易情况。这样才能做到在贸易摩擦发生之前准确提供预报信号，在发生贸易摩擦之际尽快提出处理方案。

（五）提高企业国际化素质，打造企业积极应对贸易摩擦的应变能力

企业是国际市场竞争的主体，开拓国际市场必然要承担一定的风险和挑战，因此企业要练好内功，提高国际市场竞争能力，积极应对贸易摩擦。一是注重创新，在提高企业核心竞争力上下功夫。企业开拓日本市场，要转变单纯依靠低价竞争的战略，在发挥比较优势的同时实行"以质取胜"战略，

以良好的性价比和服务占领日本市场；要善于寻找和发现市场机会，调整和优化出口产品结构，实行差异化战略，以特色满足日本客户和消费者的多样化需求。要转变单纯依靠商品出口的贸易战略，探索将出口和对外直接投资相结合的方式，在更大的领域和更深的层次上参与国际市场竞争，占领日本市场；培育具有自主知识产权的品牌，以品牌赢得较大的市场空间和利润空间。要实施国际化人才战略，培育熟悉国际经济贸易规则，善经营、懂管理的国际化人才，吸引国外优秀人才。二是企业要保持对日本市场风险的敏感性。企业应该研究出口产品在日本市场的需求、容量、价格走势及竞争对手的信息，注意理顺出口数量与价格的关系，合理调整出口规模和价格水平。按照国际规则惯例和日本的相关规定建立一系列生产、质量控制、环境保护、知识产权保护、财会、管理、进出口、投资等制度，加强自我保护意识。三是企业要充分运用WTO的相关规则和我国的相关法律法规积极应诉，积极参与贸易摩擦的解决。对于中日贸易而言，更多的时候企业是面临技术性贸易壁垒，这需要企业积极利用各种手段，包括WTO规则、国际惯例等，向有关部门申诉，争取最大的利益。四是企业应通过提高技术水平达到日本相关的技术要求，避开日本的技术性贸易壁垒。企业应认识到标准、认证工作对于出口日本商品的生存、发展的特殊意义，并且借助标准认证手段大幅度提高企业产品和服务的质量，树立企业良好的市场形象。企业只有通过贯彻实施ISO9000、ISO14000、OHSAS18000等标准，进一步降低企业质量责任风险，提高环境绩效和社会形象，增强竞争能力，扩大企业知名度和市场占有率，才能更好地为走向日本市场创造良好的条件。

（六）尽最大努力，敦促日本政府尽早承认中国市场经济地位

当时中国在签署"入世"协议书时承诺自身是非市场经济国家，并在发生贸易摩擦时可以使用替代国价格。在这种承诺下，日本、欧美等一些发达国家经常以此为口实，在中国非市场经济地位上大做文章，并时时将中国产品的价格与其他发展中国家产品的价格相比较，采取反倾销的措施。迄今为止，日本尚未承认中国完全市场经济地位。这使得我国在被反倾销调查时处于非常被动的局面。保障措施是世界贸易组织规则允许的保护国内产业的

一种行政措施，是各成员方政府依法维护本国产业利益的重要手段。其目的是允许任何一个成员方在特定紧急的情况下，为保障本国经济利益解除关贸总协定规定的义务，对因履行协定所造成的严重损害进行补救，或避免严重损害威胁可能产生的后果。另外，保障措施的非歧视性要求只针对产品，这就使措施的实施可能针对所有的相关产品的出口国，带来大范围的贸易摩擦。然而在特保措施方面，由于中国加入 WTO 时签订的议定书中规定，中国产品在出口到有关 WTO 成员国时，如果数量增加幅度过大，以至于对这些成员的相关产业造成"严重损害"或构成"严重损害威胁"时，这些 WTO 成员可单独针对中国产品采取保障措施。"特保"实施的期限为 2001 年 12 月 11 日至 2013 年 12 月 11 日。目前，中国"入世"已经十年有余，社会经济发展取得了举世瞩目的成就，为世界经济发展和增进各国人民福利做出了巨大贡献，贸易体制、法律制度、政策体系较"入世"前已经有了根本性的变化，事实上目前中国已经完全具备了市场经济国家的各项条件。中国政府应敦促日本尽快承认中国的市场经济地位，这不仅为今后解决中日贸易摩擦提供有力支持，也将会大大促进中日贸易顺畅、健康和快速发展。

第五章　日本对华投资的结构变化及促进对策

日本在"二战"后,经济发展经历了十年的黄金时期,创造出举世瞩目的"日本经济奇迹"。进入20世纪70年代后,日本的工资成本和地价持续上扬,企业的成本压力随之一路上升。当时日本秉持贸易立国的发展战略,随着出口的不断增加,与欧美等西方国家的贸易摩擦日益加剧,出口环境日益恶化,迫使越来越多的日本企业通过对外直接投资来规避贸易风险,降低生产成本,谋求发展出路。这一时期,日本企业对外直接投资的对象主要是欧美等发达国家,投资重点是日本具有相当竞争优势的制造业。1985年广场协议签署后,日元急剧升值,日本的对外投资进入了一个新的快速增长期。到了1996年,日本企业的境外投资、境外法人的当地产值规模甚至超过了日本的出口总额,日本对外投资已经成为支撑日本经济的重要支柱。相比之下,日本对华投资与中日贸易的情况大体相近,起步较晚,但发展迅速,对两国经济的影响巨大,在中日经贸发展史上占有重要地位。

一　日本对华投资的演进

日本对华直接投资始于中国改革开放之初的1979年,20世纪80~90年代,日本企业对华投资主要集中于制造、采掘、能源和商业等领域,其中70%~80%投向了制造业和机电行业。在区域分布上,日本对华投资主要集中于东南沿海经济发达地区。进入21世纪后,以中国政府实施西部大开发战略为契机，日本企业对中国中西部地区的投资比例有所增加。总体来看，20 世纪 70 年代末至今，日本对华投资出现过三次高潮，以这三次投资高潮为中心，可以将日本对华投资分为四个阶段。

（一）第一次投资阶段（1979～1989 年）

进入 20 世纪 80 年代以后，中国掀起了改革开放大潮，市场开放程度和经济国际化水平迅速提高，招商引资成为全国各地发展经济的重要动力，各级地方政府不断加大基础设施建设力度，完善服务体系，制定各种招商引资优惠政策，投资环境日益健全起来。此时日本与欧美西方国家的贸易摩擦不断加剧，加上日元升值和劳动力价格大幅度上涨，日本企业在日本国内生产的产品竞争力急剧下降，许多日本企业开始考虑把自己的生产基地向海外转移，中国成为日本企业对外直接投资的重要目的地。1979 年 7 月，《中华人民共和国中外合资企业经营法》获得全国人民代表大会通过，为国外资本进入中国提供了法律保障。1980 年 2 月，第一家中日合资企业"福州外贸中心合资旅馆"获批成立，标志着"二战"结束 35 年后日本企业重返中国投资。从 1985 年开始，日本利用充足的外汇储备，开始大量地面向海外进行产业转移，投资力度明显加大，借助跨国公司在投资对象国就地生产、就地销售或转销其他国家的这种迂回的方式，缓解与西方各国的贸易摩擦，优化对外贸易发展环境，日本企业对华直接投资也日益增多起来。

日本企业对中国的第一次投资高峰出现在 1985～1988 年。统计资料显示，1985 年日本对华的投资增长率曾达到 40%，1988 年飙升到 134.2%。但是 1985～1988 年 4 年间，日本对华投资态势不是平稳的，曾出现过较大波动，如 1986 年在高增长之后出现了大幅度下滑。这与当时中日两国的具体情况有着密切的关联。从日本方面来看，自 20 世纪 80 年代中期以来，迫于欧美等国的压力，日元大幅升值，导致日本产品出口成本大增，国际竞争力大幅下降，促使日本政府采取鼓励政策，推动和支持企业面向海外，加大投资的力度，以缓解因日元升值带来的出口下滑影响。从中国方面来看，20 世纪 80 年代初期，中国改革开放正处于起步阶段，投资环境也在完善之中，国际资本对中国经济的增长预期大都抱有怀疑的心理，对中国对外开放的政策实施和落实效果也持观望态度，当时进入中国的少量外资大都带有投石问路的性质。而且，在中国改革开放初期，对华投资的主体是港澳地区、东南亚地区一些有华人文化渊源的企业，主要特点是以小规模的加工贸易投资为主。而当时来自日本企业的投资具有技术先进和资金规模相对较大的优势，影响力、示范力和带动力较强。20世纪80年代中期以后，中国改革开放的成效开始明显地显露出来，整个经济发展充满活力，出现蓬勃向上的景象，逐步进入了快速发展的轨道，从而增大了国际资本的对华投资信心，出现了1985~1988年日本对华投资的热潮。

为了改善我国投资环境，更好地吸收外商投资，引进先进技术，发展国民经济，1986年11月国务院颁布《国务院关于鼓励外商投资的规定》；1988年1月，为加速推进东南沿海地区发展，中国政府提出并开始实行"沿海经济发展战略"；1989年11月中国共产党十三届五中全会通过了《中共中央关于进一步治理整顿和深化改革的决定》。这一系列的政策措施对国际跨国公司来华投资起到了极大的推进和鼓励作用。与1987年相比，1988年全年日本企业对华投资数量有了大幅的增加，增量达到70%，这一强劲势头一直持续到1989年5月。后来，中国经济的发展出现了一些结构性问题，主要表现为经济过热，产业结构失衡日益突出，通胀压力增大，中国经济开始进入调整时期，日本对华投资也出现了回调和降温态势。总体来看，日本对华投资的第一次高潮的特点是投资规模较小，投资的重点区域是中国的经济特区。

（二）第二次投资阶段（1990~2000年）

20世纪90年代最初两年，中国经济处于深度调整之中，日本对华投资处于低潮，但对外开放的步伐并没有停止，而且明显加快。中国政府根据实际发展需要，在1990年4月召开的中华人民共和国第七届全国人民代表大会第三次会议上提出并实行了《全国人民代表大会关于修改〈中华人民共和国中外合资经营企业法〉的决定》；1991年设立了新的经济开发区——上海浦东新区。这些举措都充分体现了中国对外开放政策的不变性和持续性的决心，特别是邓小平南方谈话后，中国改革开放的步伐急速加快，更为有效地为国外企业对华直接投资注入了信心。除了具有廉价而丰富的劳动力优势外，这一阶段中国国内的社会基础设施也得到了较大的改善，中央政府和地方政府出台了一系列吸引外资的政策措施，很多地区甚至给予外商以"超国民待遇"，成为吸引外资的重要筹码。同时，这一阶段国际资本市场日元汇率处于持续性和大幅度升值趋势，也为日本企业加大对华投资起到了有效的促进作用。日本企业对华的第二次投资高潮起始于1992年，至1997年结束，持续近6年时间。1992年日企对华投资年增长率为33.3%，1993年更高达86.5%。1995年全年日本对华投资数量770件，投资金额创历史新高，达到32.12亿美元。1996年投资额又进一步上升，达到36.92亿美元，增长14.9%。1997年亚洲金融危机爆发，但日本对华投资额达到了这一阶段的高峰，为43.26亿美元，同比增长17.2%。这一时期，日本企业对中国内地投资继续增加，1992~1994年保持平均50%以上的增长，超过对亚洲其他国家的投资，中国成为日本在亚洲地区最大的投资对象国。这一阶段正是日本泡沫经济破灭之时，日本国内经济一片萧条，日资被迫寻找海外的出路，这就形成了90年代出现于中国的日资热。后来，随着亚洲金融危机的爆发和涉及面的扩展，中国国内出现了通货紧缩的局面，日本企业对华投资也由高潮期进入了调整阶段（见表5-1）。

表5-1 1985~2000年日本对华直接投资的推移

单位：亿美元

年份	中方实际利用外资统计		年份	中方实际利用外资统计	
	外商直接投资总额	日本对华直接投资额		外商直接投资总额	日本对华直接投资额
1985	19.56	3.15	1997	452.57	43.26
1990	34.87	5.03	1998	454.63	34.00
1995	378.06	32.12	1999	403.19	29.73
1996	421.35	36.92	2000	407.15	29.16

资料来源：《中国统计年鉴》。

东南亚金融危机促使日本对华投资产生第二次高潮。当时，突如其来的金融危机导致日本企业资金周转不畅，大大削弱了日本企业向海外投资的能力。在日本国内,金融危机导致金融机构的不良债权急剧增大,贷款风险明显增加,以致产生了金融机构严重的"贷款恐慌"现象。按照日本金融监督厅 1998 年 7 月 17 日公布的数据,日本各金融机构的不良债权总额达到 87.5 万亿日元,占其贷款(债权)总额的 11.01%。另据《亚洲周刊》统计,日本金融机构的不良债权比率到 1999 年已达到 15% 左右。巨额的不良债权使得日本金融机构经营效益持续恶化。在金融危机期间,日本大型金融机构纷纷倒闭,再加上企业破产增加、贷款抵押物贬值等一系列原因,都使得金融机构信心不足,放贷不积极,尤其对中小企业更是惜贷严重。与此同时,这一时期欧美跨国公司纷纷进入中国,使得日资在中国的优势地位慢慢减弱,导致了日企对华投资额在 20 世纪 90 年代末出现锐减。但总体来看,日本对华直接投资的第二次高潮与第一次投资高潮相比,不仅投资规模明显增大,而且速度加快,持续时间较长。

(三) 第三次投资阶段 (2001~2005 年)

进入 21 世纪后,日本企业对华投资额重拾高涨势头,2001 年增长了 47.3%,2002 年有所回落,2003 年增长 18.0%。这与中国加入世界贸易组织,中国经济大幅度融入国际社会,中国经济与世界经济紧密接轨有很大关系。这时,日本企业生产基地向中国的转移加速,使中国日益成为世界性的生产基地,当时被称为"世界工场"。此时日本经济仍然处于萎靡不振的状态,但由于欧美企业在华投资出现大幅增长,一定程度上带动了日本企业对华投资,特别是日本零售商开始大量和直接向海外下订单,从而加快了日资向中国的流入。但是,2001 年全球经济走势出现疲软,特别是当时世界三大经济体,美国、欧盟和日本经济出现衰退迹象,以及随之而来的跨国并购的减少,在一定程度上影响了外商直接投资额的增长,这是 2002 年日本对华投资额有所回落的原因之一。2003 年,日本对华投资出现大幅度反弹,投资金额达到 50.54 亿美元,同比增长 20.6%,该年度中国首次超过美国,成为世界第一大吸引国际直接投资的国家。2004 年仍然维持较好的长势,投资额达到 54.52 亿美元,增长 7.9%。2005 年日本对华投资额又创历史最高水平,达到 65.3 亿美元,增幅为 19.8%,这一历史高点,至今仍未被打破（见表5-2）。这一阶段日本企业对华投资的一个显著特点是，零售业、汽车、重型机械设备等日本最有代表性的企业开始投资于中国。

表5-2　2001~2005年日本对华直接投资的推移

单位：亿美元

年份	中方实际利用外资统计		年份	中方实际利用外资统计	
	外商直接投资总额	日本对华直接投资额		外商直接投资总额	日本对华直接投资额
2001	468.78	43.48	2004	606.30	54.52
2002	527.43	41.90	2005	603.25	65.30
2003	535.05	50.54			

资料来源：《中国统计年鉴》。

2005年日本对华投资出现第三次高峰后，中国的投资环境出现了一些变化。一是随着中国改革开放的全面深入和步伐的加快，经济实力明显增强，特别是对外贸易的迅速发展，使中国外汇短缺问题得到了根本解决，在利用外资上从"增加数量"向"提高质量"转换。国务院于2005年12月公布实施了《促进产业结构调整暂行规定》，把行业项目分为奖励类、限制类和淘汰类，其中规定：对奖励类采取优惠政策；对淘汰类（包括外资在内）则坚决禁止投资，并限期淘汰。也就是说，中国对外资的策略开始转向注重综合效益、服务经济结构调整的大局方向上来。此外，由于中国经济的规模不断扩大，随之而来的一些结构性问题日益突出，如沿海地区出现电力和用水短缺现象，外资集中地区地价上涨过快；东部地区不断出现劳动力短缺，人工成本日益提升，人民币加速升值，新的《劳动法》施行等，对外商投资在量的扩张上均形成打压之势，开始出现日本对华投资增速减缓和下降态势，2005年为-0.5%，2006年也仅为4.5%。此时，不仅日本对华投资额下降，而且美国和中国台湾连续5年、韩国连续3年对华投资额减少。

（四）第四次投资阶段（2006年至今）

2006年以后，日本对华直接投资出现不稳定的现象，2006年和2007年投资额分别降到 45.98 亿美元和 35.89 亿美元,降幅为 29.6% 和 21.9%。在所有外商投资中日本的直接投资金额比例也由 2003 年的 9.44% 跌到 2006 年的 6.45% 和 2007 年的 4.3%。2008 年日本对华投资额较 2007 年略有增加,达到 36.52 亿美元,但距 2005 年的 65.3 亿美元甚远,主要原因在于在华日资企业以出口加工型为主,受世界金融危机影响延缓了项目投资。2009 年这种调整趋势有所转变,日本对华投资额上升到 41.17 亿美元,增幅高达 12.7%。2010 年日本企业对华投资增速减缓,投资额为 42.42 亿美元,同比增长 3%(见表 5-3)。在这一阶段,日本对华投资处于徘徊状态,但投资方式和投资类型出现了较大变化。在经营方式上,从"合资时代"转变为以设立日本独资企业为主导并且开始建立投资公司的"企业集团经营时代"。在投资类型上,日本跨国公司开始向生产以外的研发、国内销售、售后服务等全方位发展,即进行"市场获得型投资"。在这一阶段中,日本对华投资的策略开始发生一些变化。世界金融危机以来,由于中国劳动力价格逐步提高,中央及地方政府对外商优惠政策也进行了相应的调整等,日本对华投资热开始出现一定程度的降温,很多日本企业在对外投资中开始采用"中国+1"(China+1)的投资组合策略,对投资优势的着眼点也进行了一定调整。所谓"中国+1",是指日本企业为分散投资风险、实现投资效益最大化,在向中国投资的同时,也开始倾向在越南、印度尼西亚、菲律宾、印度、泰国等其他亚洲国家投资建厂、设立生产基地。据日本贸易振兴机构统计,日本对华第三次投资高潮在 2005 年达到历史最高值,在日本对外投资中约占 14%。2006 年对华投资呈下降趋势,投资额较 2005 年减少了 29.6%,在日本对外投资中所占比率减至 12%。日本国际协力银行的调查数据也显示,关于"今后三年内最希望发展事业的地点",日企选择中国的比率在 2004 年为 91.1%,2005 年为 82.2%,2006 年为 77%;选择印度、越南、泰国的比率逐年递增。日本贸易振兴机构认为,中国的经济动向促使日本企业更加灵活地在亚洲选择投资地点,重新部署战略性分工体制,但中国仍处于日本在亚洲投资体系的核心位置。该机构还认为,日本企业对于中国投资环境风险的认识,是两国经贸关系走向成熟的表现。过去日本企业对于中国投资环境的理解较为肤浅和简单,如果现在对此有更为全面、冷静的把握，则更加有利于双方经贸合作的良性发展。对于日本企业来说，中国巨大的市场潜力极富魅力。过去，日本企业看重对华投资在低廉的劳动力和原材料方面的优势，而今感到这种优势正在逐渐减弱，中国作为向欧美等第三国出口产品的生产基地的地位也在下降。根据日本贸易振兴机构的一项调查，日本企业对中国注重的各项机能中，呈上升趋势的是"高附加值生产机能"和"研究开发机能"。日本贸易振兴机构理事长渡边修曾表示："今后着眼于低价劳动力的对华投资将会减少，日本企业对中国技术含量较高的领域也非常感兴趣。"这些都表明，日本企业对于中国，从当初追求低廉的劳动力和原材料成本，逐渐趋向重视高附加值产品的研发。整体来看，日本对华直接投资的第三次高潮是在中国加入WTO的背景下实现的，日本企业对华投资开始向深度和广度扩展，不仅表现为投资规模的扩大，更表现为质量的提升。截至2010年底，日本在华投资项目42000多个，投资金额达736.9亿美元，其中50%是21世纪以来的投资，日本是迄今为止对中国直接投资最多的国家。

表5-3 2006~2010年日本对华直接投资

单位：亿美元

年份	中方实际利用外资统计		年份	中方实际利用外资统计	
	外商直接投资总额	日本对华直接投资额		外商直接投资总额	日本对华直接投资额
2006	630.21	45.98	2009	900.33	41.17
2007	747.68	35.89	2010	1057.36	42.42
2008	923.95	36.52			

资料来源：《中国统计年鉴》。

日本对华投资在2005年达到历史最高位的65.3亿美元之后，开始出现徘徊甚至下降局面。2006年投资金额45.98亿美元，同比下降29.6%；2007年投资金额35.89亿美元，同比下降21.9%；世界金融危机爆发的2008年，投资金额为36.5亿美元，出现1.8%的微弱正增长。值得关注的是，2009年，中日双边贸易在金融危机的冲击下，出现了一定的降幅，但日本对华投资却一反常态，逆势上扬，投资金额增加到41.17亿美元，增幅达到12.7%。2010年增速有所放缓，投资金额为42.42亿美元，增幅为3.0%。2011年，欧美西方国家对华投资普遍出现下降，美国降幅最大，投资金额为29.95亿美元，同比下降26.07%；欧盟27国投资金额为63.48亿美元，同比下降3.65%。

而2011年，在日本经济遭受到东海大地震的沉重打击的情况下，却迎来了日本对华投资的一个高潮，当年投资金额达到63.5亿美元，成为仅次于2005年的第二历史高位，同比增长49.7%，分别比美国企业在华投资23.7亿美元（同比减少26.23%）和欧盟企业在华投资52.7亿美元（同比减少5.42%）高出168%和20%。截至2011年底，日本在华直接投资累计余额已达799亿美元，而中国企业在日本直接投资累计额仅9.92亿美元。两国企业扩大相互投资仍有巨大潜力和广阔前景。2012年1~6月，日本企业在华直接投资达40.7亿美元，同比增加16.74%；美国企业在华直接投资为13.3亿美元，同比减少1.21%；欧盟企业在华直接投资为29.3亿美元，同比增加4.02%。日本在华直接投资累计余额已占日本对外直接投资累计余额的10%，约占中国引进外商直接投资总额的7%。中国对日本出口的60%以上是在华日资企业生产的产品，即所谓"日日贸易"。

二 日本对华直接投资的结构及变动趋向

日本对华投资的发展变化，除受中日两国经济、政治环境影响之外，也反映了日本对华投资战略的演变。中国改革开放以来的经济高速增长、日本经济自20世纪90年代以来的持续低迷以及国际竞争环境和国际市场利益格局的变化，都使得日本企业不得不重新审视中国在世界经济中的战略地位的提升，不得不调整对华投资战略。现阶段日本对华投资的战略可以概括为：早期的日本对华投资是典型的"资源利用型"模式，即利用中国丰富而廉价的劳动力和资源等优势，在中国设立生产加工基地，以降低成本，尽管开拓中国市场是其目的之一，但主要战略仍然是"资源利用型"的加工生产，产品相当一部分返销日本或出口到其他国家。目前来

第五章　日本对华投资的结构变化及促进对策

看，日本对华投资的战略开始发生重大改变，逐步由"资源利用型"向"市场导向型"转换。日本对华投资的战略转换，与投资结构有着密切联系，在大大促进整体投资结构优化的同时，也促进了投资所涉及领域中的产业结构、产品结构的优化。

（一）日本对华投资的地区分布

日企对华的投资，从地域分布来看，在第一次对华投资的高潮中，首选投资目的地是大连，因为从地理及历史的角度而言，日本和大连间有很深的历史渊源，有着很好的地缘优势，而且当时大连的日语人才资源相对其他城市较为丰富，相互沟通较为方便，所以吸引了大批日本企业来此投资。而后，深圳特区由于实行更为优惠的吸引外资政策，也开始成为日本企业投资的重点区域。1986年11月国务院颁布《国务院关于鼓励外商投资的规定》；1988年1月中国政府提出并开始实行"沿海经济发展战略"；1989年11月中国共产党中共十三届五中全会又通过了《中共中央关于进一步治理整顿和深化改革的决定》。这一系列政策都对外资入华起到了有效的作用。自从我国先后开放14个沿海城市，日本企业投资目标开始瞄准长三角、珠三角等中国经济发达地区，更多资金开始流入这些地区。与1987年相比，1988年全年日本企业对华投资额有了大幅的增加，增量达到70%，这些增量资金大部分投入长三角地区和珠三角地区。

从20世纪90年代中后期起，日本企业对华投资逐渐从我国东北、华北和华南向华东经济圈转移，上海及周边的苏州、南京以及珠三角的广州、深圳等地是日本企业投资的主要对象。1991年以前，在除港澳台外的31个省、直辖市、自治区中，日商仅对中国内地17个省进行了直接投资，所设的企业数目也很少。日本《对中国投资企业一览表》显示，20世纪90年代日本向中国11个沿海省市的投资占其向中国总投资的75.9%。当时，日本对华投资的另一个特点是，汽车及零部件的生产主要集中于北方，而电子电器以及金融服务领域的投资则较集中于南方。2000年以后，日本在华投资企业数目剧增，投资区域也迅速扩大到了除甘肃省和西藏自治区之外的9个省区市。尽管投资范围不断扩大，但日本在华直接投资具有明显的地域集聚现象，绝大多数集聚在我国东部沿海等大城市。而分布在东部沿海地区的日本在华投资，又主要选择集聚到北京、天津、大连、青岛等环渤海城市，华南地区及长三角的上海等大城市。2005 年，按地区分布统计，日本对华投资最多的前 5 位省市均位于沿海地区，其投资总额占当年日本对华投资总额的 77.5%。

第三次高峰期投资方向开始向长江三角洲转移。2002 年底，以日本 500 强企业为例，投资企业主要分布在江、浙两省以及环渤海经济圈的辽宁、山东和天津地区，项目总量分别为 199 家、59 家、124 家、79 家和 95 家，投资地区分布有明显向长三角转移的趋势。2005 年统计数据显示，该年度在中国东部地区新设立的日商投资企业有 3046 家，合同外资金额为 115.91 亿美元，实际投入外资金额为 62.22 亿美元。以日方实际出资计算，2005 年排在前五位的省、市依次为江苏、辽宁、山东、上海、广东。最近几年日本企业加快了对长三角地区的投资，原因是这一地区工作效率高，服务意识强，工业园区建设得较为完善，社会基础设施齐备，备受日本企业青睐，该地区被日本企业称为"硅谷三角洲"。目前，在上海和江、浙地区，日本已占据第一投资国地位，对该地区的投资额占日本投资总额的一半以上。根据日本经济产业省统计，2007 年，日本在华企业共为 4213 家，其中，上海 1453 家，占 34.5%；之后依次是江苏 653 家、广东 623 家、辽宁 309 家、北京 239 家、天津 226 家、山东 207 家、浙江 195 家、福建 58 家，分别占 15.5%、14.8%、7.3%、5.7%、5.4%、4.9%、4.6%、1.4%，上述 9 省市合计 3963 家，占 94.1%。相比之下，在其他省区的日资企业都很少，一般只有几家、几十家，其中甘肃、青海、西藏还没有日资企业。有关资料显示，2000～2009 年，日本对长三角地区的投资额占整个日本在华投资总额的 60% 以上，成为日本在华投资的首选地区。其中，上海和江苏是全国吸引日资企业投资最多的两个地区。与此同时，尽管国家出台大量政策吸引外资到中西部投资，日资在中西部地区的投资却进一步减少。2000～2009 年西部新建日资企业仅为 20 世纪 90 年代所建的 70%。究其原因，20 世纪 90 年代中期以前外资的直接投资方式主要以加工贸易为主，而当时在华日资的主要贸易区也在亚洲，加上广东在招商引资政策方面走在了其他省份的前面,从而吸引了大批日本投资企业来此落户。

(二) 日本对华投资的产业分布

从投资的产业分布来看,1990 年以前日本对华投资在非制造业方面超过半数,而制造业方面主要集中于食品加工、纺织和杂货等产品附加值较低的劳动密集型行业。当时,随着中国有关外商投资的政策、法规和各项制度逐步健全和完善,投资环境日益优化,而且中国经济自改革开放以来发展趋于稳健,进入了高速增长阶段,日本企业的对华投资也由观察、尝试阶段向实际行动阶段转化,投资额开始逐步加大。仅 1984 年 1 年间的日本企业对华投资的数量和金额,就超过了前 5 年的总和。1985 年全年的投资数量又增长了 1 倍,其中有大半的投资投向了制造业,1990 年日本对华直接投资有 46.4% 投向制造业。1991 年后,日本对华投资在制造业方面无论数量和金额都超过了非制造业,当年制造业的投资占到 53.4%,1993 年这一比重占到 81.2%,1996 年为 77.9%。

中国加入 WTO 后,日本投向第三产业的投资额出现一定的回潮,这与中国加入 WTO 后逐步放开服务业市场有关,促进了日本企业对华商业和金融保险业的投资逐步增加。从 21 世纪初期开始,中国逐步开放批发、零售业,以此为契机,2005 年日本许多综合商社在华集中设立多家独资商业企业。再从制造业的内在结构来看,2002 年以后,运输机械制造业取代机电行业成为日本企业对华制造业投资的第一大门类,这在一定程度上反映出中日经济合作关系正向纵深方向发展。这种迹象表明,随着中国对外商投资领域限制逐步放宽,日本企业对华制造业投资的产业结构趋于高级化,对华投资在其全球产业分工中的地位进一步提升。从 2004 年日本 100 家最大公司进入中国的情况来看,排在前 20 位的大公司中,制造业占了 15 家,其中以汽车、电子、机械、计算机为主。除此之外,以贸易和金融为代表的服务业企业也纷纷踏入中国。其中,第三次投资高潮与前两次投资高潮相比,逐步出现了一些新的趋势,尤其是向技术密集型企业倾斜的趋势明显。从具体部门来说,食品饮料、服装纺织品的投资有所减少,机械、运输设备与电器机械一直是日本投资的重点，其比重也在继续增大。2005年统计数据显示，日本对华投资在制造业领域为261.46亿美元，非制造业方面为193.15亿美元，分别占投资总额的57.5%和42.5%。在制造业中汽车工业增长最快，占整个制造业投资总额的23.1%。根据日本经济产业省统计，截至2009年，日本对华直接投资中，制造业投资和非制造业投资分别占33.8%和26.2%。在制造业投资中，运输机械工业（主要是汽车工业，下同）和电气机器工业（主要是家用电器工业，下同）投资的资产余额最大，分别占22.7%和21.8%，其次是一般机械工业投资、化学和医药工业投资、食品工业投资、钢铁冶金工业投资，分别占13.2%、8.5%、7.0%和6.3%，六者合计占79.5%。在非制造业投资中，批发、零售业投资的资产余额最大，占44.6%，其次是金融保险企业投资、房地产投资、服务业投资、运输业投资，分别占32.2%、9.1%、4.4%和2.2%，五者合计为12308亿日元，占92.5%。表5-4是日本对华直接投资行业的状况。

表5-4 日本对华直接投资行业状况

单位：亿日元

年份	合计金额	制造业		非制造业		其他	
		金额	%	金额	%	金额	%
1989	583	276	47.0	310	52.8	1	0.2
1990	511	237	46.4	270	52.8	4	2.8
1991	787	420	53.4	311	39.5	56	7.1
1992	381	838	60.7	467	33.8	76	5.5
1993	1954	1567	81.2	315	16.1	53	2.7
1994	2683	1942	72.4	632	23.6	109	4.1
1995	4319	3368	78.0	851	19.7	101	2.3
1996	2828	2032	77.9	749	26.5	46	1.7
1997	2438	1857	76.2	549	22.5	32	1.3
1998	1363	1027	75.3	312	23.0	22	1.7
1999	838	603	72.0	198	23.6	37	4.4
2000	1114	856	76.8	256	28.0	2	0.2
2001	1819	1606	88.3	209	11.5	4	0.2
2002	2152	1712	79.6	295	13.9	145	6.5
2003	3553	2773	78.0	706	19.8	74	2.2
2004	4909	4066	82.8	635	12.9	209	4.3
2005	7262	5634	77.6	1448	20.0	180	2.4
2006	5374	3970	73.9	1350	25.3	44	0.8
2007	4005	2093	67.3	1280	32.0	30	0.7

资料来源：由日本财务省公布的数据整理而成。

金融危机爆发以来，日本对华在制造业领域的投资一直在70%以上，表明日本已将中国视为海外加工与制造的最主要基地之一，而从日资企业在制造业的结构分布来看，主要集中于机电、汽车零部件、服装、化工、钢铁、食品加工等行业。总体来看，中日两国在生产领域的分工合作进展也非常迅速，这种进展不仅体现在数量上的变化，也体现在质量上的变化。20世纪80年代以加工贸易为主，90年代开始向电器、电子和机械行业发展，进入21世纪以来又扩展到信息通信产业和汽车产业。近年来，由于中国劳动力成本上涨等原因，劳动密集型行业投资已转向生产成本更低的东南亚地区。越来越多的日本企业看好中国不断扩大的内需市场，日企的研发机构、分析决策中心纷纷设在中国，对华投资结构也发生了重大变化，从传统的第二产业逐步转向以金融、咨询、研发、服务行业为主的第三产业。据日本贸易振兴机构2011年度日本对华投资情况分析，该年日本对华投资呈四大特征：制造业上马大规模投资项目；运输机械零部件厂商进军中国；大型企业成立中国业务运营总部；企业将基地扩大至上海市和江苏省等中国东部地区。随着日本对华投资规模的不断扩大，日本企业在中国的经营活动正在由加工制造环节向（微笑曲线）两端的高附加值环节延伸。

（三）日本对华投资在中国利用外资中的地位及变化

1. 日资在中国利用外资中的地位处于不断下降趋势

从日本对华投资占全国吸引外资的比例看，20世纪90年代，投资项目数比例基本徘徊在6%~7%。合同外资金额在全国所占比重始终未超过10%，历史最高的1995年，在全国所占比重也仅为8.32%。1990年实际使用外资金额所占比重一度达到14.4%，但1992年以后所占比重始终低于10%。2005年达到10.8%，但以后逐年下降，2006年为7.3%，2007年进一步下降到4.8%，2008年为4%，2009年为4.6%，2010年为4%。2011年，在日本经济遭受到东海大地震的沉重打击情况下，却迎来了日本对华投资的一个新浪潮，全年投资金额达到63.5亿美元，成为仅次于2005年的第二历史高位，同比增长49.7%。从日本对华直接投资占中国实际利用外资比重的变化看，最近几年较为明显，2006~2010年的5年间，中国实际利用外资的年平均增长幅度为12.3%，而同期日本对华投资处于大幅度下降态势，年平均降幅达到-6.8%。但从累计金额所占的比例看，日本对华投资占中国引进外资的比例在国别当中仍居第一位，甚至高于整个欧盟。2011年，对华投资前十位的国家和地区依次为：中国香港（770.11亿美元）、中国台湾（67.27亿美元）、日本（63.48亿美元）、新加坡（63.28亿美元）、美国（29.95亿美元）、韩国（25.51亿美元）、英国（16.1亿美元）、德国（11.36亿美元）、法国（8.02亿美元）和荷兰（7.67亿美元），前十位国家和地区实际投入外资金额占全国实际使用外资金额的91.61%。表5-5是1985~2010年中国实际利用外资情况。

表5-5　1985~2010年中国实际利用外资统计

单位：亿美元，%

年份	外商对华直接投资总额		日本对华直接投资额		占比
	金额	增长率	金额	增长率	
1985	19.56	37.8	3.15	40.3	16.1
1990	34.87	2.8	5.05	41.3	14.4
1995	378.06	11.1	32.12	49.8	8.5
1996	421.36	13.6	36.92	14.9	8.8
1997	452.57	7.4	43.26	17.2	9.6
1998	454.63	0.5	34.00	-21.4	7.5
1999	403.19	-11.7	29.73	-12.6	7.4
2000	407.15	1.0	29.16	-2.0	7.2
2001	468.78	15.1	43.48	49.1	9.3
2002	527.43	12.5	41.90	-3.6	7.9
2003	535.05	1.4	50.54	20.6	9.4
2004	606.30	13.3	54.52	7.9	9.0
2005	603.25	-0.5	65.30	19.8	10.8
2006	630.21	4.5	45.98	-29.6	7.3
2007	747.68	18.6	35.89	-21.9	4.8
2008	923.95	23.6	36.52	1.8	4.0
2009	900.33	-2.6	41.17	12.7	4.6
2010	1057.36	17.7	42.42	3.0	4.0

资料来源：《中国统计年鉴》《利用外资统计》。

2. 日本对华投资在其海外投资中占有重要地位

1990年，日本对华直接投资占日本海外直接投资的比重仅为0.8%，此后一路上升。1995年一度达到14.1%的高峰，之后开始下降，到1999年跌至1.6%。2000年恢复到3.0%，2003年上升到13.8%，2004年更上升为18.9%，2007年降至8.5%，2008年下降到5.0%。而在2009年和2010年的两年间，日本对外投资增长率分别下降42.9%和23.3%的情况下，日本对华直接投资增长幅度则为6.2%和5.1%。2010年日本对华直接投资额占日本对外直接投资总额的比重上升到12.7%（见表5-6）。而且，对华直接投资额占日本海外直接投资额的位次从1998年的第八位，上升到2000年的第六位，2001年升至第五位，2003~2005年蝉联第二位，2007年居第三位，最近几年一直保持在第二位。

再从日本对华直接投资的主要对象国和地区的结构变动来看，显然起伏较大，但基本反映了日本对华直接投资在海外直接投资中的地位日益提高这一趋向。1995年，日本对华投资额虽然少于对美国投资的90.18亿美元、对东盟投资的39.87亿美元和对欧盟投资的32.30亿美元，但占日本对外直接投资总额的比重提高到14.1%，比1990年的0.8%一举提高13个百分点之多。2000年，日本对华投资额少于对美国投资的141.21亿美元、对欧盟投资的109.68亿美元，虽然超过对东盟投资的2.07亿美元，但所占比重骤降至3.0%。2005年，日本对华投资额少于对美国投资的121.26亿美元、对欧盟投资的78.72亿美元，超过对东盟投资的50.02亿美元，所占比重提高到14.5%。2008年，日本对华投资额少于对美国投资的446.74亿美元、对欧盟投资的229.39亿美元，虽然超过对东盟投资的63.09亿美元，但所占比重又骤降至5.0%。2010年，日本对华投资额少于对美国投资的91.93亿美元、对东盟投资的89.30亿美元和对欧盟投资的83.59亿美元，所占比重回升到12.7%。2006~2010年，日本对华投资额合计为330.34亿美元，少于对美国投资的894.69亿美元、对欧盟投资的861.96亿美元和对东盟投资的369.54亿美元，占日本对外直接投资合计3863.22亿美元的8.6%。

表 5-6 1980~2010 年日本对外直接投资统计

单位：亿美元，%

年份	日本对外直接投资总额		日本对华直接投资额		日本对华直接投资额占日本对外直接投资总额的比重
	金额	增长率	金额	增长率	
1980	48.93	-6.0	0.12	-14.3	0.2
1985	122.17	20.8	1.00	-12.8	0.8
1990	480.24	8.8	4.07	-40.7	0.8
1995	226.51	26.3	31.83	77.9	14.1
1996	234.43	3.5	23.17	-27.2	9.9
1997	260.57	11.2	18.62	-19.4	7.1
1998	246.27	-5.5	13.01	-30.1	5.3
1999	222.66	-9.6	3.60	-72.3	1.6
2000	315.34	41.6	9.34	159.4	3.0
2001	384.95	22.1	21.58	131.0	5.6
2002	320.39	-16.8	26.32	22.0	8.2
2003	287.67	-10.2	39.80	51.2	13.8
2004	309.62	7.6	58.63	47.3	18.9
2005	454.61	46.8	65.75	12.1	14.5
2006	501.65	10.3	61.69	-6.2	12.3
2007	734.83	46.5	62.18	0.8	8.5
2008	1308.01	78.0	64.96	4.4	5.0
2009	746.50	-42.9	68.99	6.2	9.2
2010	572.23	-23.3	72.52	5.1	12.7

资料来源：日本财务省《国际收支统计》。

三 日本企业对华投资的战略转换

20 世纪 90 年代末以前，日本在亚洲投资一直遵循小岛清的"边际产业转移论"，该理论的主要内容是：对外投资应该从本国即东道国已经处于或即将处于比较劣势的产业依次进行。因此，日本最初对华投资主要集中于劳动密集型产业，即以获取廉价的生产要素，尤其是劳动力要素和资源要素为主要动机。但是随着中国工业化的发展，国内产业结构的升级以及面对欧美和中国企业的竞争日益加剧，日本在华投资动机开始发生了明显变化。特别是我国加入 WTO 以来，日本的对华投资开始逐步向资本和技术密集型产业扩展，实现从单纯重视生产成本的"资源、劳动力密集型"到生产与市场并重，再到现地销售、企业研发机构的全方位投资方向的发展。

（一）在经营战略上，从贸易战略型向市场战略型转化

20 世纪 80 年代初至 90 年代初期，日本对华投资企业主要是从国外或本国进口原材料，或是利用中国廉价的原材料和劳动力，在中国进行生产加工后，再把产品出口至国外或输入至日本。而后，随着中国经济的快速发展、居民收入的快速增加以及市场规模的不断扩大，日本企业开始把占有中国市场作为主要投资策略，并开始由获取短期投资收益向战略性长期投资转换，在中国国内采购原材料的比例及在中国市场的销售率逐步提高。日本对华直接投资的模式开始由生产加工贸易型向当地采购、当地生产、当地销售为主的获得市场型的投资战略转变。在日本在华企业的经营战略的转换中，一方面日本企业在中国设立独资公司后，普遍实行本土化战略，营销方式、人员招聘、管理模式、产品和服务性能等逐步与中国风格相接轨；另一方面，在华日资企业在组织形式上由合资为主转向独资为主的同时，部分日资企业同中国本土企业的关系也逐步由竞争开始转向合作，越来越多的日本跨国公司与中国知名大企业建立起战略联盟，共同开拓市场、进行技术研发并向第三国市场拓展。

（二）重构产业链，从加工制造环节向高附加值环节延伸

进入 21 世纪以来，日本对华投资的突出特点是开始逐步加大对产业链两端高附加值环节的投资力度。日本瑞穗综合研究所的调查问卷结果显示，在日本企业海外设立研发机构的意向调查中，选择在中国开展研发活动的企业所占比例最高。另外，从企业在中国设立的当地法人的功能变化看，除"资金筹措""产品开发项目"等需要由日本总公司决定外，其他

诸如当地原材料采购、当地管理层作用及待遇的确定等都是由设立在中国的当地法人决定的。当地法人职能的不断扩大也表明，日本企业在中国的经营活动正由加工制造环节向两端高附加值环节延伸。根据日本《东洋经济周刊》增刊《2004年海外进口企业总览》的调查统计，现阶段日本企业对华投资的主要目的依次为开拓东道国市场、建立国际性生产与流通网络以及劳动力保证和利用，分别占调查企业多项选择回答总数的27.8%、26.6%和14.4%。而在10年前即1993年的调查中，以上数据分别为21.2%、19.1%和18.6%。而且，"返销日本"和"资源、原材料保证与利用"分别占13.3%和6.3%。另外，日本在华企业的产业配套程度加深，以市场销售为目的的投资增加。在日本把中国仅视为其生产基地之时，只是将其生产中的某个环节放在中国，视中国为日本母公司的组装加工车间，因此，在中国的投资项目过于分散，技术含量低。20世纪90年代中后期，在"中国市场"战略的引导下，为了适应中国市场需求以及全球化战略，与"组装车间"配套的原材料生产部门及其他相关的加工部门开始在中国投资，日本企业对华投资逐渐出现"纵向一体化"加深趋势，产业的上、中、下游配套程度加强。与之相对应的是日本在华企业对中国的原材料、零部件等采购量也在逐渐提高。1998年日资企业在华当地采购率达到41.9%，2002年达到52.4%，目前这一比重达到了60%以上。在华采购率的提高，一方面由于企业为降低生产成本而增加当地采购，另一方面提供原材料的日本陆续进入中国也是一个重要因素，这正体现出日本企业在华配套程度的加深。此外，为了更好地开拓市场，与市场相关的销售部门和研发部门的投资逐渐增加，部分日本企业已经逐步建立了从研发到生产销售以及售后服务这样全方位、系统性的投资模式。从日本对华投资的未来发展来看，投资的领域与区域极为宽广。除机电、化工、汽车、家电、服装、金融、保险等目前已经进行投资的领域，日本对华投资的其他领域仍有巨大的投资潜力。此外新能源与可再生资源开发与利用、高速铁路和城市轨道交通、核电等领域将成为未来中长期日本企业对华投资的重点领域。而且中日两国在节能减排、绿色产业、节能环保等领域加强合作也将成为一大趋势。

（三）生产与研发并重，由单纯建立"生产基地"转向重点建立"研发基地"

近年来，日本企业对华投资的目的发生了深刻变化，日本企业不仅将中国视为全球化战略中的重要生产基地，而且视其为一个极具开发价值的潜力巨大的市场。因此，日本企业在中国进行单纯的组装生产已不能适应这一战略定位要求。在开拓中国市场，同时与他国企业竞争的双重压力下，日本企业以中国已有的"生产基地"为基础，谋求在更高层次上实施投资战略，即通过加大科技研发力度，来改造和升级现有的"生产基地"，在优化投资结构中，提高综合竞争力。目前，越来越多的日本企业开始在华设立研发中心，并利用丰富的人力资源，与中国的高校和科研机构进行合作，技术开发投入较以前相比大为增加。日本企业从20世纪90年代末开始在华建立研发部门，这其中主要有丰田汽车、富士通、松下电器、日立、东芝、三洋、三菱电器、资生堂等知名大企业。而后这些企业对华投资逐步向高级化、综合化、多样化的方向发展，并从劳动密集型和资源密集型向知识密集型和技术密集型转化。在市场营销方面，日本对华直接投资的战略已经从"两头在外"的生产加工贸易型投资战略转向在当地生产、当地销售的获得市场型的投资战略。进入21世纪以来，日本企业对华投资的目的与初期相比，发生了较大的变化，廉价劳动力已不再是日本企业对华投资的主要原因，中国日益增强的生产能力及中国本土市场的消化能力逐步成为吸引日资的主要因素。特别是中国加入世界贸易组织后，日本在中国设立的研发机构明显增多，2008年金融危机以来，日本在华各大企业不仅将研发中心设在中国，而且也将地区总部设立或转移至中国，开发中国市场已经成为日本在华企业的一项重要战略措施。

（四）整合资源，从分散投资向集群投资转换

20世纪90年代，在华直接投资的日本企业以中小企业居多，由于当时日本中小企业在国内竞争力较弱，受大企业的挤压难以获得良好的发

展,加上日本国内经济低迷、市场疲软,迫使日本中小企业向海外发展,寻求新的再生之路。而中小企业的特点是投资规范小,集约性差,零散性强,在对华投资中各自为政,形成不了合力,在与欧美等国大型跨国公司争夺中国市场中往往处于下风。进入 21 世纪后,日本大企业对华投资的规模和数量明显增加,2003 年全球 500 强跨国公司中的 83 家日本企业,有 58 家到中国投资,包括日本全部汽车行业以及电子电器行业的大企业,还有一部分是开始多样化经营的综合性公司。特别是中国加入 WTO 后,随着日本在华投资规模的逐步扩大,日本企业开始考虑中国在其全球战略中的地位。日本企业在华经营战略的调整目的在于,在成本领先战略的引导下,在强调规模效应的基础上,实现集约化生产,不断延长产业链,完善产业集群,增强竞争实力。金融危机以来,日本企业对华投资的一个重要特点是大项目增多,特别是 2000 万美元以上甚至 6000 万美元以上的投资出现于制造业、商业、金融业等领域,其中包含更多的是占领中国市场的战略性投资。

(五)谋求个性化和差别化发展,由合资企业向独资企业转变

1978 年改革开放以后的一段时间里,包括日本在内的外国投资始终以合资方式为主。这主要是由于开放之初,外商对中国的国情不甚了解,而且独资设立企业受到政策的种种限制。20 世纪 90 年代中后期,由于中国政府在相关政策上的不断松动,独资式的日资企业开始增多。从 20 世纪 90 年代末开始,新建在华投资企业中日本独资企业占据了主导地位,而且早期进入中国的合资企业也开始通过增资扩股等方式转变为独资企业。主要原因是,随着中国改革开放的深入,中国的投资环境日益优化,特别是中国加入 WTO 后,中国成为一个极具投资吸引力的生产和消费大国,日本企业开始制定在华长远发展战略,其中独资化便是重点战略之一。同时,中国对外开放的方向日趋明朗,一些日本企业认为逐渐熟悉了中国市场,不再需要借助中方资本的融合来分担市场风险和政策风险,日资独享市场利益的环境已经形成。另外,合资公司中双方在经营文化、经营战略、经营理念、利益分配等方面出现的差异和矛盾开始增多,各种弊端也逐渐暴露甚至放大。因此,日本在华新建企业大都以独资公司出现，合资公司的数量很少。而日本企业在中国早期成立的合资公司，也逐渐通过增资扩股、收购等方式转变为独资公司。这其中固然有提高运营效率、方便管理等原因，但是加强对知识产权的保护也是重要因素。日本近年在华特别强调技术因素对于日本企业的重要性，尤其面对中国低价产品的竞争，只有发挥日本企业的技术优势才能有生存之地。根据日本经济产业省的统计，2007年日本在华企业共为3781家，其中，日方独资企业为2196家，占58.1%，如果加上出资比超过50%的日方控股企业，则共为3123家，占82.6%。在制造业中，日资独资企业为1330家，加上日方控股企业则为2047家。在非制造业中，日资独资企业为866家，加上日方控股企业则为1076家。

（六）融入中国经济，与中国企业建立战略联盟关系

与日本合资企业的独资化并行不悖的是，日本企业与中国企业的合作越来越多，一些公司甚至建立了战略联盟，以利用中国企业的独特优势，在中国市场上获取更多的利益。以往中日间的技术合作，一般是以日方为主导，向中方提供设计、制造技术等方面的指导，并提供核心零部件在中国进行组装生产。然而随着中国本土企业竞争力的增强，日方企业不得不面临更激烈的竞争，为了保证在中国市场上的利益，日方开始改变与中方的合作方式，不仅进行研发生产方面的技术合作，而且还涉及销售与售后服务。进入21世纪以来，在华日资企业与中国企业的合作步伐迅速加快，最为典型的例子如日本三洋电机与海尔集团，以及随后的松下电器与TCL签订相互协作备忘录建立跨国公司战略联盟。它标志着日中企业之间由过去有不同差距的"不平等的技术提携"关系转变为"对等的相互互利的全面合作"关系。这种关系同时改变了在中国家电市场上与中国本土企业进行激烈竞争的三洋和松下这两家日本公司的被动局面。过去，中日之间的技术合作经常是由日本一方向中方提供设计、制造技术等方面的指导，并提供关键零部件在中国进行组装生产。然而，中国经过多年改革开放，情况有了很大变化，中国企业的竞争力明显加强，特别是家电产品，已经打入欧美市场。因此，日本企业首先

在家电领域遇到了中国新兴本土企业的激烈竞争,为保住在中国的市场占有率,日方开始改变思维,不仅在零部件供给、技术研发上同中方合作,而且还以日本本土现有的销售渠道与售后服务为条件,全方位同中方进行合作。随着市场竞争的日益激烈以及中国企业的不断强大,家电领域的中日跨国公司战略联盟势必将会在其他领域不断出现。

(七)日本企业对华直接投资战略出现新的拓延,形成配套的组合型功能战略

最近,日本在华企业的经营战略开始向强化物流功能、销售功能、生产功能、研发功能和地区统合功能方向发展,意在顺应形势变化,整合资源,全面提升在中国市场的综合竞争力。根据日本贸易振兴机构在2010年进行的调查,日本企业无论扩充和拓展海外事业的何种功能,都是以中国为中心而展开的,其所占比重之高,都大大超过了在亚洲其他国家以及在美国和西欧的比重。其中,准备在中国加强销售功能的企业占61.1%,大大高于在泰国的24.9%、在印度的21.8%、在美国的19.9%、在越南的19.2%、在韩国的18.3%和在西欧的16.5%;准备在中国加强生产功能的企业占37.8%,大大高于在泰国的15.6%、在越南的8.5%、在印度的7.8%、在印度尼西亚的7.0%、在美国的6.3%、在中国台湾的6.3%和在韩国的6.1%(其中,准备在中国加强通用产品和高附加价值产品生产功能的企业各占31.7%和16.5%,也都大大高于在上述国家和地区的水平);准备在中国加强物流功能的企业占12.7%,明显高于在泰国的4.2%、在美国的3.2%、在欧盟的3.2%、在新加坡的2.5%和在印度的1.9%;准备在中国加强研究开发功能的企业占15.4%,明显高于在美国的5.7%、在泰国的5.5%、在韩国的3.8%、在中国台湾的3.6%和在印度的3.0%(其中,准备在中国加强基础研究、新产品开发、新品种开发功能的企业各占3.0%、6.1%和13.1%,也都明显高于在上述国家和地区的水平);准备在中国加强地区统合功能(建立地区总部)的企业占9.9%,明显高于在西欧的4.0%、在美国的3.6%、在新加坡的3.8%、在泰国的3.4%和在印度的1.5%。

四 日本企业对华加大投资力度的动因分析

战后日本经济经过高速增长，经济规模迅速膨胀，1968年日本国民生产总值超过联邦德国，成为世界上仅次于美国的第二大经济体，外汇储备额不断增加，到1987年底，外汇储备已达690亿美元。由于日本国内市场日益饱和，人工成本上涨过快，有利的投资机会所剩无几，出现了大量的过剩资本。这一时期，重化工业的迅速发展，带来了严重的环境问题，企业的巨额资金用于污染治理，导致企业不堪重负。在这种情况下，手中握有大量过剩资本的企业，开始到海外寻求发展机会。20世纪80年代，中国是一个较为理想的投资国，表现为经济发展水平较低，资金匮乏，在改革开放政策推动下发展经济的欲望强烈，急需国际资本的注入来增加经济的推动力，而且对国外投资的质量要求不高；同时中国的劳动力成本低，劳动力储备量大，土地价格低廉，环境保护意识较弱。这些因素为日本投资企业提供了良好的投资环境和投资机会。从目前来看，世界金融危机以来，在欧美热钱纷纷撤出中国之时，日本对华投资出现逆向增长的局面，主要原因有以下几方面。

（一）中国经济的良好表现，增强了日本企业对华投资的信心

欧美各国在金融危机的冲击下，金融体系普遍受到重创，一些国家濒临资金链断裂的危险，跨国公司也出现大面积的资金告急的局面，纷纷进行经营战略调整，缩小投资规模，因此急于撤回资金以应国内之急。欧美国家，不仅针对中国，而且在其他国家和地区也存在大量撤资局面，这是一种全球性的资金回撤行为。日本企业为何能够在此时掀起对华投资热潮呢？主要原因是对欧美投资市场短期或中期前景的看淡，从而减少对欧美的投资，转而集中于对以中国为首的新兴经济体的投资。另外，欧美各国因金融危机经济出现下滑，内需严重萎缩，导致日本外需减少，贸易摩擦加剧，迫使日本企业借日元汇率升值的时机，加大对外投资力度，其首选目标则是受金融危机

影响较小并有广阔投资市场的中国。日本政府为了在危机之中调动日本企业对外投资的积极性,也制定出了相应的激励政策,鼓励日本企业将日元资金兑换为美元或欧元,缓解日元升值的压力和风险。同时日本政府设立了千亿美元的对外投资保障基金,通过日本国际合作银行向商业银行提供信贷额度,再由各商业银行向需要资金对外投资或购买国外资源性商品或权益的日本企业发放贷款。日本企业在日元升值的驱动以及充裕资金的支持下,继续向中国投资。金融危机爆发以及欧债危机爆发后,中国经济与西方国家相比,遭受的打击较小,在中国政府有效的刺激政策的推动下,2008~2011年的4年间,中国经济以年均9.58%的增幅较快而稳健地发展,成为萎靡不振的世界经济中的一大亮点。而近年来中国人工成本的逐步上升,并没有影响世界资本进入中国的热情,2010年外商对华直接投资总额为1057.4亿美元,创历史新高,增幅高达42.4%;2011年外商对华直接投资为1160.2亿美元,刷新历史新高,增长9.72%。而近年来日本企业不断加大对华投资,一是在华日资企业有利可图,大多数日本跨国公司在西方国家的投资回报普遍出现缩水甚至亏损,在华日资企业赢利水平却普遍处于上升状态;二是日本企业加大对华投资力度,关键基于对中国经济发展前景的看好以及对中国市场潜在能量的乐观预期。

(二) 在日本灾后产业重新布局中,中国成为日本产业外移的重心

东海大地震后,日本加速了国内产业结构的调整,陆续将电子、机械、汽车、节能环保等产业的上游生产环节向外转移。与此同时,震后日元出现大幅度升值,更加刺激了日本企业加快海外直接投资的步伐,2011年日本对外投资总额达到1156亿美元,同比增长102%,投资规模仅次于美国,居全球第二。由于近些年来西方国家受欧债危机的拖累,投资风险增大,投资预期不明朗,日本企业对西方国家的投资开始采取谨慎和观望的态度。而亚洲的印度、东盟、西亚各国在基础设施建设、综合投资环境等方面,也都存在着诸多欠缺。相比较而言,中国无论是投资回报能力还是吸引外资的软硬件条件都较为理想和完备,理所当然地成为日本企业投资的首选之地。从目前情况看,日本对华投资中除汽车、电子等部分产业继续向珠三角、长三

角等传统地区转移外,日本对华投资正加紧向环渤海地区和部分内陆地区转移。种种迹象表明,日本灾后加大对华产业的外移,是其全球产业重新布局的重大战略举措,目的之一是在中国建立日本企业的灾备中心和灾备生产基地。因此,今后几年日本对华投资将是一个规模性、持续性和纵深性的过程。据日本贸易振兴机构分析,金融危机以来日本对华投资呈现四大特征:制造业大规模投资项目增多;运输机械零部件企业加大对中国的投资力度;更多的日本跨国公司在中国设立地区总部;更多的日本企业在长三角地区设立生产基地。从上述四类投资形式看,均需要大量的投资资金,极大地推动日本企业对华投资的规模和水平。

(三) 日本"China+1"实施受挫后的投资重心向中国回归

中国加入WTO以来,在确立起"世界工厂"的地位后,"世界市场"的魅力日益展现出来,2005年日本企业再度掀起对华投资热,当时日本企业把中国形象地比喻为"中国特需"或"中国股"。2005年以后,中日关系进入深度的"政冷"时期,受此影响,日本企业的"中国风险"意识逐渐上升,对华投资开始大幅度降温,在对外直接投资中开始寻求分装鸡蛋的另外一只篮子,"China+1"遂应运而生。当时对于日本企业来说,分散"中国风险"的"China+1"中的"1",首选之地是俄罗斯、印度和巴西。另外,生产成本、劳动成本与中国大致相当的东盟诸国和低于中国的越南也颇受日本企业青睐。日本"China+1"的初衷是在对外投资中弱化中国的地位,寻找和塑造新的投资热点,实现有重点、有选择的"多角化"投资战略。但"China+1"在实施中并不顺利,近些年来日本获得的对中国以外国家和地区的投资回报大多与预期有相当大的差距。相比之下,中国市场的优越性日益彰显出来,促进日本企业在对外直接投资中将重心向中国回归。金融危机以来,特别是东海大地震后,日本企业愈加认识到,分散中国风险可以,但不能弱化中国的地位,在"China+1"中,唱主角的仍然是China。日本贸易振兴机构对日本企业海外投资意向调查显示,在今后几年日本企业对外新投资、扩大海外投资规模以及增加研发、销售网络、总部基地等方面,中国仍是日本企业最理想的投资市场。

五 日本对华投资对中国的影响及合理和有效利用日资的对策与措施

日本对华投资规模的扩大、项目的增多,对促进中国技术水平的提高和产品升级换代发挥了越来越重要的作用;促进了国内就业与人才培养,提高了企业的竞争力。同时,日本对华投资也在一定程度上带动了国内其他关联性投资的发展,从而提高了国内企业的竞争力。随着西部大开发政策的实施,相信会有更多的日企来华投资,创造更多的经济效益。

(一) 日本对华投资对中国的影响

长期以来,日本对华投资在促进中国经济持续高速增长,推动中国贸易规模不断扩大,优化中国产业结构和增加就业机会等方面,发挥了重大而积极的作用。十八大以后,中国改革进程明显加快,体制转轨和经济转型步伐明显加速,日本对华投资对于推动中国经济发展方式和贸易发展方式转换的功能更为凸显。

1. 带动双边贸易增长,加快中国贸易发展方式转换

从总体来看,中日贸易变化与日本对华投资变化趋势基本一致,投资与贸易两者间形成互为促进的正向关系,日本企业对华投资不仅带动了中国对日本的进出口,也促进了日本对中国的进出口。根据小岛清的边际产业扩张论,日本的对外直接投资与对外贸易的关系是互补关系而不是通常说的替代关系。因为日本的对外直接投资是从处于或即将处于劣势的边际产业依次进行的,这样就可以将东道国因缺少资本、技术和管理经验而不能发挥的潜在比较优势挖掘出来。因此,日本对外直接投资可以扩大两国间的比较成本差距,为两国进行更大规模的进口贸易创造条件。从日本企业对华直接投资来看,一方面可以带动日本机器设备等的出口,另一方面也会促使日本增加原料的进口。从世界贸易角度看,日本在东道国生产的产品,既可以返销日本,也可以出口到第三国,从而促进贸易的发展。例如,1993 年、1994 年和1995年中日两国贸易额分别比上年增加了137亿美元、98亿美元、94亿美元。在这三年间,中日贸易额大幅度攀升的一个重要原因就是日本对华直接投资迅速增加,从而导致中日"三资"企业对日本出口产品增加,而"三资"企业的生产需要来自日本的零部件、原材料及机械设备等,使产品与生产资料进口迅速增加。同样,2000年中日贸易额创历史新高,按中方统计,两国进口贸易额达831.6亿美元,比上年增加25.7%,其中中国对日本出口416.5亿美元,从日本进口415.1亿美元,分别比上年提高28.5%和22.9%。其中"三资"企业进口比重为68.5%,出口比重为56%,实际日本国内企业和在华企业之间开展的贸易已占中日双边贸易的"半壁江山"。同时,在日本对华直接投资过程中,无论是合资经营方式还是并购方式,或是绿地投资,所应用的科学技术在中国都处于较为先进的水平,不仅直接促进中国贸易结构的优化,而且形成的"技术溢出"效应加快了中国技术进步的步伐,促进了中国贸易发展方式的转换,在中日贸易中,高科技产品的比重日益增加,而劳动密集型和资源密集型产品的比重则处于不断下降态势。

2. 为中国经济持续增长提供支撑,促进中国经济发展方式转换

吸引对外直接投资对东道国最大的贡献就是可以从中获得技术转移,不仅包括正常的技术许可,还包括在外国公司积累的工作经验和外国企业运营的溢出效应带来的间接技术转移。据统计,1985~1995年,中国从日本对华直接投资中得到了日本2314项技术许可。在20世纪80~90年代,日本主要是将国内的一些低附加值、低技术含量的产业转移到中国,把中国作为加工组装基地,但从当时的情况来看,从日本引入的技术,科技含量还是比较高的,一方面促进了中国产业结构的优化,另一方面促进了中国的经济总量增长。随着中国加入世贸组织后所形成的巨大市场潜力,日本企业掀起了新一轮的移师中国浪潮。与以前不同的是,日本企业开始在华设立名副其实的研发中心,用最新技术生产最新的产品,造就一批以最低成本为目标并代表最高水平的"规模生产基地",可以说很多日本企业把核心层搬到中国。总体来看,日本对华投资在产业布局上一直以制造业为主,1990年日本对华制造业投资占投资总额的46.4%,1991年提高到53.4%,超过非制造业的比重，而到了 2004 年，制造业投资比重已达到 82.8%。在制造业部门投资中又集中于日本的优势产业如机械、机电和运输机构等资本、技术密集型行业。除此之外，化工、钢铁等行业也是日本对华投资的重要行业。因此，日本对上述行业的投资效应，带动了中国产业结构的升级。此外，越来越多的日本企业在华设立研发机构，以及与中国企业进行各种形式的合作，由此而产生的技术外溢效应等推动了中国企业的技术进步，大大加快了中国经济发展方式的转换。

3. 有助于中国实施西部大开发战略

西部大开发战略吸引了越来越多的跨国公司落户于中西部地区，目前外资主要集中于基础设施条件和投资环境较好的大中城市，如成都、重庆、西安等，其中不乏高科技公司。随着西部大开发建设蓝图力度的加大，能源、基础设施等方面也将成为跨国公司的投资热点。而在西部地区投资的外商多来自日本、韩国和东盟等亚洲国家及中国香港地区，而且其比例还有增加趋势。就日本而言，以前其对华投资主要集中于沿海地区，但随着中国经济的发展，外资优惠政策的调整，沿海地区工资成本的迅速上升以及各种费用的上涨，日本企业面临的投资环境日趋严峻，有些企业收益恶化。在此情况下，中国对投资西部地区的外国企业在进口关税、设立条件、准入行业、所得税减免等方面将给予更为优惠的政策，这会吸引包括日本企业在内的外国企业增加投资。而西部与跨国公司的合作，既可以培养自己的人才，又可以输出自己的产品，更可以为西部大开发创造机遇。

4. 增加就业机会

日本企业对华直接投资及企业向海外转移生产所涉及的产业，80% 是劳动密集型组装和加工业，而日本对华投资的重要动机之一就是利用中国大量的劳动力资源。日本企业在华投资的增长，表现为新企业的增加和现有企业规模、功能的扩大，由此导致对人力资源的需求不断增加。根据日本经济产业省发布的《第 35 次海外事业活动基本调查结构概要》，2004 年日本企业海外雇员总数达到 406 万人，其中 338 万人是在制造业部门，而日本对华投资主要集中于制造业部门。2000～2004 年，日本企业在中国的雇员分别为

66万人、69万人、82万人、103万人和118万人，增长迅速。除此之外，相关企业间接就业人数也随着日本投资的增加而扩大。

（二）促进日本对华投资中应处理好的几个关系

目前中国正处于发展方式转型期，发展方式逐步从粗放型转向集约型、可持续型。这一时期，在利用外资上不能单纯地求数量、求规模，更为重要的是上档次、上等级，为产业结构的调整提供有力支持。为了达到日本对华投资的效益最大化，需要在吸收日本资金时处理好以下几种关系。

1. 将日本对华投资与当前中国经济结构调整结合起来

最近几年日本企业开始加紧抢滩中国的步伐，主要目的是瞄准中国潜力巨大的市场；而处于转型期的中国，在吸引外资中更看重的是引进先进技术。因此，衡量日本对华投资的质量高低，主要不在于规模的大小，而是注重于技术含量的高低。这就要求在吸引日资中，必须将开放市场与获取技术结合起来，求得两者的协调与平衡，达到质与量的统一，以此提高利用日资的整体效益。目前来看，我们在吸引日本企业对华投资中，要充分打好市场这张牌，通过产业引导政策，对投入"三高两资"领域的日资严格禁止，对于投向技术密集型和知识密集型行业的日资给予相应的支持和鼓励，促使日本企业在对华投资和产业转移中与中国的产业政策要求相衔接，与中国产业升级的方向相一致。

2. 在吸引日本对华投资中，将投资东部与投资中西部结合起来

长期以来，日本对华投资在区域分布上很不平衡，投资重心一直放在东南沿海发达地区，而中部在投资的数量和质量上均与东部不在一个档次上，西部则一度成为被遗忘的角落。近几年日资开始越来越多地进入中西部，一些中西部省会城市成为日资投向的重点，出现扎堆投资的现象。但总体而言，日本企业对华投资的东部与中西部不平衡状况并没有出现根本性的改变。今后，在引导日本企业对华投资上，中央政府应制定切实有效的倾斜性政策，充分发挥中西部地区地域辽阔、资源丰富、劳动力充足、经济发展后发性强、招商引资优惠条件多等特点，将更多的日本投资引向中西部，构建合理的东部与中西部梯级产业带和区域分工产业链。同时，中西部地区要根据本地区的特点，结合当地发展战略需要，制定相应的吸引日本高端资本的政策和措施。如通过构建日本工业开发区、日本产业园区等平台，引进若干日资大项目，实现经济结构中某一环节的突破，逐步带动本地区产业的整体升级。

3. 在引导日本对华投资中，将制造业投资与非制造业投资结合起来

我国作为世界产品生产大国，制造业历来是日本企业投资的重点，该领域的日资大量进入，对于促进我国经济高速、持续增长，扩大贸易规模，增加就业机会等有着举足轻重的作用。目前我国制造业已进入产业升级时期，这就要求在吸引日资时，必须服从于制造业对科技进步的需求，有选择地进行招商引资，大力引进高端产业和先进技术，促进制造业结构优化和质量提升。与此同时，要改变日本企业对华投资过度向制造业集中、比重偏大的局面，将更多的日资引导到非制造业领域，推进中国产业结构高位化，并通过对日资投向的产业布局引导，形成制造业与非制造业发展的良性互动、相互促进的格局。中国政府在2011年9月发布《服务贸易发展"十二五"规划纲要》（以下简称《纲要》），其中提到的"八项保障措施"中，被日本政府特别关注和强调的"保护知识产权"被列其中。《纲要》还列出30个重点领域，其中建筑服务、海洋运输服务、保险服务、银行和其他金融服务、环境及节能服务、广告服务、住宿餐饮服务都是日本的传统强项，这将为日本企业对华投资提供更多的商机。

4. 将日本对华投资与中国对日投资结合起来

无论是日本政府还是日本企业，对于外国资本进入本国市场一直存在抵触情绪。据联合国的数据，日本吸引外资的金额与其经济规模的比例在世界上处于倒数的位置。2009年流入日本的直接投资仅占其GDP的0.24%，到2011年流入日本的海外资金不仅没有增加，反而减少了23亿美元。日本政府公布的《2011年度经济财政白皮书》中提出："与日本的经济规模相比，日本的贸易开放度较低，参与多边或双边自由贸易协定和经济合作协定的步伐较慢，外国对日本的直接投资也处于较低水平。"长期以来，中日两国间的直接投资呈单向投资局面，如2003年，日本对华投资50.5亿美元，中国对日投资仅为737万美元，两者不成比例。近几年来，中国加快了对日投资的步伐，2010年增加到3.4亿美元，但与该年度日本对华投资的42.4亿美元相比，差距仍然巨大。但从总的发展趋势来看，中日两国逐步改变了过去日本对华单向投资的局面，中国企业对日投资的热情开始高涨起来，在"走出去"战略的推进下，不断向日本的食品、零售、文化、电脑软件外包等领域进军。《2010年中国企业对外投资现状及意向调查报告》显示，日本在吸引中国公司投资的目的地排名中位居第二，仅次于美国。今后，中日两国政府间应加强协作，对日本现有的过度限制国外资本进入的政策进行修正和调整，打破日本国内市场的闭锁性，加大开放力度，为中国企业进入日本提供便利条件，逐步实现中日投资的对等化。另外，在推进中日两国投资均衡化的过程中，加强两国企业间的协调与联系，促进两国资本合作向更高层次发展，包括专利共享、相互参股、企业并购、合作开发第三国市场等方式，实现互利共赢。

（三）促进日本对华投资的对策与建议

从国际比较看，我国目前吸引外资的力度还应进一步加大。目前从我国累计吸引外资的规模来看，至2010年初，中国吸引外资的存量为4731亿美元，只占世界对外直接投资存量总额的2.7%，不仅大大低于美国所占的17.6%，也明显低于中国香港所占的5.1%，在世界各国中居第10位，这与中国作为世界第二经济大国的地位很不相称。从日本对华投资来看，2010年日本对华投资只占中国吸引外资总额的4.0%，不仅大大低于中国香港的63.8%，也明显低于中国台湾的6.3%和新加坡的5.4%，这与中国作为日本最大贸易对象国和出口对象国的地位极不相称，也与日本作为经济大国和投资大国的地位很不相称，日本对华投资的潜力远没有充分发挥出来。因此，今后吸引日本对华投资中，还应继续采取有效措施，兼顾引资规模和引资质量，争取最近几年在吸引日本对华投资方面上一个新水平和新台阶。

1. 进一步优化投资环境，增加中国吸引外资的竞争力

优化投资环境应从两个方面入手，一方面是硬环境，包括交通、通信、水电、金融服务、商业设施、城市绿化等基础设施的建设。这是外商投

资得以在中国生存的基础。另一方面是软环境建设。从目前看，我国的硬件建设要优于软件建设，目前应着力于加强软环境建设，包括完善相关法律法规体系，保护知识产权，加大打击各种侵权行为的执法力度，创造公开、透明、公正的法制环境；各级政府依法行政，提高行政效率和服务水平，进一步规范和简化对外商投资项目的审批程序，改善企业管理和服务等。建立公平、公开的行政环境；规范市场运行秩序，健全市场信用体系，建立规范、诚信的市场环境；全面推行ISO14001国际标准环境体系。

2. 加强宏观调控，引导日资投向

改革开放之初，给予外资超国民待遇，主要是基于当时资金需求量大，外汇短缺，在招商引资中国际竞争力低下等原因所采取的权宜之计。随着我国经济的发展和经济实力的日益增强，中国已经成为世界第一大外汇储备国，已改变外汇和储蓄不足的"双缺口"状态。而这种普惠制吸引外资政策的负面效应越来越明显，一方面缺乏产业导向功效，使经济发展在低层次上过度扩张，产业结构进一步失衡，并且削弱了价格、税收等经济杠杆的有效调节功能，市场机制调节外资投向的作用被压制。另一方面，各地出台的招商引资政策，过度向日资倾斜，将国内企业特别是民营企业置于十分不利的地位，导致一些日资企业凭借特殊身份，强化垄断地位，降低服务标准，甚至参与行贿、偷税漏税等违法行为。因此，在对待日资方面，应该彻底改变这种普惠制的优惠政策，建立国内企业与国外企业一视同仁的法律和政策标准，形成公正、平等的竞争环境。目前对待日资的政策取向应该是，按照产业、区域设置差别化需求，奖励那些技术含量高、节能环保的外资企业发展，积极吸收日本电子信息、生物工程、文化产业等领域的先进技术，促进我国整体工业水平的提高和更新换代。另外，在机电、化工、家电、服装、金融、保险等目前日本企业已经进行投资的各种领域，仍有巨大投资潜力。此外，特别是节能汽车及其相关产业、新能源与可再生能源开发与利用、高速铁路和城市轨道交通、核电站等领域将成为未来中长期日本对华投资的重点领域。

3. 鼓励日资流向第三产业，促进中国产业结构升级

截至目前，日本对华投资一直是以制造业投资为主，非制造业投资很少，这与世界对外直接投资的潮流不相符。21世纪以来，西方发达国家对外直接投资一直是以非制造业投资为中心而展开的，其中，金融保险业投资、房地产业投资、商业投资、服务业投资、运输业投资等占较大的比重，而且这一趋势还处于增大之中。另外，凡是在全球国际直接投资迅速发展的阶段，西方发达国家对非制造业投资也普遍处于旺盛时期。因此，为了促使日本对华直接投资上水平、上档次，需要通过制定相应的政策措施，引导日资更多地流向中国第三产业，与此同时，针对我国非制造业特别是金融保险业落后、缺乏国际竞争力的现状，要进一步深化改革，全面提升第三产业各领域的发展水平和国际竞争力，为大力吸引日本对华非制造业直接投资奠定坚实的产业基础。"入世"以来中国服务业对外开放不断加深，近年来日本企业也加快对中国的金融、保险等服务领域进军的步伐。但是，我国服务业利用日资的比例仍然偏少，增长速度较慢，起伏性较大。目前，服务业是日本的优势产业，技术含量和管理水平都居世界一流，鼓励日本企业加大对华服务业的投资力度，可以在促进我国产业结构的升级中起到重要而积极的作用。从现实来看，日本企业对中国服务业的投资比例仍低于对其他国家和对外总投资中服务业所占的比重，这和中国许多服务领域具有垄断性质和对外开放程度低有密切关系。因此，应逐步扩大服务业的市场准入，消除体制和政策障碍，促进更多日资流入服务业。特别要吸引日本物流业的资本和技术，积极承揽信息技术外包业务，适度引进日资参与对商业银行、保险公司的股份制改造。

4. 加大保护知识产权，全面提升日本对华投资质量

20世纪90年代以来特别是进入21世纪以来，以经济高速增长、产业迅速发展、市场迅速扩大以及基础设施建设逐步健全完善为标志，中国投资环境大为改善，对吸引包括日本在内的国际直接投资发挥了重要作用。但是，从日本对华投资来看，潜力远远没能挖掘出来，在规模上有待更大的提高，在质量上更要有大的提升。但是，知识产权保护问题一直是影响日本对华投资的瓶颈，往往成为日本方面限制向中国输入先进技术的借口。日本贸易振兴机构的《日本企业开展海外事业的问卷调查》显示，在华日资企业经营中所面临的两个主要风险，是知识产权保护不力和法制不完善。在

2010年的调查中,日资企业认为中国知识产权保护不力的最多,占60.0%(高于2008年调查的55.7%),大大高于越南的11.3%、印度的9.9%、印度尼西亚的5.7%、菲律宾的5.0%、泰国的4.6%、马来西亚的2.1%和新加坡的0.9%;认为中国法制不完善、执法有问题的占56.1%(高于2008年调查的55.7%),明显高于印度的31.6%、越南的26.7%、印度尼西亚的24.4%、菲律宾的15.5%、泰国的8.5%、马来西亚的5.8%和新加坡的1.7%。对此,从中国方面来说,应采取切实有效的办法,制定和完善相关的法律法规体系,加大打击知识产权侵权行为,营造良好的投资环境,使日本企业在对华直接投资中能够大胆投资,放心经营。

第六章　日本综合商社及我国内外贸一体化经营模式的探讨

综合商社是以贸易为主体，以产业为后盾，以金融为纽带，具有贸易、金融、情报、组织协调等多种功能的国际化、集团化、实业化、多元化的跨国企业集团。日本的综合商社与产业集团（财团）企业有着密不可分的联系，是日本企业走向世界的"排头兵"，在诸如能源开发、矿山开采大型基础建设等重大项目中，只要能见到日本企业的地方，毫无疑问地会发现日本综合商社的身影。在日本，从事进出口贸易的经济组织有商社和综合商社两种形态。商社主要从事进出口的对外贸易活动，与综合商社相比，规模较小，无论是在国内市场上还是在国际市场上，商社的竞争力和影响力远不及综合商社。而综合商社实际上是一个以从事对外贸易为主，还兼营国内商业、贸易代理、金融服务、仓储运输、信息咨询、产品开发、技术研发等多项职能的大型跨国集团。这里所说的"综合"，实际上是指经营范围的广域性和经营内容的多样性。日本学者小岛清对日本综合商社的界定是："在一定的时间和场合中起中介作用的类市场合作体系。"这一定义将综合商社的性质与生产性企业完全区分开来，中介则是综合商社的最本质特征，并且这种"中介"的内容又是无界定的，可以包括贸易、流通、金融、信息、服务等所有领域，以此形成了以综合商社为核心的，国内市场与国外市场相联系的，纵向与横向相结合的产业链和价值链。

一　日本综合商社产生与发展的背景

日本综合商社是日本特有的经济组织形式，起源于日本明治时代初期。

当时，在明治维新的推动下，整个日本社会政治、经济体制迅速由封建社会向资本主义社会转换，并在较短的时间内完成了向现代化国家转变的过程。制度性的全面变革，带来了生产力的巨大进步，在工业化的带动下，日本的综合国力和经济规模也获得了飞跃性和超常规的发展。由于日本是一个资源极度匮乏和领土狭小的岛国，用于工业化发展所需的大量且不断增加的原材料供应问题、产成品的销路问题，便成为困扰国民经济迅速和正常发展的头等难题。在这一背景下，通过明治政府的政策扶持，以当时在国民经济中处于垄断地位的财阀为主体，组建起以资源性进口业务和出口为主的企业集团，这便是综合商社的前身。

为了更加全面和深入地了解日本综合商社的形成基础和产生背景，有必要对日本的"财阀"进行简要的解释和介绍。在日本，财阀中"财"的含义系指金融，当时每个财阀集团中都有一家金融机构进行资金控制和调度；"阀"的意思系指门阀，这与日本封建社会中的名门望族掌握政府经济命脉相联系。可以看出，财阀是指由大家族把持的垂直型大规模垄断实体，一般在一个财阀内部，包括一家控股公司、一家全资所有的提供融资服务的银行子公司，以及若干家控制着国内市场，在特定领域和行业中占据主导地位的工业子公司。除此以外，财阀还具有以下两大特征。第一，集团内部的交叉持股现象普遍。公司的经营权经过多层次交叉持股后，形成了各公司间你中有我、我中有你的产权构造，大大增强了财阀内部的凝聚力和紧密度，为相互借贷、相互支持和相互协作提供了便利。第二，财阀与政府关系密切。财阀通常在一些重要领域经政府获准经营特许业务，在一些重要行业中有一定的主营和专卖等特权，同时，财阀通过政治献金、直接参选等方式直接或间接介入政治决策过程和经济政策制定及调整过程，对日本中央和地方的政治格局及走向产生重大的影响。当时，三井、三菱、住友、安田是"二战"前日本最著名的财阀，这四家财阀直接控制了日本采矿业、化工业与金属业超过30％的份额；占日本机器设备市场大约50％的份额；拥有日本商业股票交易60％的比重，并在日本对外贸易中扮演着重要角色。在明治时代初期，为打破国外资本对日本进出口贸易的垄断，日本人井上馨率先创办了贸易商行"先收社"，这是日本民族对外贸易企业的前身。1876年三井接手该社，成立"三井特产公司"，专门经营国内外贸易，形成了日本综合商社的最早雏形，后来该公司发展成为日本最大的综合商社。1893年，三菱成立了合资性质的营业部，兼营国内贸易与国际贸易，1918年该营业部独立成为名为"三菱商事株式会社"的综合商社。第二次世界大战前，这两家综合商社控制的商品有煤碳、机械、金属、石油、建材、丝织品、合成纤维、羊毛、大米、小麦、面粉等。另外，1919年住友财团在大阪又新成立了一家名为"大阪北港株式会社"的综合商社，后来更名为"住友商事株式会社"。

后来这些以进口贸易为主的综合社会，除了开展进出口主营业务以外，还利用强大的经济实力和在国内市场的垄断地位，不断向金融、商业、贸易代理等领域扩展业务，其企业性质逐步与一般性的专门从事贸易活动的商社区别开来，成为一种特定的企业组织形式。在第二次世界大战以前，日本综合商社依托于政府的特殊政策获得了长足的发展，不仅在国内市场占据绝对的垄断地位，在国际市场竞争中也逐步形成了可以与欧美等国跨国公司相抗衡的力量。但从本质上讲，这时的日本综合商社具有很强的国家垄断特征，作为财阀的附属经济组织，很大程度上服从于国家整体的经济发展和国家政治、军事扩张需要。

"二战"以后，美军占领当局对日本的政治、经济体制进行了全面的所谓经济民主化改革，按照美国模式建立起现代资本主义制度和市场经济体制。为了在制度上根除日本经济领域的封建痕迹，占领当局启动了解散财阀的进程，规定财阀家族不再拥有公司的股权，并被强制排除在公司管理层之外，不得出任公职。这一时期有16家财阀被彻底解散，家族财产被没收，控股公司被关闭，集团内部的控股与协调关系被打破，财阀势力被解体。但后来，由于朝鲜战争的爆发，为了保障战争所需的军用物资供应，占领当局对于解散财阀的政策开始出现转变，对财阀势力从极力遏制和取缔，转向对财阀集团进行重组和改造，有计划地对26家被解散的财阀所属企业进行改组和重构，建立了现代企业集团。这些在原有财阀基础上形成的新的企业组织形式，主要是由大的制造企业、大的金融企业和大的贸易企业等垄断企业通过相互持股、系列贷款、互派人员、业务协作等方式结合而成的。而这种结合体的协调组织便是企业集团的经理会。从当时三井、三菱、住友、富士、三和、第一劝业六大企业集团的经理会来看，其特点主要表现为以下几个方面。一是经理会的成员企业分布领域广，不仅有制造业、建筑业、采矿业、运输业、商业、贸易和农业等企业，还有银行、保险等企业。以三井集团为例，当时经理会成员企业只有24家，但分布范围很广，包括银行保险业的三进银行、三井生命（保险）、三井特产（综合商业）、三井矿山、三井建筑、日立制作所（钢铁业）、三越百货。二是经理会成员企业中，银行业和综合商社是核心企业。在上述六大企业集团的经理会中，成员企业的分布领域虽然都有所不同，但都包括银行和综合商社。其中银行是企业集团的金融中心，而综合商社则是企业集团的贸易中心，两者形成的资金流和商品流相辅相成、相互协调，不仅成为推动企业集团正常和顺利运转的动力，也有企业集团内成员企业间的黏合剂的作用。三是从经理会成员企业的规模来看，均是日本有名的大企业，后来在较短的时期内很多企业都发展成为世界著名企业。再从经理会的职能来看，可以归结为以下几个方面。一是负责重大从事安排。对成员企业的高层管理人员进行调整和配置，对企业间中层管理人员的相互委派和理事互派进行协调和安排。二是协调成员企业间对外经济关系，如对综合商社的海外贸易与国内制造业的业务进行对接和计划安排，使产品生产与产品需求保持一致，并根据国际市场的需求和变动进行产品结构和质量的调整。根据国家的经济政策和产业政策，对特定行业进行重点扶持和倾斜。三是制定中长期企业集团的发展规划，引导成员企业进行技术引进和技术应用，根据需要对企业结构和经营结构进行转型的调整。四是对成员企业的投资、并购、重组等重大事项进行指导和协调，对成员企业间的联合与协作发挥联络、指导功能。在当时，专门从事海外贸易业务的综合商社作为经理会的重点扶持对象，得到很多特殊关照，使日本"贸易立国"的国策得到了很好的贯彻落实。

1954年7月新三菱商事的成立和1959年2月新三井物产的成立，标志着战后日本综合商社的重生，并开始了新的发展起点。朝鲜战争结束以后，随着日本经济的复苏和进入快速增长阶段，资源短缺和产品销路成为阻碍日本经济进一步发展的最大瓶颈，使专门从事国内外贸易业务的综合商社的地位迅速提高，政府对其的倾斜性扶持政策也日渐明显，大大推动了综合商社内外贸业务的蓬勃开展。特别是 20 世纪 50 年代中期和 60 年代日本的重化工业发展时期，日本综合商社一方面源源不断地将用于重化工业生产的原材料从世界各地运回本国，另一方面将产成品输送到国际市场，同时还大力从事国内贸易（占其贸易额的 40%）和进出口及第三国贸易（占其贸易额的 60%），从中获得了巨额利润，推动综合商社的规模迅速扩张，在较短的时期内确立起了国际市场的竞争地位。当时，综合商社的原材料进口和工业品出口主要包括钢铁、石油、煤炭、有色金属、机械、化工、纤维、食品和能源等，对于日本经济的持续和快速发展发挥出举足轻重和不可替代的作用，为日本经济的崛起立下了汗马功劳，成为日本政府实施贸易立国的有力和坚实的经济支柱。这时的日本综合商社已经完全具有现代企业特征和超强的国际竞争能力，如以三菱商事、三井物产、伊藤忠商事、住友商事、丸红商事和日商岩井这六大综合商社为例，它们在世界 500 强中的排名都在前 40 位以内，在 20 世纪 70～80 年代，它们的年销售额大都在 1000 亿美元，有的超过了 2000 亿美元。这些大型综合商社，在贯彻政府行政命令方面则毫无保留地执行，特别是在朝鲜战争和越南战争中，成为推行政府国际战略的一个载体，当然综合商社也从中获得了巨额利润。

"二战"后，日本形成了九大商社。其中，三菱商事的销售额从 1968 年起超过三井物产，成为最大的综合商社。除原来由财阀改组衍生出的 3 家综合商社外，新建立的 6 家商社中，"伊藤忠商事"隶属于第一劝银财团；"丸红"隶属于富士财团；"兼松江商"隶属于第一劝银财团；"日棉实业"隶属于三和财团；"东棉"隶属于东海集团。当时日本九大综合商社的总公司均设在东京、大阪等中心城市，分公司遍布日本各大中城市，在国外设有数以百计的分支机构。1982 年综合商社年销售额达 80 万亿日元，各公司的总资产和年销售额如表 6-1 所示。

综合商社的经营品种种类繁多、重点突出。如九大综合商社经营的商品从面条到导弹多达几十万种，但在销售额中有 70% 以上是钢铁、有色金属、燃料、机械、化工等重化工业品。再从业务范围来看，综合商社不仅经营进出口业务，而且还经营国内商业、资源开发、建设、运输、保险、租赁、

表 6-1　1982 年综合商社销售额

单位：亿日元

名称	总资产	年销售额	名称	总资产	年销售额
三菱商事	44117	146966	日商岩井	19622	74322
三井物产	41553	132250	东　棉	11258	37151
丸　红	29680	115475	兼松江商	10764	32680
伊藤忠商事	—	123357	日棉实业	9392	29378
住友商事	19972	110000			

资料来源：《世界经济学大辞典》，经济科学出版社，2000，第 654 页。

金融、信息等，业务范围可以说是无所不包。此外，综合商社还兼营组织工作，以商社为中心建立起各种企业集团，形成了一个庞大的企业联合体。总体来看，综合商社在日本经济中占有重要地位，它们一方面在财团中发挥着重要作用，另一方面成为支撑日本经济的重要支柱。

日本综合商社是与日本经济一同发展壮大起来的，不仅拥有强大的经济实力、市场扩张力和国际竞争力，而且具备国际跨国垄断资本的各项特征。进入 20 世纪 80 年代，世界经济发展形势发生了重大变化，以经济信息化和市场化为条件的经济全球化日益成为世界经济发展的客观趋势和主要特征。经济全球化体现为资本、技术、信息等各类生产要素在全球范围内流动和配置，各国经济相互联系、相互依赖的一体化过程所带来的一系列变革，不可避免地对日本综合商社的传统功能和现有全球经营体系产生冲击。综合商社原有的过度扩张和粗放式发展的模式暴露出越来越多的问题。一方面，综合商社在国内利用自身的实力和影响力，通过兼并和流通系列化等方式，全面和大规模蚕食国内市场，排挤和压制国内企业，引发了各种形态的流通企业特别是中小企业的强烈不满，要求遏制综合商社垄断行为的呼声日益高涨。另一方面，综合商社在海外的异军突起和过度发展，打破了国际市场上原有的利益格局，触动了欧美等发达国家的利益，贸易摩擦不断加剧，这些国家为了维护本国企业的利益联合起来，指责综合商社以政府为靠山，违反贸易对象国的法律，在海外进行倾销。西方各国政府采取统一行动，对日本综合商社进行严格的限制和严厉的制裁，日本的产品出口受到了越来越多的限制。欧美各国不断对日本政府施压，要求规范综合商社行为，开放日本市场。此时，综合商社过度扩张的发展模式陷入了内外交困的局面，一时间出现了严峻的"形象危机"，海内外贸易经营业务受到严重的影响，综合商社的贸易额大幅度下降，收益骤减，一些著名的综合商社甚至出现亏损，背上了巨额的不良债务包袱。当时日本一些专家学者和业内人士认为综合商社的传统模式已经走到了尽头，已经进入了"综合商社的冬季时代"。

面对严峻的形势，各大综合商社的决策层审时度势，以积极姿态对企业的经营体制和管理制度进行了较大强度的改革，实施了高层次、规范化的新的国际化经营战略，并对原有的发展战略和企业行为进行反思，着手对经营管理部门进行大刀阔斧的改革。一是综合商社开始从以日本为中心的贸易理念向以世界为中心的贸易理念转变。20世纪80年代以前综合商社的主要活动基本上是在国民经济总体发展战略的框架内开展的，追随以重化工业为主导，走"贸易立国"的发展之路，体现为一种"内向型"的国际化发展格局。进入80年代后，日本产业界提出"以世界经营资源为中心"的新的国际化战略，综合商社也顺应形势，开始向以世界为中心的"外向型"贸易模式转变。二是扩展综合商社的贸易空间，发展领域向广域化拓展，经营范围向多样化发展，经营体制向灵活化演进等。20世纪80年代以前，综合商社海外事业的主要空间大都局限于欧美地区，而80年代以后，各综合商社经营空间进一步向世界各个角落延伸，一些资源型的发展中国家日益成为其重要的贸易对象国，并在世界范围内逐渐构建出具有特色的跨国经营网络。综合商社的经营范围也日益壮大，从常规的法律咨询业务到尖端的电脑产品，甚至生态保护等也涉足其中。日本综合商社这种多角化和广域性的经营战略，以及对自身组织结构和管理体制的调整，很快收到了较好的效果，使各大综合商社很快走出困境，企业赢利能力明显提升。三是在国内市场上重塑形象，建立与其他流通企业的新型协同关系，通过联合、合作和系列化方式，将众多中小流通企业纳入旗下，由竞争关系转化为合作关系，实行利益共享原则，在经营中通过合理的价格和优质的服务来提升企业的美誉度。四是深化内部改革，转变经营观念。在国际市场上，大力发展子公司，并向下属企业进行分权，将综合商社战略目标分散化。如三菱商社把"超国籍路线"作为海外发展的基本方针，三井物产建立了"确立海外分公司自主经营的体制"的发展路线，伊藤忠商社则提出了"多中心、多国籍企业"的发展理念。综合来看，当时综合商社的总的思路是：扩大三国间和多国间贸易；积极推进多边的海外投资；促进海外子公司本土化；从单纯的投资进口贸易向直接投资贸易转变。

由于危机处理得当，综合商社不仅没有像"综合商社没落论"所说的那样逐渐趋于衰败和没落，相反，无论是在国内市场上，还是在国际市场上不但走出了困境，还取得了骄人的业绩。从一定意义上说，三国间贸易的增长对缓解综合商社因进出口贸易不振带来的困扰发挥了巨大作用，也对综合商社走出"冬季"发挥了相当大的拉动作用。当时日本有上万家从事外贸业务的商社，但六大综合商社在全国外贸中的比重高达50%左右，在海外的投资中一度占日本海外投资额的20%，海外投资项目的1/3。

20世纪90年代后，国际经济进入了区域化和集团化大发展的阶段，以高科技为先导推动经济发展成为一大潮流和趋势。与此同时，日本国内经济泡沫开始破裂，整个日本金融体系受到了重创，日本银行大量从海外撤资，综合商社作为贸易一级批发商，交易规模也大幅度缩小。日本各大综合商社，为了维持庞大的组织和经营体系的运转，强化了多角化经营战略的实施，以寻求更多的利润增长点，弥补因对外贸易规模的缩减所带来的损失。其中最为重要的一环便是向国内贸易倾斜，将原来单纯侧重于国际贸易的经营战略，转变为国外市场与国内市场同时并重、有机结合、互为促进的经营战略。日本经济发展受阻，甚至出现衰退的迹象，日本国内经济的停滞和疲软，必然波及海外贸易，各大综合商社的纯利润都出现大幅下滑情况。一些相对弱小的综合商社，如东棉、日棉实业和兼松江商都出现了巨额亏损，一些大的综合商社也因不堪重负而放弃综合化道路。1999年日本长期存在的"九大综合商社"体系因兼松江商宣布放弃综合化道路而宣告解体，反映出综合商社开始在经营领域全面收缩。一部分综合商社被迫进行重组。在这一时期，各大综合商社虽然出台了一些调整措施和改善策略，但受日本经济总体不景气的影响，收效不是很大。虽然如此，1998年，三菱商事、三井物产、伊藤忠商事、丸红商事、住友商事、日商岩井、东棉、日棉实业和兼松江商九大综合商社贸易总额达61.7万亿日元,占国民生产总额的27.5%,出口额占日本出口总额的55.8%,进口占59.5%。无论是企业规模,还是国际市场地位,九大综合商社都可与当时欧美的著名跨国公司如美国通用、德国西门子等相抗衡。

在进入21世纪的最初几年,日本综合商社在经营上仍处于维持状态,迟迟没能走出低谷,以2002年度为例,东棉、日棉实业、日商岩井的亏损额分别高达669.69亿日元、485.32亿日元和738.50亿日元,亏损额已分别占到其资本金的8.2%、93.0%和71.7%。而后,综合商社进入了强度较大的重组期,2004年4月日商岩井与日棉实业合并为"双日",2006年4月东棉被丰田通商合并,由于日商岩井、日棉实业和东棉都面临巨额亏损问题,三社不得已而选择与集团内企业合并的方式以强化自身机能。日本经济从2002年下半年开始,出现企稳回升的征兆,给综合商社的发展带来了一定的机遇。各综合商社均制定出了迎接21世纪的挑战的新战略。一是对核心功能进行定位。开展国际化经营,强化信息、服务等方面的竞争实力。包括运用网络技术构筑电子商务平台,形成全球化的原材料采购及产品销售网络体系,并健全和完善与之相配套的商流、物流、资金流、保险、技术以及法律方面的服务功能;强化世界范围内的信息收集、整理、分析、提供和反馈功能,为商社以及成员企业提供及时、准确的信息服务,并为总部制定战略决策、调整市场方略和深化全球市场开发提供信息支持。二是对经营方向进行调整。综合商社重点发展方向确定为高附加值化、综合化。开拓物流领域,打造供应链,压缩成本,提高经营效益;深化和扩大本集团的金融机能,发挥"孵化器资金"作用,扩大辐射功能和协作功能,巩固发展后劲;综合运用各项机能,打造以商社为核心的价值链,推动大型成套设备出口;进入高科技研发,从源头控制技术贸易商机,树立品牌,推动科研成果和制造技术专业化、商品化。三是加大发展战略实施力度。包括有选择地确定经营重点;加强石油、天然气、煤炭、金属矿产等上游能源开发;将服务功能和重点向流通、销售服务、咨询等下游领域扩展和延伸。四是大力发展绿色产业。开发新能源,推动建设循环型社会。积极参与塑料、家电、汽车、计算机的产品的回收再利用工作,参与开发风力发电、燃料电池等清洁能源,推动植树造林，在控制废气排放方面倾注力量。五是推进经营资源的整合和重组，提高竞争力和抗御风险能力。不断推进商社间相同营业部门的合作及大型合并重组，通过优劣互补和强强联合，将原来传统的九大综合商社，合并为五大综合商社。集中优势资源，强化新的核心竞争力，迎接后危机时代的新挑战。

总体来看，进入21世纪以来，综合商社在世界500强中的地位显著下降。这一方面与日本经济长期衰退有关，也与综合商社自身竞争力下滑有关。尽管如此，日本五大商社中的三菱商事、三井物产、丸红商事、住友商事，还是在2008年《财富》杂志分行业的排名上，占据了全球贸易行业的前4位（见表6-2）。

表6-2 2008年《财富》500强贸易行业排行榜

单位：百万美元

排行榜	公司	营业收入	利润	利润占收入的百分比
1	三菱商事	52808.5	4052.4	8
2	三井物产	50252.3	3590.7	7
3	丸红商事	36481.4	1289.4	4
4	住友商事	32144.1	2092.2	7
6	伊藤忠商事	25054.1	1914.0	8

资料来源：《财富》。

目前，日本综合商社在世界经济影响力方面虽然有所下降，但三井、三菱、住友、丸红、伊藤忠五大综合商社在日本企业中的地位仍然难以撼动，并在日本大地震后，其金融功能、贸易功能和国内流通功能则得到进一步巩固和加强。据《日本经济新闻》报道，日本五大综合商社2011年度（2011年4月至2012年3月）合并决算纯利润总额达创纪录的1.61万亿日元。除三菱商事外，三井物产、伊藤忠商事、住友商事、丸红商事四家公司利润均创历史新高。根据预测，2012年下半年，五大商社纯利润仍将继续增长。尽管欧债危机和新兴经济体增长放缓等因素限制了当前大宗商品价格的上涨，但新购矿山和其他非资源事业的利润增长仍保持强劲动力。三菱商事2011年出资4000多亿日元的智利铜矿将从2013年开始赢利，丸红商事

2008年投资的铜矿也进入大规模生产。非资源事业方面,伊藤忠商事在纺织、机械和信息等领域,三菱商事在物流、租赁和汽车销售等领域有望进一步扩大利润。

二 综合商社功能的演进

综合商社是日本特有的一种具有独特机能的贸易组织,在战后日本经济的高速增长时期,曾凭借其贸易、投资、金融、信息、物流等多种功能的发挥,形成了国际化经营方面的众多优势。多年的海外经营和投资不仅使之具备了完善的销售和采购渠道,更使其在世界各地尤其是发达国家中树立了良好的商业信誉,充当着世界范围内各种大型投资合作项目的协调、组织者,为推进日本"贸易立国"国策、振兴日本对外贸易做出巨大贡献。

(一) 综合商社的基本功能

一般而言,综合商社均具有流通、金融与情报三大职能。在流通领域,综合商社涉足贸易、销售、物流、保险、营销与广告;在金融领域,综合商社涉足贸易融资、贷款与第三方贷款、股权投资;在情报领域,综合商社的海外分支机构负责搜集各方面的相关资讯,而综合商社总部负责搜集、分析、统合全球范围内的信息。具体来看,综合商社一般具有以下几大功能。

1. 贸易中介功能

日本学者小岛清认为,综合商社具有六大功能,即贸易代理、生产参与、金融服务、仓储运输、信息咨询和科技开发。而这六大功能,均是围绕"中介作用"展开的,即综合商社是"在一定时间和场合中起中介作用的类市场合作体系"。实际上,这里所讲的"中介",主要是指综合商社所具有的贸易和流通的中介功能。"二战"以后的日本经济调整增长时期,综合商社这种"中介"职能被发挥得淋漓尽致。一方面,日本综合商社没有像欧美企业那样向专业化方向发展,而是向综合性经营演进,这主要是由日本的产业体系所决定的。在日本除了家电、计算机和汽车等部分产品主要由生产企业利用自身建立的营销系统直接对外出口外,其他绝大部分产品均由综合商社代理进出口。当时,日本九大综合商社经销的商品总量占日本全国商品生产总量的1/4,出口额占日本出口总额的一半以上,在钢材、化工产品和纤维产品等标准化商品的出口中,约占70%,其贸易总值大约为世界贸易总值的1/10。另一方面,综合商社利用规模优势,为日本企业提供优质廉价的代理服务。在20世纪50~60年代,综合商社的代理费较欧美等国企业的代理费低十倍左右。主要综合商社经济实力强,企业规模巨大,在代理业务上形成了集约化和规模效益,在经营上形成了良性循环。例如,日本的新日铁公司在澳洲开采铁矿,铁矿砂交由综合商社全部代理进口,这样可以降低生产成本,生产出钢材后再交由商社代理出口,从而提高了出口竞争力。另外在日本,中小制造企业较多,如果每个生产企业都自己出口,这些企业既缺乏国外客户,又缺少推销人才,从经济上看,很不划算。而综合商社在全球各地有很多稳定且长期的客户关系,拥有从事国际商务活动的、经验丰富的人员,有完备的产品经销网络为制造商代理进出口业务,比生产制造商自己推销产品和代理进出口具有更大的优越性。不仅商品进出口如此,中小企业向海外投资建厂也往往依托于综合商社。同时,当时的日本综合商社积极配合日本政府实施的贸易立国政策,大力扶持国内产业向国外扩张和中小企业的贸易活动,在代理业务中采取低价格方式,保持出口企业的产品竞争力。另外,综合商社利用自身构建的营销网络优势,为生产企业的产品打入国际市场牵线搭桥。这一时期,综合商社在国际市场上已经拥有了完善和广泛的产品销售渠道和客户群,在各个国家中,与当地大公司建立起了长期和固定的业务关系,并拥有从事国际商务活动、对外商业谈判中经验丰富的业务人员。这样大大提高了日本企业的对外贸易和对外投资的话语权,使日本企业从中获得了巨大利益。

2. 信息功能

广泛收集经济情报是综合商社的一个基本功能。几大商社在日本总公司都有自己的情报中心或情报室。在20世纪60年代,综合商社在海外已拥有2200家子公司、事务所和数量庞大的驻外人员,这些机构和人员分布于世界各大商业港口城市和中心城市,一方面从事相关商务工作和贸易业务,另一方面肩负广泛和全面收集所在国经济信息和情报职能,不仅包括政治、经济、社会、文化等一般性信息,还注重收集相关行业、产业和最新科技的发展现状与动态,甚至细化到某一产品的供求关系、工艺、质量等,使综合商社的总部,随时掌握各国的市场行情与各国政府政策调整和变动趋向。同时,每个综合商社都拥有当时最先进的通信设备和信息收集、分析和处理技术,形成了快速便捷的信息网络。综合商社总社还在北美、西欧、澳大利亚等地区设立了情报中转站,按信息的重要程度按顺序传递给总部,总社有专门部门和人员对所掌握的信息进行整理分析,为总社决策层进行超前预测、制定科学合理的战略决策提供强有力的支撑。

3. 金融功能

综合商社为保证公司整个组织体系正常运转和国内外贸易等基本业务的顺利进行,广泛地开展对上下游关联企业的融资活动,并为买卖双方提供信贷业务服务。事实上,日本的综合商社表面是贸易公司,实质上是金融机构,因为它的大股东都是商业银行、银行信托、保险公司等。综合商社被称为"第二银行"或"影子银行",在以贸易为主体平台获得市场情报的同时,充当了产业投行的角色,发挥"产业组织者"的作用。在当时,综合商社凭借其强大的经济实力、出色的业绩和良好的信誉与日本各大银行结成紧密的合作关系。一方面,综合商社是各大银行的贷款对象,13家城市银行贷款的5%~10%投向综合商社。而各大银行又是综合商社的大股东,综合商社一半以上的股份为各大银行所持有。特别是综合商社从各大银行贷款后,往往转贷给其他企业或提供担保,从事着企业授信业务。大多数情况下,综合商社提供的间接金融服务,包括赊卖贷款债权、期票贴现或预付货款等方式。因为综合商社具有的强大金融功能,当时被称为"第二号银行"或"隐蔽银行"。具体来看,综合商社从事的金融服务包括以下几项。一是向购买企业或货源企业提供商业信用。在交货与付钱之间给予3个月左右的时间差,如果在这期间出现利率损失与资金风险,则由综合商社来承担损失。二是综合商社直接贷款给相关生产企业。因商社并非金融机构,故通常称这种贷款为"转贷",用于满足生产企业的资金需求,在这种资金纽带的联系下,综合商社可以获得稳定的贸易客户与可靠的商品货源。三是进行项目贷款。商社在发挥组织服务功能的过程中，就某一贸易或投资项目进行贷款，以保证该项目在实施中能够获得稳定和足够的资金支撑。四是支持开发新产品和开拓新市场。综合商社在掌握市场信息的基础上，通过资金供应来支持相关生产企业开发新产品，开发新市场。综合商社在很大程度上有赖于金融机构的贷款支持，而金融机构之所以能够源源不断地满足综合商社的贷款需求，深层次的体制背景则是其作为综合商社大股东的地位和相互持股关系、长期持续资金交易关系的存在。因为综合商社对厂商的经营状况和经营能力十分清楚，所以银行一般也愿意通过综合商社的担保向有关厂商进行贷款，由综合商社行使商业担保和信用监督作用。不论采取什么担保形式或融资形式，其核心只能是对综合商社贸易代理功能的补充、完善，确保贸易权的稳定扩大。综合商社在对厂商进行贷款的同时，也就获得了优先的贸易权。

4. 物流功能

综合商社为保证产品安全准时送达客户手中，建立了较为完备和现代化的仓储、包装、报关、运输等物流设施，承担了社会分工中的物流的职能。现代意义上的物流体系的功能不同于传统意义上的运输业，传统的运输业只提供简单的货物转移，而现代物流中心则提供订货（商店－物流中心－商社全球网络－生产企业）、流通加工、海运、保险以及报关等相关服务，既保证运输货物的安全正点，又保证运输货物的完好无损。现代物流体系将市场供需双方的联系变得更加快捷和紧密。在国内外贸易中，综合商社为保证产品安全、准时送到目的地，创建了自成体系的物流设施，形成了包括挑选、整理、仓储、包装、配送、运输等一系列与物流有关的功能。在综合商社实施物流配送前，一般是一个生产厂家直接面对众多的批发和零售商，形成面广线多的一对多的局面，疲于奔命，而且还需要以高库存作为保障，小批量进行送达，大大增加了物流成本和管理成本。同时，一个批发商或零售商，也需要从多家厂商进行订货，同样面临一对多的局面，往往造成订货、收货时间延长，甚至发生断档和缺货现象。在当时生产和流通企业大量生产、大量销售的机制下，迫切需要一个中间环节为买卖双方提供综合性的物流服务。综合商社正是适应国内商品流通提出的客观要求，建立和强化了物流体系，其为综合商社提供新的利润增长点的同时，也减少了流通环节，降低了社会流通成本，加快了国内商品流通运转，促进了国内流通产业现代化水平大幅度提高。

5. 投资功能

综合商社为获得相对的稀缺资源和产品的稳定供应，对国内生产企业和对外直接投资企业进行了广泛的融资和参股。从20世纪60年代开始，日本企业集团开始组建共同投资公司，全部由集团内部成员企业参加，共同承担新领域的开发任务。综合商社虽然也参与资源开发和相关企业的兴办，但并不直接进行生产活动，它们主要通过提供良好周到的综合服务和少量的投资参股，维持与生产企业的长期合作关系，目的还在于取得产品的贸易代理权。20世纪70年代的两次石油危机，使综合商社意识到仅仅通过贸易取得诸如石油、天然气等能源资源，不仅在量上难以满足国内日益增长的需求，而且面临着巨大的市场供应风险和价格大幅度波动风险。为了确保能源的长期稳定供应，综合商社开始向资源所在地进行投资，以取得权益的方式获取资源配额。

6. 统合功能

综合商社在对外贸易、对外投资和国内商品流通中，通过自身的影响力，运用合作、联营、参股、兼并等方式，与其他业务伙伴甚至竞争对手进行联合与合作，结成以综合商社为核心、共同经济利益为纽带的利益共同体，在利益共同体内形成合理的内部分工，形成集约效应和规模效应，达到共赢。一般情况下，综合商社往往在重大国际合作项目中充当组织者的角色，利用其广泛的业务关系贸易网络，在大的贸易交易和重大投资中，挑选理想和中意的合作伙伴，通过自身的有效运作，充分发挥各合作方的长处，实现优势互补，形成合作中的协同力量，达成利益最大化目标。

总的来看，综合商社具有以上六种功能，其中贸易中介功能、信息功能和金融功能是基本功能，而其他三种功能则是扩展功能（见图6-1）。

（二）日本综合商社的组织结构和管理模式

1. 综合商社的组织结构

日本综合商社普遍采用欧美大型跨国公司所实行的由董事会、总经理

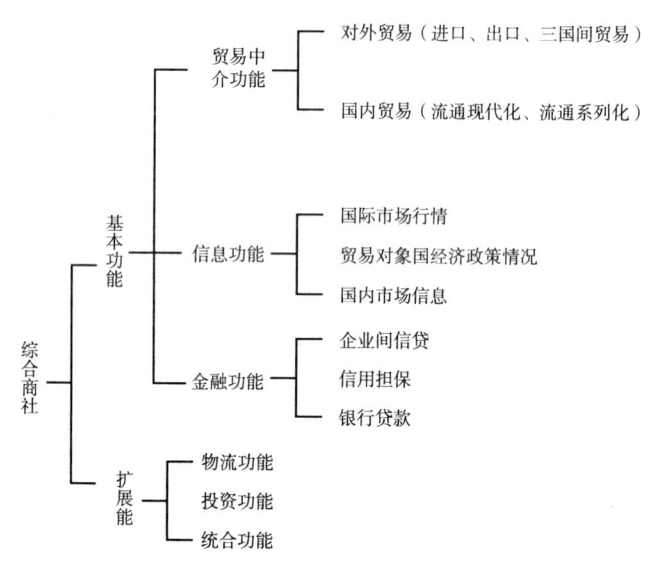

```
                    ┌─ 贸易中      ┌─ 对外贸易（进口、出口、三国间贸易）
                    │   介功能   ──┤
                    │              └─ 国内贸易（流通现代化、流通系列化）
                    │
                    │              ┌─ 国际市场行情
          ┌─ 基本 ──┼─ 信息功能 ──┼─ 贸易对象国经济政策情况
          │   功能  │              └─ 国内市场信息
综合      │        │
商社 ─────┤        │              ┌─ 企业间信贷
          │         └─ 金融功能 ──┼─ 信用担保
          │                       └─ 银行贷款
          │
          │        ┌─ 物流功能
          └─ 扩展 ─┼─ 投资功能
             能    └─ 统合功能
```

图 6-1　综合商社的功能

（社长）和职能部门构成的三个层次、纵向的组织结构。在这个组织结构中，优点是组织体系完备健全，政策指令下达快捷、通畅，基层和一线存在的问题可以及时传递到决策部门，能够较好地发挥"信息流畅、功能全面、协调运转"作用。在事业部中，纵向设立董事会、总经理和总务、人事、企划、财务、审查等部门；横向则根据业务性质、区域和产品等设立事业部，各事业部实行独立核算制。这种纵横交错的组织结构，可以克服松散化，增强聚合力；可以保证总公司的战略性计划顺利地贯彻执行；可以根据独立核算的结果，评定事业部的业绩，决定其扩大、缩小或撤销。事业部制的好处是：总公司领导可以摆脱日常事务，集中精力考虑全局问题；事业部实行独立核算，更能发挥经营管理的积极性，更利于组织专业化生产和实现企业的内部协作；各事业部之间有比较、有竞争，这种比较和竞争有利于企业的发展；事业部内部的供、产、销之间容易协调，不像在直线职能制下需要高层管理部门过问；事业部经理要从事业部整体来考虑问题，这有利于培养和训练管理人才。

从日本综合商社组织结构的特点来看，实行的是事业部制与独立核算制

第六章 日本综合商社及我国内外贸一体化经营模式的探讨

相结合的管理方式。事业部制组织结构亦称 M 形结构（Multidivisional Structure，M-form）或多部门结构，有时也称为产品部式结构或战略经济单位，即按产品或地区设立事业部（或大的子公司），每个事业部都有自己较完整的职能机构。事业部在最高决策层的授权下享有一定的投资权限，是具有较大经营自主权的利润中心，其下级单位则是成本中心。事业部制具有集中决策、分散经营的特点。集团最高层（或总部）只掌握重大问题决策权，从而从日常生产经营活动中解放出来。具体来看，日本综合商社的事业部本质上是一种二级管理级层的模式。其中，公司本部对其海内外分支机构实行统一管理，海内外事业部长对所辖事业部的经营好坏负全部责任。事业部独立贯彻总公司的经营方针和决定。事业部长主持产销会议，决定本事业部经营中的重大问题。独立核算制是指各国内外机构均是当地的法人公司，实行独立核算，自负盈亏，重大投资及经营活动一经总部同意，便可独立自主地开展经营活动。将事业部制和独立核算制相结合可以将两者的优点很好地结合在一起，有效地将生产和销售直接联系起来，可以不失时机地做出决策，及时生产出市场急需的产品。截至目前，日本综合商社曾采用过三种集中程度不同的决策模式。

（1）统一核算、统一管理的典型的集权管理模式。在事业部制中，有分权管理和集权管理两种模式。而集权模式主要体现在行政、资金、利润、风险管理四个方面。其中，行政管理方面表现为总公司（母公司）职能部门和事业部负责人对分支机构实行双重领导；资金管理方面表现为总公司（母公司）对各事业部的资金总额进行核定，各事业部只能按总公司（母公司）核定的数字保留一定量的资金，多余部分需上存总公司；利润管理方面表现为总公司（母公司）定期向各事业部下达利润考核指标，各事业部据此制定出一定利润率的经营计划，报总公司（母公司）批准后即要全部负责，对自留利润，各事业部可在内统筹使用，如扩大生产、添置设备、增加公益金和奖励下属等，也可以存在总公司（母公司）资金管理中心，以获取利息；风险管理方面表现为总公司（母公司）对事业部的经营活动要承担法律责任，如重大项目的运作和重大的经济合同等。在综合商社的集权事业部制下，领导决策是垂直型的，权力高度集中于总公司。20 世纪60

年代中期日本企业大发展阶段，有60%~70%的企业集团采用这种领导决策模式，其优点是命令统一、管理效率高、秩序好、责任清；其缺点是管理层次较多，各部门间比较难以协调。

（2）统一指挥、分级管理的集权与分权相结合的模式。在该模式下，领导决策是垂直型与水平型相结合，总经理根据董事会的决定全权管理企业，对企业内部部门实行垂直领导，各职能部门从自己的专门业务出发，协助总经理工作。该模式集中了集权模式与分权模式的优点。在具备了电子计算机等现代化管理手段的条件下，该模式比较适用。其优点是：实行分权模式可以使产供销有机结合起来；事业部接近生产基层和现场，对市场变化的应变能力较强；事业部之间成绩优劣可以相互比较，有利于促进公司改善经营管理，有利于造就一批拥有全面技能的经营管理人才。但在借鉴时也要事先看到其缺点并适当规避，如事业部之间彼此机构重复，经营管理人员相对较多，各部门之间关系复杂，易产生本位主义，总公司职能部门作用分散、不利于集中统一等。目前，很多日本综合商社采用这种集权与分权相结合的模式，既可保证部门对下属分公司的控制，又有利于发挥各下属公司的积极性、主动性和创造性。

（3）分级管理、分级核算的彻底分权模式。分权模式是指各事业部作为独立的利润中心，都实行严格的成本费用及利润核算，有一定的生产、经营权限；各事业部之间进行协作时应模拟市场交易，按照市场规律运作；事业部负责人有权任免该事业部下属各部门的负责人；事业部各下属部门和总公司（母公司）职能部门不实行上下对口管理，只对事业部负责人负责，以充分保证事业部负责人的自主权，事业部在总公司下分别按产品或地区、市场组成，每个事业部独立经营、独立核算、自负盈亏；同一公司内部各事业部之间，既相互合作，又相互竞争。目前，很多综合商社对下属小型贸易企业采取这种权力充分下放的模式，以保证下属单位能够顺应千变万化的市场形势，因势利导，自主地进行决策和灵活地开展业务活动。

2. 综合商社的组织内部协调关系

日本综合商社部门与下属公司、各下属公司之间的关系，不仅是一种单一的产权关系,而且还包含各种经营管理要素,以此为纽带,将综合商社内部组织联结为统一的整体,形成一种协同力量,朝着共同目标发展。综合商社的组织内部协调关系主要表现为以下几个方面。

(1) 各成员企业之间相互持股。相互持股是指企业相互之间,彼此拥有对方的股份。综合商社所属的各个成员企业间,每家成员企业都持有其他成员企业的股权,而自身的股权也被其他成员企业所持有。综合商社内部成员企业间的相互持股,在产权和利益方面将各成员企业联合成统一的趋同性极强的共同体,形成你中有我、我中有你,一损俱损、一荣俱荣不可分割的统一体。在这种产权构造之下,有利于成员企业间精诚合作,减少成员企业间的摩擦,在市场中采取统一和一致行动,特别是在对外贸易中有利于成员企业间联合起来,采取一致对外的行动,通过协同力量与强大的竞争对手抗衡,同时有利于总部的各项经营方针和发展战略的顺利贯彻实施以及对成员企业的掌控。综合商社内的相互持股,是企业法人间的相互持股,而不是个人与企业或个人与个人间的相互持股。战前,企业集团的股份全部由财阀家族控股,即在财阀家族个人所有的情况下,根本谈不上股票所有的法人化,更谈不上相互持股。战后初期,当股票公开上市后,股票曾一度大部分为个人股东所持有,战后个人股东持股的比率不断下降,1949 年个人股东持股率(包括全部在股票交易所出售股票的公司)为 69.1%,1956 年降为 49.9%,1965 年降为 44.8%,1975 年为 35.5%,1984 年为 26.3%,其他除少量的外国股东以及政府、公共团体之外都由法人持有。法人的持股率 1949 年为 28.1%,1956 年为 48.3%,1965 年为 53.2%,1975 年为 63.7%,1984 年为 67.4%。

(2) 各成员企业间互派干部(董事)。成员企业间的相互联系关键在于人事结合。自 20 世纪 60 年代开始,综合商社各成员企业之间互派干部成为一种普遍现象,一个综合商社内部所属企业中,大约有 70% 的企业接受其他成员企业派遣的干部,在每个成员企业董事中,大约有 7% 的董事属于其他企业派遣进来的干部。这种成员企业间人员的相互渗透,对每个成员企业都形成一种督导、监督和促进的作用,成员企业经营、管理的一举一动以及财务状况,都会被其他内部的关联企业所掌握,特别是部门可以对每个下属公司的经营行为、发展方向进行全面掌控，确保综合商社总的发展战略目标的实现。日本的企业制度引进于美国，但却是经过加工改良的日本式的组织制度。在美国，股东大会控制企业的一切重大事务，只要控制了股东大会就能完全控制企业，企业的经理完全受股东大会的操纵，很少能独立行使权力。而这种现代企业制度引入日本后，发生了很大变化，除了股东大会外，又设立了董事会，这种董事会是由企业的经理、副经理以及所属的部长、课长等组成，一些重大事务都尽量通过董事会来解决。因此，股东大会无法对企业的经营和管理进行完全控制，董事长会只能够决定一些一般性事务。此外，在持股法人化的形势下，股票的持有者由个人转向法人企业，这种情况下一个大的企业更难通过股东大会来控制其他企业，因为在相互持股的条件下对方企业会采取报复措施，使两者处于两败俱伤的境地。因此，控制股东大会已经不是控制对方企业的最好和最有效的形式，而向对方派遣人员，担负重要职务则成为最普遍、最有效的形式。从综合商社互派干部来看，主要有以下几种形式：一是相互交换董事，集团内部企业间的经理和董事可以互相兼职；二是相互派遣经营管理人员，企业间相互派遣技术人员、管理人员、财务人员或者是母公司向子公司派遣监事，使之成为企业间相互联系的纽带；三是公司的职员也可以相互交流。1973年十大商社（三井物产、丸红商事、伊藤忠商事、三菱商事、日商岩井、住友商事、安定产业、东棉、日棉实业、兼松江商）对国内企业派遣人员的情况是占持股率10%以上公司数的79%。

（3）成员企业间内部交易。综合商社企业内交易份额较大，据日本公正交易委员会调查，1987年六大综合商社的内部交易比例，产品销售额为10.8%，进货额为11.7%。进入20世纪90年代，综合商社企业内交易量持续增加。这种综合商社企业内交易，有利于加强成员企业间合作，有利于稳定和降低交易成本，有利于综合商社及成员企业的顺畅运转和赢利水平的提高，减少企业经营中的不确定因素，降低市场风险。这正是综合商社集团化经营所带来的优势。

（4）综合商社成员企业间保持金融、技术和信息等方面的密切合作。综合商社各成员企业一方面通过总部获得所需的资金、技术和信息等方面的

第六章 日本综合商社及我国内外贸一体化经营模式的探讨

服务支持，另一方面通过成员企业来调剂经营、管理、技术开发、市场拓展、人才培养等方面的各种要素，包括从相互间的资金融通、关键技术的支持和协作、信息的共享等方面进行全方位合作，特别是在面对强大的竞争对手时，各成员企业间可以通过合作来形成一致和联合的行动，调动各企业优势资源来对抗和击败对手。

日本综合商社庞大的组织体系是由雄厚的人才队伍来支撑的。在国际上，综合商社素有"智力集团"之称，经过长期的人才网罗、培养、积累和储备，不仅拥有大量的国际贸易、国际金融、国际投资、国际物流、国内流通、市场策划、法律、财务等方面的专门人才，而且还注重吸引有关通信、网络、设计和产品开发的工程技术人才。综合商社人才优势的形成是通过包括录用、培训、考核等环节在内的"人才战略"来推进的。一般采取公开招聘、定期录用的办法，以应届名牌大学毕业生为录用对象。在人才培养方面，重视多方培养，主要手段是研修和实践锻炼及"国内留学"、"国外留学"以及"终生教育"等成人教育制度。为提高员工的综合素质，还采取轮岗工作制度，使员工熟悉整个公司的业务流程和各部门的相互关系，增强员工的全局意识和协作意识。日本的各大综合商社还建立了严格的考核制度，包括外语、相关法律科研部、贸易实务和财务管理等内容，以增强员工的上进心，从中发现、培养和选拔人才。

在日本，"集团化经营"是企业的一种经营理念和信条，是一种企业文化的表现方式。"集团化经营"是从战前日本传统的"家族化经营"发展起来的。这种经营理论是把企业内部成员和各种要素看作一个有机联系的相互作用、相互依存、不可分割的命运共同体。在这种共同体内，每个成员企业都承担着自己的角色和应尽的义务，并在不同程度上共同参与部门的经营决策，需要依靠各成员企业共同努力，形成集团力量才能完成部门的各项经营战略和发展目标。日本"集团化经营"理念的具体表现方式有"店员储蓄制度"、"有红利的储蓄制度"和"投资储蓄制度"等形式，通过这种职工个人与企业的利益融合，将企业的发展与职工收入及前途捆绑在一起，形成荣辱与共的局面，可以最大限度地激发职工的工作热情。

三　日本综合商社内外贸一体化经营对我国的启示

2003年3月中国商务部的组建，在行政管理组织形式上构建了内外贸一体化的基本架构，为新体制的形成奠定了基础。但真正实现从体制到机制及观念、从宏观管理到微观运行等方面全方位的内外贸一体化目标，还有很长的路要走。事实证明，从企业角度来看，无论是内贸企业还是外贸企业，打破传统经营界限，实施国内与国外两个市场统合发展，实现内外贸一体化统一运营，绝非易事。在这方面，日本综合商社的做法，值得我们借鉴和学习。

（一）综合商社实行内外贸结合的立足点

"二战"结束以后，日本的经济体系和市场体系的形成和发展，与美国的全球战略紧密相连，特别是20世纪50~60年代日本的重化工业发展时期，日本综合商社很大程度上承担了美国用于战争的军事物资供应商和运输队的职能，一方面源源不断地将用于重化工业生产的原材料从世界各地运回本国，另一方面将产成品特别是军用物资输送到国际市场，同时还进行第三国贸易，从中获得巨额利润，从而迅速扩张企业规模，在很短的时期内便确立起国际市场的竞争地位，既成为日本政府追随美国对抗以苏联为首的社会主义阵营的工具之一，也成为日本政府实施贸易立国的经济支柱。那么，这个以贸易起家并以贸易为依托发展和壮大起来的经济组织，为什么转换了市场战略，实行内外贸一体化经营呢？主要的立足点概括起来有以下几个方面。

1. 进入正常国际贸易体系的战略抉择

20世纪90年代以后，随着苏联的解体，结束了长达40多年的两大阵营的对抗，冷战宣告结束，世界贸易也步入了正常发展的轨道，原来注重于政治利益的美国政府，也逐步将利益重心移向经济发展。此时，冷战时期受益最大的日本经济，在经济体制、产业结构、政府制度和市场组织等方面，都与正常的世界经济秩序，特别是贸易规则存在着很多差异，由此而产生出的持续性的巨额贸易顺差，使欧美等国越来越难以容忍，因此日本与欧美等国由原来贸易上的伙伴关系，开始转化为竞争对手的关系，矛盾也越来越激化。在这一背景下，日本综合商社一方面在国际市场上开始遇到了欧美等大型跨国公司的联手抵抗，另一方面在欧美等国的压制下，日本政府也不得不做出妥协，放弃一部分国际市场。在这两种力量的双重作用下，日本综合商社的国际市场空间有所缩减，经营额下降也是在预料之中。但是，日本综合商社经过几十年的发展，已经拥有了一个庞大的组织体系和世界范围内的营销网络，虽然收缩了一部分市场，但维持成本仍然巨大，需要寻找新的利润增长点。而开发国内市场，向流通领域全方位渗透，则是这一时期日本综合商社进行多角化经营的主攻方向。

2. 实施国际竞争战略的必然选择

日本国内市场发展的特殊经历，形成了国内市场与国际市场错位性的畸形。一方面，虽然综合商社等大型跨国集团在国际市场上具有很强的竞争力，但国内流通领域由于市场长期封闭，市场主体具有明显的弱质性，竞争能力低下，特别是流通体系的零散性结构，一时很难抵御国外强大资本的冲击。另一方面，欧美等国对日本国内市场构造进行了一轮又一轮的强烈批判，并压迫日本政府立即撤销市场壁垒，为国外资本的进入扫清障碍。在这种国内和国际形势的逼迫下，日本综合商社一方面有条件地收缩国际市场的阵地，对市场进行重新定位和整合，积蓄力量；另一方面利用自己强大的经济实力和已有的经营体系、网络布局和交易关系，对本国流通领域进行重组和再造，构筑起新的经济性壁垒。近几年来，综合商社通过流通系列化、集团化、发包、相互持股、并购等方式，对流通资源进行整合，形成了一个全新的市场防御系统，使国外流通资本进入日本市场仍然举步维艰。

3. 日本市场有一个巨大的利润空间

由于长期以来日本市场是在一个相对封闭性的环境下发展起来的，在市场上形成了一个明显的内外价格差，同一产品，即使是日本国内生产的产品，国内市场价格要远远高于国际市场价格，这种状况在消费品方面表现得尤为突出。当综合商社在国际市场发展受到阻碍之时，自然会想到利用自己从事国际贸易的便利条件和经济优势，向利润丰厚的国内市场寻求发展。这样，日本综合商社便将国际贸易和国内流通结合起来，从纵向看，构成了国际贸易→国内批发→国内零售的相互连通和衔接的利润链条，从国际贸易和国内流通中获取双重好处，还可以在与这一链条相联系的环节中，在中介、物流、金融、服务、信息、咨询等方面取得相应利润。从横向看，无论是批发环节还是零售环节，综合商社都可能利用自身优势，向市场的广度渗透，最终形成从火柴、方便面到军火无所不包的经营体系。

4. 功能转换的结果

日本综合商社是一个多功能结合体，包括交易功能、信息功能、金融功能、研发功能等，还有一种功能便是中介功能。对于综合商社来说，中介功能除了广义的包括贸易中介以外，便是商务中介功能，包括投资、产品开发、资产转让等内容。中介功能是日本综合商社的主要利润生成源，其由中介费、贸易差价、流通差价等构成。原先，日本企业对于综合商社的依赖性很强，后来经过多次的全国性企业重组和改造，出现了一大批大型和超大型企业集团和跨国公司，近些年来这些大型企业大都依靠自身力量组建起自己的贸易和流通体系，提出了"不要中介"的口号。还有一些大的系列化流通企业、大型批发企业甚至零售企业，开展了"自主进口"的业务，以从较大的内外价格差中获取更多的利润。另外，随着国内市场与国际市场的进一步融通，国外商品可以通过多种渠道进入日本国内市场，加上以物流系统加以贯通的全国统一市场的形成，电子商务和网上交易的迅速展开，综合商社的中介功能开始弱化。这就迫使综合商社在国内市场上建立起自己控制的商流和物流体系，进一步与外贸进行对接和结合。

（二）综合商社内外贸一体化的策略和有效做法

综合商社的成功运作一方面需要政府的支持、商业银行的配套发展，另一方面与企业本身及市场经济体系的完善有重要关系。在日本，目前在实行内外贸一体化战略中，做得较为成功的综合商社包括三井财团、三菱财团、住友财团、丸红财团、伊藤忠财团。

1. 发挥优势，强化功能

综合商社是一个经济实力强大、功能多元化的经济联合体，虽然其经营范围和活动领域极为广泛，但也并非盲目扩张，而是有目的地扩展经营空间，准确地把握自身的市场定位，以求持续性地保持竞争优势。例如，有的综合商社的母体是大型生产企业，有的综合商业与很多大型生产企业有着广泛的业务关系，通过联营、参股和融资等方式参与生产，兴办企业。但总体来看，综合商社从不直接从事生产活动，而是利用自身优势，发挥综合性服务功能，以此与生产企业建立起极为密切的合作伙伴关系和分工协作关系，目的是通过参与生产，在取得产品贸易代理权的同时，在源头上构筑起本公司的价值链，掌握产品贸易和流通上游的主动权。因为从综合商社的人才结构、技术条件、开发能力等方面来看，其企业强势并不表现在直接的生产性活动，但在"中介""渠道""网络""服务"等方面，却有着生产企业无可比拟的优势。这样，综合商社参与生产活动，实际上是利用自己的特殊功能，为生产过程提供全方位和多元化服务，包括原材料供应、产品销售、资金支持、技术协作、市场咨询、经营策划、品牌开发、资产运作等服务。

2. 加强对流通末端－零售环节的渗透

主要措施是与大型零售商包括大型超市、连锁集团企业建立起紧密的协作关系，最为典型的是综合商社利用进口优势，为定点零售商提供国外知名品牌产品，包括服装、手表、化妆品、洗涤用品、体育用品等。20世纪80年代，日本各大型垄断厂商纷纷开始建立自己的独立营销网络，综合商社垄断贸易业务的局面被打破。随着股票市场和公司债务市场的逐步完善和健全，一般性生产企业调剂资金的渠道也变得多元化了，这样这些企业对银行、综合商社等间接融资方式的依存度大大降低。为此，综合商社将市场开发的重心由原来的位于经济流程上游的大型生产厂商，向经济流程下游的流通领域，特别是零售领域延伸。例如，住友商事全额出资在东京建立了超市总部，并在全国设点组建零售网络；伊藤忠商事、丸红商事等综合商社还与一些大的通信销售公司和医药零售商共同出资建立商业网点，开展零售业务。

3. 目标市场的科学定位

以前综合商社的主要利润来源于大量进口的石油、木材、矿石等原材料，随着社会发展和科技进步，经济活动所创造的价值中，原材料所占的比重越来越小，而最终产品的价值含量越来越高。因此，当日本经济从20世纪90年代开始向内需主导型结构转轨后，综合商社也从原来单纯注重"上游产品"的经营，转向重视"下游产品"的经营。在20世纪80年代，综合商社的功能退化已有征兆，主要是日本各大型垄断厂商纷纷开始建立自己的独立营销网络，综合商社垄断贸易业务的局面被打破。为此，综合商社将市场开发的重心由原来的位于经济流程上游的大型生产厂商，向经济流程下游的流通领域延伸，以获取产品高附加值所带来的利益。

4. 找准进入国内流通领域的切入点，通过构建物流体系掌控流通全程

最初的综合商社是以进出口贸易为主的经济组织，后来随着经济实力的不断增强，经营规模不断扩大，经营范围日益广泛，开始涉足国内流通领域。那么，综合商社进入国内流通领域的切入点为什么选择物流环节呢？主要原因是日本流通环节具有明显的零散性特征，与其他西方国家相比，大型流通主体不是很多，从而物流的集中投资受到了限制，导致物流业发展相对处于落后状态。而综合商社经济实力雄厚，有能力兴建一些其他流通企业无力建设的物流基础设施，从而在高起点上介入流通过程，掌握流通的主动权和主导权。首先，综合商社通过投资，在一些大城市、沿海主要港口和交通枢纽地区建立大型仓储和运输设施，作为一级进口基地，再根据国内外市场供求关系变化，选择合适的时机和价位，组织进口，进行储备，适时地将储备产品运送到各地市场。其次，通过与国内流通企业特别是物流企业进行协作，对现有的物流资源进行重新组合和配置，构建多层次的全国性、县级、市级物流体系，形成一级进口基地→二级批发网→三级批发网→零售网的商流、物流周转网络。再次，综合商社还将自己的物流体系与各批发团体进行对接，加大了物流的扩散力和辐射力。最后，日本各大综合商社都很注重信息建设，在企业内及下属单位均设立信息中心或信息室，信息收集、处理和

传递设施也极为先进。如三井物产的"三井全球通"专线达40万公里，每天处理从77个国家130个分支机构传回的3万多条信息。

20世纪90年代中期以后，综合商社的经营受到国际市场影响，进入了困难时期，为了渡过难关，各大商社进行了大规模的重组，其中重点是以资本为纽带，进行企业结构重组和业务整合。丸红商事和伊藤忠商事从2001年10月开始，将各自的钢铁事业部完全合并；住友商事与三井物产在钢板加工、手机销售、煤炭、建筑材料等方面进行整合；日棉实业和东棉双方在农产品和医药品方面进行整合。这种整合的主要形式是将不同商社相关的业务部门或子公司剥离出来，组成一个新的部门或公司，以减少不同商社机构的重复问题。各大综合商社重新进行了市场定位，如三菱商事将今后发展的重心定为IT、实业、流通、金融；伊藤忠商事将发展重心定位于IT、零售、能源、金融；三井物产10年规划所确定的重点则是物流、实业和金融。可见，综合商社纷纷将重心向流通业倾斜，实施内外贸一体化经营。从目前来看，综合商社从事国内交易，一方面通过其雄厚的经济实力对国内市场形成一定程度的垄断，使市场出现封闭性或相互分割局面；另一方面又能通过其垄断力量，借助于系列化经营，控制流通渠道，保证国内市场的需要，同时能形成一定的市场壁垒，保护本国产品免受他国产品的过度冲击，发挥市场稳定器的作用。

四　中国实行内外贸一体化经营的基本条件及模式选择

综合商社是日本特有的企业组织形式，其形成、发展和壮大有其特定的历史背景和经济基础。因此，对于日本综合商社这种企业模式，我们不能脱离国情生搬硬套，而应借鉴和汲取其有效和成功的经验，通过消化吸收，为我所用，构建起具有中国特色的内外贸一体化经营体制和企业制度。

（一）我国实行内外贸一体化经营所需要的基本条件

我国自21世纪初开始推行内外贸一体化经营策略，但进展并不顺利，目前真正实行内外贸一体化经营并取得较好业绩的企业寥寥无几,内贸与外贸的界限并没有因为政府制定出相关政策和实行相应的组织体系而被完全打破,内贸企业与外贸企业"各自为政"的状况依然如故。在政府主导下,经过试点推进,但都无果而终,类似于日本综合商社的企业始终没有在中国出现。主要原因不仅在于对综合商社的认识上存在偏差,更重要的在于中国目前缺乏一些必要的条件。根据日本综合商社的经验,构建内外贸一体化经营的基本条件具有以下几方面。

1. 体制、机制与观念上的必要准备

综合商社既是社会经济发展到一定阶段的产物,也是一种现代的企业经营制度。我国在推进内外贸一体化建设中,要重视政府的促进作用,通过政策、法律和经济杠杆的有效引导,积极创造条件,促进一些大的商贸企业加快企业改革步伐,转换经营机制,转变经营观念,提高国际化经营水平,在此基础上促进外贸企业向内贸发展,内贸企业向国际市场进军。根据以往经验,在推进内外贸一体化过程中,要尊重客观经济规律,切忌过多的主观介入和人为地营造,不能赶时髦搞"翻牌",需要脚踏实地,求真务实,以企业为主,通过市场力量和利益诱导来激励企业自觉自愿地开展内外贸一体化经营。从目前看,无论是企业还是政府,在体制、机制与观念上还存在着诸多需要改进的地方,这是目前我国推进内外贸一体化步履维艰的根本原因。

2. 实行内外贸一体化经营所需的完备的国际市场营销网络

长期以来我国商贸企业主要依赖于现有的国外营销网络和渠道进行营销,而依靠自身力量构建本企业的国际市场营销网络的企业还不是很多,这正是我国商贸企业的先天不足之处。从日本综合商社来看,发达的营销网络和便捷的流通渠道是实行国内与国际市场统筹发展的依托,是连接内贸与外贸的桥梁和纽带,是企业最具价值的无形资产。由于中国企业缺乏一个完备的国际市场营销网络,很难将经营触角向国际市场的纵深方向发展,而且还要处处受制于人,产品的营销成为企业顺利发展的瓶颈,国内市场与国际市场也就难以统合。因此,当前依靠企业自身力量难以在短时期内构建一套成型的国际市场营销网络,需要政府加以引导和扶持:一方面提供国内外市场信息，从宏观方面加以指导；另一方面又必须给予必要的信用担保，以利于开辟销售渠道占领市场。此外，政府还要设法在外汇、税收、进出口及代理权、配额和许可证等方面给予企业更多的政策优惠。

3. 建立现代企业制度是内外贸一体化经营的基础

企业是实行内外贸一体化经营的主体，在推进内外贸一体化中居于核心地位。日本综合商社本身是一个大的企业集合体。作为一个企业特有的运行方式，内外贸一体化经营是一种企业追求和实行特定目标和经济利益的方式或途径，它的高效率和灵活性取决于其牢固的根基。因此，实行内外贸一体化经营必须以建立现代企业制度为先决条件，在完善法人治理结构、理顺产权关系、确立先进企业文化等方面需要有一个整体突破和大的进展。从目前看，我国在推进内外贸一体化进程中，主要的短板是缺乏适合于国际化经营、统合内外贸一体化发展的大型优质企业。现有的一些国有企业从规模上看符合组建综合商社的条件，但尚残留一些传统体制的痕迹，发展的主要动力来自行业垄断和行政垄断，距离真正意义上的国际化经营相差甚远。在民营企业中，主要以中小企业居多，在国际市场上有影响力和竞争力的大型企业少之又少，并且长期缺乏政策的有力支持，企业制度方面还需要很大的改进。因此，在推进内外贸一体化的经营中，当务之急是塑造既符合国际化经营要求，又具有强大市场竞争力、影响力和凝聚力的大型优质企业。

4. 实行倾斜性政策，为内外贸一体化经营企业提供良好的经营和发展环境

综合商社所具有的内在功能，涉及国民经济多个领域、部门和行业，需要国家推出统合性的配套政策和措施，为综合商社的创立和发展创造适宜的环境和必要条件。一是深化金融体制改革，放宽对贸易和商业企业从事金融业务的政策限制，拓宽企业的融资渠道，提高企业的融资能力。二是改革投资、贸易、物流、交通运输等方面的管理体制，打破地区封锁，实现国内市场与国际市场的全面对接，确保商流、物流和生产要素顺畅流动和运转。三是继续实施鼓励出口政策，推动企业拓展经营业务。就目前情况而言，政府对企业应采取以下促进出口的措施：①对符合产业政策调整要求的企业实施出口补贴，进一步加大出口退税的力度；②对于实行内外贸一体化的企业，根据实际情况，提供优惠贷款；③政府加强对企业的经营指导，提供企业所需的市场信息及市场预测等服务；④根据目前国际市场风险增大的实际情况，建立企业出口风险基金。四是进一步改革进出口管理制度，使企业在外汇结算、商品报关、进出口检疫方面的手续简便化和快捷化，以利于企业准确和及时把握市场机会。五是加快转变政府的调控职能，政府对综合商社的管理以间接为主，除登记审批、国有资产监管等外，政府不应直接插手干预。尤其在当前，政府更应以高效和优质的服务，来扶持企业发展。

（二）我国企业实行内外贸一体化经营的优势

改革开放 30 多年来，我国经济规模获得了巨大发展，综合国力明显增强，经济总量已经超越日本，成为世界第二大经济体，是近 30 年来世界上经济发展速度最快的国家。特别是企业通过经营体制改革和建立现代企业制度，经过多年的国际市场竞争的磨炼，积累了丰富的国际市场经营经验，一些大型优质商贸企业脱颖而出，为实行内外贸一体化经营打下了坚实的基础。

1. 经济转型期为企业实行内外贸一体化经营提供了良好环境

进入 21 世纪以来，国际经济发展的最大特点是国际贸易的区域化、集团化，特别是金融危机爆发以后，西方国家贸易保护主义倾向明显抬头，影响国际市场变动的不确定因素大大增加，对外贸易和投资风险日益增大。在这种市场环境下，靠一个企业单打独斗难以长期维持和发展下去，需要建立类似于日本综合商社的企业模式，实行集团化经营，通过联合力量提升国际竞争力，占有和开拓更为广阔的国际市场，不断创造出企业赢利的新的增长点，保持企业发展的可持续性。目前我国正处于经济转型期，为达到经济发展方式和贸易发展方式的转变预期目标，对内贸与外贸的经营在量与质上都提出了新的要求，在满足商业与贸易规模性的基础上，还要求在质量上上档次、上等级。只有大企业才具备这种统合国内市场与国际市场的能力，才具备在全球构建营销网络的实力。可以说，我国所处的经营转型期，既为大企业提出了新的要求，也为大企业进行内外贸一体化经营提供了条件。

2. 得天独厚的国内市场条件

我国既是一个经济大国，又是一个贸易大国，经济规模和贸易总量在世界上均名列前茅，而最大的优势在于有一个容量和潜力十分巨大的国内市场，这是我国企业实行内外贸一体化经营的先天优势。因此，目前摆在我们面前的一个重大课题便是如何利用好两种资源和两个市场，打破外贸企业不搞内贸、内贸企业不搞外贸的传统习俗，依托和利用好国内市场这一资源，打破内贸企业与外贸企业的经营界限，实现内贸与外贸的统一与融合，形成内外一体的相互促进的大贸易、大流通的格局。

3. 大型国有企业具备内外贸一体化经营的基本功能

目前在我国大型商贸企业中，国有企业占相当大的比重。这些大型国有企业经过多年的改革与发展，无论是企业规模，还是经营能力及管理水平都有明显的提高。这些具有国家背景的企业，一是市场影响力十分强大，在组建企业集团中作为核心企业，具有足够的凝聚力和号召力。二是资金十分充裕。由于大型国有企业信誉度高，不仅企业自有资金规模十分庞大，而且可以轻而易举地从金融机构进行融资。三是在大型国有企业中，聚集了大量商贸人才，每个企业都拥有一个优质的从事贸易和商业经营的团队，为企业拓展业务、从事内外贸一体化经营提供了保障。四是目前一些大型国有商贸企业已经开展了多角化经营，在内贸与外贸领域都有所涉足，并取得了不俗业绩，这些企业可以成为今后我国实行内外贸一体化经营的中坚力量。

4. 政府的政策推进是实行内外贸一体化经营的重要力量

我国是一个政府主导型的市场经济国家，当企业靠自身能力难以达到既定目标时，政府的力量则成为关键性的因素。日本的综合商社的形成与发展基本是企业的自发、自主行为，政府只是起到引导、扶持的辅助作用。而中国则不同，由于经济体制、企业经营方式和经营惯例的制约，依靠企业自身力量来进行内外贸一体化经营难以实现，需要政府进行统一规划和部署，通过制定相应政策加以引导和鼓励，并利用国有企业的特殊性质来达成政府的目标。因此，在中国实现内外贸一体化经营，政府是一个不可或缺和不可替代的重要因素。目前的关键是将政府行为最终转化为企业行为，使内外贸一体化经营成为企业自觉、自愿的行动。

(三) 我国实行内外贸一体化企业的模式选择

由于我国缺乏发展综合商社的经验，所以必须结合我国的国情，借鉴国际上的成功经验，探索出发展有中国特色的综合商社的道路。对我国综合商社目标模式的选择，既要考虑综合商社的本质特征，又要结合我国的实际情况所决定的特殊性质，将二者融为一体。具体来看，组建中国式综合商社可以通过如下五种模式。

1. 内贸企业向国际市场拓展的企业模式

将现有的大型国有商业企业进行改造，组建大型企业集团，将一些符合条件的中小商业企业和贸易公司招于旗下，通过国际化经营和对外直接投资，将一些优质业务打入国际市场，在以内贸为主的前提下，积极开展外贸业务。目前我国已有的大型商业集团，基本具备了内外贸一体化经营的条件，在国内拥有一定的营销网络和网点，而且还具备一定的物流功能，与国际一些知名企业有着较为广泛的业务联系，开展对外贸易已不是技术问题，而是一个观念问题。

2. 外贸企业进入国内市场，拓展发展空间的模式

目前我国一些大型外贸公司在国际市场上已经占据了一席之地，而且在功能上集贸易、金融、物流、信息、组织协调等于一体，加上具有海外网络完善、融资能力强、业务范围广、渠道畅通、客户群稳定、信息灵通等诸多优势，具备了除经营内贸业务外的日本综合商社的基本特征。只要能在开展进出口贸易和多国贸易的同时，加大开拓同内市场的力度，逐步建立国内贸易网络，就能尽早实现两个市场的接轨。

3. 大型工业企业集团实行内外贸兼营的模式

目前我国一些大型工业企业集团的产品同时销往国内市场和国际市场，并在集团内部设专门的市场营销部门。事实上这些 IT、家电、汽车、食品等大型工业企业集团已经在实行内外贸一体化的经营活动，只不过在功能上

与日本综合商社相比有所欠缺。因此，如果将这些大型工业企业集团的营销部门进行改造和充实，强化贸易、商业、信息、物流、营销网络、融资等各项功能并加以整合，便可以实现国内市场与国际市场对接，内贸与外贸相互配合，并将内外贸一体化与整个企业集团的研发、生产、财务、人事的各方面和各环节统合起来，按市场规律和国际惯例办事，并以扩大出口和开拓国内市场为中心，通过多种方式在更深更广的层次上参与国际经济活动。

4. 以大型企业为核心，组建纵向一体化的内外贸统一模式

这一模式必须以一个经济实力十分雄厚的大企业为核心，通过联合、联营、合作、股份制等方式，有选择地将一些具备条件的中小企业纳入进来，建立战略联盟，组建集贸、工、商、金融、物流、研发等多功能于一体的跨部门、跨行业、跨所有制的复合型和多元化资产结构的大型跨国企业集团。这种内外贸一体化的企业模式的核心是开拓国内与国际两个市场，为成员企业的产品提供稳定的销路，同时根据国内市场和国际市场的需求开发新产品。而在集团内部，核心企业处于绝对的主导地位，实行纵向性的系列化经营，统筹配置集团内的各项资源，在国内市场和国际市场上形成集合性的竞争能力。

5. 以中国大型企业为核心，构建跨国型内外贸一体化经营模式

在这个模式中，起主导地位的核心中国企业必须在规模上、管理水平上和国际市场竞争力上有足够的实力。主要路径是通过"走出去"进行跨国合资、跨国合作、跨国并购、绿地投资等对外直接投资方式，在国外建立生产基地，通过构建相应的营销渠道，将所生产的产品或是就地销售，或是返销国内，或是销往第三国，实现内外贸兼营。

五　构建内外贸一体化体制下的政策体系

从我国的实际情况看，无论是内贸企业还是外贸企业，主要特点是企业结构上大企业少，企业规模小，经营品种单一，承担市场风险能力低下，市场竞争力较弱。由于缺乏统一的协调管理，地方保护主义盛行，区域市场分割和部门分割现象难以根除，企业行为难以规范。在国内市场上形成了较为严重的垄断现象，国际市场上各自为政、相互抬价等恶性竞争不断出现，难以形成一致对外的合力。可以看出，实现内外贸一体化经营，并不是建立一个机构、出台几项政策便可以完成的简单事情。需要进行深入细致的工作，进一步全面而深入地进行微观层面和宏观层面的改革，营造出适合内外贸一体化经营的综合环境。这其中最为核心的内容便是构建内外贸经营一体化的政策体系。具体来看，这一政策体系包括以下内容。

（一）协调发展政策

这一政策的主要取向是协调好以下几方面关系。一是协调内贸与外贸的关系。在内外贸一体化体制下，内贸与外贸结为一体，在两个市场中，内贸成为基础市场，外贸成为扩延市场，两者的协调运转和互动效应成为衡量国内市场与国际市场有机结合的重要标志和尺度，也构成国民经济内部结构的重要组成部分，并对整个经济结构状况产生重大影响。二是协调国内市场与国际市场的关系。在当前经济一体化大潮中，国内市场与国际市场联系得更为紧密，一方面本国市场构成国际市场的一部分，另一方面本国市场对国际市场的依存度越来越高，国际市场与国内市场在市场制度上的同质化倾向越来越明显。从目前来看，我国市场中仍然存在很多旧体制遗留下来的与国际市场共同准则不相容的一些规章和制度，成为内外贸一体化改革和政策实施中的重大障碍，需要进行彻底的清理和剔除，这一过程是国内市场与国际市场相互对接和相互融通的过程，也是国内市场适应新体制建立所进行的制度性改造和培育及创新的过程。三是协调对外贸易中进出口的关系。在对外贸易中，由于我国在国际分工中大多处于低端环节，从而在与发达国家的贸易中处于相对不利的地位，在今后相当长的时期内，我国与西方各国的贸易摩擦不可避免会经常出现，甚至在一定时期内可能会激化到相当程度。协调好进出口关系是摆在政府面前的一项长期而艰巨的任务。因此，在制定和实施进出口协调发展政策时，要逐步转变目前粗放型的数量扩张出口政策，通过政策导向提升出口结构，加大高技术含量、高附加值产品的出口；在进口上，应根据国内生产和消费需求的需要，促进进口的适度增长，使进出口的总量始终处于一个合理的比例上，达到相互促进和互为依存的效果。

（二）重要资源保障政策

目前，我国经济发展速度虽然由二位数进入一位数增长区间，但今后几年内仍可保持在8%以上的增长速度，即使维持在这种中高速增长态势下，也需要以大量的资源作为基础和保障。我国是重要资源相对短缺的国家，除煤炭等少数资源外，主要矿产和石油等重要资源，每年都需要从国外大量进口。而且，随着我国经济总量的增大和经济规模的扩张，经济发展对这些重要资源的进口依存度会越来越高，资源约束将成为今后影响我国经济发展的主要因素之一。因此，在内外贸一体化体制中，应注重实施重要资源保障政策。第一，要通过政策大力促进节约型经济的发展，鼓励节能企业与行业发展和节能技术的应用，对效率低下的耗能大户或行业，进行政策限制或课以重税。第二，加强对战略性资源和重要原材料进出口的综合协调，建立健全规避国际市场价格风险的机制和战略储备制度。第三，实行"两种资源，两个市场"的策略，从目前的"以国内资源为主、国外资源为辅"过渡到"国内、国外两种资源并重"，再过渡到"以国外资源为主、国内资源为辅"。

（三）产业调整政策

从对外贸易的国际分工格局中看，我国产业在国际分工价值链中大多处于劳动密集型的分工环节上，具有知识产权和核心技术及知名品牌的高附加值产品出口则少之又少。这种对外贸易结构正是国内产业结构的真实反映。目前，我国的第一产业和第二产业比重过高，各产业的内部结构也不甚合理，发育程度和资本技术构成都较低，而可以充分发挥我国资源优势的作为劳动密集型产业的第三产业，却长期处于滞后状态。这种失衡状态下的产业结构，一方面使我国经济增长不断付出昂贵的资源和环境的代价，在国际分工上难以扭转不利局面，处处受制于人；另一方面，我国的比较优势难以充分发挥，尤其是第三产业发展相对缓慢，使能够创造社会价值的劳动力资源变为经济发展的负担，成为长期困扰我国经济发展的"就业"难题。产业结构失衡，根源在于片面追求产值和出口数量扩张的经济增长方式，也是内外贸分离和国内市场与国际市场相分割的必然结果。而内外贸一体化体制，符合全面、协调和可持续的科学发展观的客观要求，在统筹国内发展与对外开放的基础上，将内外贸及国内市场和国际市场有机联结和贯通起来，形成相互影响、互为条件和相互促进的统一整体。特别是立足于国内经济发展的现实需要和客观情况，结合国际市场的竞争与合作格局及发展趋势，通过制定和实施统一的内外贸政策，调整和优化产业结构，促进产业升级，推进产业高度化发展，尤其是加快高新产业和第三产业发展。

（四）市场主体促进政策

与发达国家的市场经营主体相比，我国的内外贸企业在规模和实力、组织程度、经营管理水平和市场竞争力等方面，存在着相当大的差距。主要原因除企业制度因素和历史因素外，也与原有的内外贸分割体制相关。这种体制将从事国内流通的商业企业与国际市场分开，处于相对封闭的自循环体系之中，缺乏来自外部的冲击和竞争挑战，总体呈现出小、弱、散、差的特点。而外贸企业也与国内流通企业一样，存在体制上的先天不足。由于长期以来，外贸企业所追求的是贸易总量，特别是出口额的单一指标，忽略了对市场主体的培育和企业间协同作战的能力培养，从而导致在国际市场中，外贸企业形成不了具有国际市场竞争力的大型企业集团，更形成不了能与国际大型资本相抗衡的"企业航母"。在内外贸一体化体制下，打破了原有商业企业只搞国内流通、外贸企业只搞外贸经营的限制，从而扩大了内外贸企业的发展空间，为企业的规模扩大和从事跨国经营提供了条件。因此，在新体制下，通过制定和实施相关政策，加大对市场主体的促进力度，培育内外贸一体化的大型企业集团，提高现有内外贸企业的市场组织化程度，应是政府政策的一个侧重点。

（五）市场主体保护政策

从总体来看，我国的对外贸易和国内商业的发展还比较落后，市场主体规模较小，经济实力不强。以国内商业为例，据统计，中小流通企业数占全国流通企业总数的 99% 以上，实现销售额约占全社会消费品零售总额的 90%。相比之下，位居全球 500 强之首的沃尔玛，2003 年销售额占美国当年全社会消费品零售总额的比重达 7.6%，相当于我国当年社会商品零售总额的 50%。加入 WTO 以后，一方面，我国中小型内外贸企业面临着越来越严峻的国外大型资本的挑战；另一方面，由于我国市场经济发育水平较低，市场制度不甚完善，市场本身对中小企业的保护能力较弱，在国际大型商业资本大举抢滩中国市场的过程中，众多中小企业的生存空间和发展空间越来越受到强烈挤压。在内外贸一体化体制中，政府一方面要按照国际市场的通用准则，为国内企业与国外企业创造和提供平等竞争的市场环境；另一方面，应按照国际惯例和 WTO 规则，在加强国家间经济合作的同时，保护本国的幼稚产业和中小企业，为中小企业的发展和竞争能力的提高创造必要的法律及市场条件。新体制中的市场主体保护政策，一是通过完善市场制度，建立健全法律体系，如加紧制定和出台《大型商业限制法》《中小企业保护法》《民营企业促进法》等法律法规，调整内外贸企业主体的交易关系，减少因大型企业过度发展对中小企业的不利影响，促进市场主体结构趋于合理化。二是强化中观管理层次的行业组织和商会的功能，使之作为中小企业的利益共同体和代言人，积极参与相关的立法和政策的制定和实施，尽力为中小企业争取应有的权益，并通过中小企业行业协会的协同力量，提高中小企业的组织化程度，弥补单个企业自身经济实力的不足，提高市场竞争力。

（六）市场监管政策

在内外贸一体化的体制中，加强市场监控，整顿市场秩序，治理市场环境，则是政府政策的重点之一。在市场监管政策中，一是通过立法和行政管理以及强化消费者保护组织的职能，约束和规范国内外企业的经营行为，加强对消费者的保护力度，维护消费者的正当权益。二是建立健全商品进出口检验和检疫制度及市场主体的市场准入制度，构建以食品为主的消费品安全保障体系。三是建立知识产权保护制度，大力加强知识产权的保护，维护知识产权人的合法权益。四是建立健全市场信息传导系统，及时、准确地向社会传达国内市场和国际市场行情变化、市场中长期变动情况以及各种商品需求信息。五是建立市场纠纷调解机构，公平、妥善处理和化解国内外企业与企业之间及企业与消费者之间的矛盾和纠纷。六是建立市场风险预警系统，特别是要健全和完善关系国计民生的战略性产品，如粮食、石油等的供求及进出口价格变动的预警机制和应对机制。上述各种市场监管制度是建立新的内外贸一体化体制所必须具备的内容，但需要通过政府的政策导向，来加速各种制度的建设进程，以期在相对短的时间内能够发挥作用，从而可以使新体制尽快步入正轨，发挥出应有的功能。

第七章　中日韩自由贸易区的构建及对中日贸易关系的影响

近年来，在经济全球化深入发展的同时，区域经济一体化加速发展，以自贸区为主的各种区域贸易安排不断涌现。欧盟与北美自由贸易区的成立代表了世界经济中区域经济一体化的基本走向和趋势。大国之间的竞争正朝着区域集团间的竞争演化。自由贸易区的发展会导致由非成员国向成员国的贸易转移和投资转移，使成员国在国际组织中形成集体力量，对非成员国的交涉力明显增强。特别是自由贸易区具有一定的排他性，使非成员国面临的贸易壁垒和贸易歧视增加。从当今整个世界范围看，目前只有以中日韩为核心的东亚可以与北美、欧盟的经济实力相抗衡。最近几年，东亚各国间的经济合作正在逐步加强，但与欧盟和北美自由贸易区相比，中日两国以及中日韩三国的经济合作进展相对落后。进入21世纪以来，中日韩三国就建立中日韩自由贸易区基本达成了共识，目前已由研究探索期进入实际性的实施期。虽然今后在构建中日韩自由贸易区过程之中会遇到种种障碍和阻力，但在三国共同利益的推进下，这一大的趋势不可逆转。可以预计，中日韩自由贸易区的建立，必定对推动三国经济发展，加强三国间的经济合作，促进亚太地区和平稳定，推动国际经济快速复苏都具有重要而现实的意义。

一　中日与世界各国区域经济合作的基本情况

进入21世纪以来，在世界范围内区域经济合作如火如荼地开展起来，中国和日本作为世界贸易大国也都积极采取相应对策,紧跟时代步伐,创造条件,积极参与,取得了丰硕的成果,区域经济合作日益成为推动两国贸易进一步发展的重要动力。

(一) 中国区域经济合作总体情况

自21世纪初中国与东盟签署自由贸易区协议以来,中国自由贸易区建设获得了长足发展,特别是近几年来,为顺应世界区域经济一体化迅猛发展的新形势,营造我国和平发展的良好外部环境,我国积极参与区域经济合作,取得了明显的实质性进展。迄今,我国参与了亚太经合组织、亚欧会议、10＋3合作、上海合作组织、大湄公河次区域合作、亚太贸易协定等区域合作机制活动,并发挥了建设性作用。同时,我国商谈自贸区12个,包括内地与香港、澳门两个《更紧密经贸关系安排》,还分别签署了九个补充协议;中国－东盟自贸区于2002年正式启动谈判,之后陆续签署了货物贸易和服务贸易双边协议,2010年1月1日自由贸易区正式启动;中国－智利自贸区于2004年正式启动谈判,2005年双方签署自由贸易协定;中国－巴基斯坦自贸区2004年启动自由贸易区联合研究,2005年签署自由贸易协定早期协议,2006年签署自由贸易协定,截至目前,双方基本建立起一个涵盖货物贸易、服务贸易和投资等内容的较为全面的自由贸易区;中国－新西兰自贸区,于2006年开始进行谈判,历经15个谈判回合,2009年1月签署自由贸易协议;中国－新加坡自贸区,从2007年开始协商,历经2年经过8轮谈判,2009年1月签署自由贸易协定。目前,中国正与29个国家和地区建设16个自贸区。除中国－冰岛自贸协定已经签署尚未正式实施之外,已经签署并实施的有10个自贸协定,包括中国－海湾合作委员会自贸区、中国－澳大利亚自贸区、中国－秘鲁自贸区和中国－南部非洲关税同盟自贸区等（贸易额占我国外贸总额的24%）,正在商建的自贸区有5个。此外,已完成中日韩三国自贸区、中国－印度自贸区的联合可行性研究,启动了与哥伦比亚的自贸区联合可行性研究,完成了与印度的区域贸易安排联合研究、与挪威的自贸区联合研究,正开展与韩国和哥斯达黎加等国的自贸区联合研究。2013年7月,中国与瑞士签署自由贸易协定，接着在中美两国第五轮战略与经济对话中达成共识，将就双边投资保护协定进行实质性谈判，并继续加强自由贸易区发展的信息交流。

(二) 日本区域经济合作基本状况

长期以来，日本在贸易政策上一直采取鼓励出口和限制进口的政策，特别是经济陷入持续低迷状态以后，市场开放度和经济自由化水平逐步下降。在这种背景下，日本对参与区域经济合作、建立自由贸易区一直持低调和观望态度，担心自由贸易协定的签署会对本国市场和日本经济体系造成过度冲击。进入21世纪以来，面对区域经济合作在全球迅猛发展的形势，日本意识到在自由贸易区建设方面，不仅大大落后于世界发展潮流，也大大落后于中国。为此，日本政府改变了针对自由贸易区的消极态度，实行了主动参与、积极促进的政策，成立了专门的机构，制定相应规划和策略，调动产、研、学等各方力量进行研究，大力促进 FTA 政策的施行。目前，日本在推行自由贸易区战略方面取得了较大的成就。

1. 目前日本正在实施的自由贸易协议

（1）日本和新加坡的自由贸易协议。这是日本政府签订的第一个双边自由贸易协议。谈判过程如下：从 2001 年起，两国开始进行双边自由贸易谈判；2001 年 10 月 20 日，两国完成了谈判议程；2002 年 1 月 14 日，两国签署了有关协定；2002 年 11 月 30 日，协定进入实施阶段。日新协议的特点在于：一是内容广泛，不仅包括传统 FTA 关于关税、海关程序和无纸化贸易、相互承认等内容，还包括服务贸易、投资便利和自然人流动、知识产权、政府采购等广泛的经济合作内容，是一个较为全面的经济合作协定；二是该协议影响重大，为日本与新加坡之间加强经济联系起到重大促进，也为日本以后的自由贸易区谈判提供了样板。

（2）日本和墨西哥的自由贸易协议。2004 年 9 月，日本与墨西哥达成自由贸易协定，2005 年 4 月生效。日墨协议是日本与新加坡签订自贸协议后，日本与外国签署的第二个自贸协议。对墨西哥而言，这是其与包括欧盟在内的 42 个国家或地区签署的第 11 个自贸协议。日本主动和墨西哥签订协议的重要原因在于，通过设在墨西哥的工厂，日本公司在向与墨西哥签有自贸协议的国家出口时可享受免缴进口关税的优惠。从那时起6年内，墨西哥将逐渐取消日本汽车的进口关税，从而使日本汽车在墨西哥市场上的所占份额从当时的3%上升至5%，并将立即取消墨西哥本国不生产的用于汽车部件、电子产品和机械工业中的部分特殊钢的进口关税。日墨协议的特殊意义在于农产品方面：日本同意对来自墨西哥的农产品削减进口关税。日本原则上同意对羊肉、橙汁、鲜橙、牛肉等产品削减关税，但保留配额。墨西哥对日本农产品的出口只占日本进口农产品1%的比重。虽然幅度不大，但是日本首次在如此规模上对外国开放农产品市场。

（3）日本和泰国的自由贸易协议。2004年2月，日本和泰国开始就建立自由贸易区进行谈判。2005年9月，两国首脑就签署经济合作协定（EPA）一事正式达成基本共识。2007年4月3日，日本和泰国签署了正式协定。日泰之间谈判的难点在于农业问题，这也是泰国和日本之间最敏感的问题。泰国是东南亚最大的大米出口国，农业比较发达；日本农业竞争力比较弱，因此历来采用比较高的保护政策，对进口的农产品尤其是大米征收高关税。两国通过协商，决定只开放部分农渔产品，暂时不把大米列入关税削减范围。日本对泰国的要求集中在汽车和钢铁产品的关税削减方面。日本希望泰国削减汽车及零部件的进口关税，以降低日本企业的成本，进一步增强日本汽车企业的竞争力。

2. 当前日本已基本完成谈判的自由贸易协议

（1）日本和马来西亚的自由贸易协议。2000年1月日本与马来西亚开始进行自由贸易区谈判，2005年5月日本与马来西亚政府就建立自由贸易区初步达成一致意见，2005年12月日本首相和马来西亚总理签署了《日本－马来西亚自由贸易协议》，2006年7月13日，日本与马来西亚就《日本－马来西亚自由贸易协议》的执行问题举行部长级会议。在该协议中，马来西亚同意对来自日本的钢铁产品在10年内基本取消关税，2008年马来西亚对日本大型车及日制汽车配套零件的进口税将形同取消。这将使来自日本与其他东南亚国家的汽车进口品站在同等的位置上。马来西亚还同意对来自日本的与马来西亚国产车构成竞争的小型汽车的关税到2010年分阶段逐步取消。作为交换，日本同意开放国内市场，许诺10年内将对来自马来西亚的芒果、番木瓜果、虾、海蜇和椰子等取消关税，5年内对人造黄油的关税由29.8%下降到25%，对香蕉的免税配额增加到1000吨。但是日本对大米、小麦、大麦、奶制品、牛肉、羊肉、淀粉和鱼类产品等仍实行配额。可以看出，在该项协议中日本开放的都是小额消费品，主要大宗农产品未完全开放。

（2）日本和菲律宾的自由贸易协议。2002年5月菲律宾总统向日本首相建议与日本签署自由贸易协定，2004年2月两国进入正式谈判进程，2004年11月双方在原则上达成了协定，2006年9月9日菲律宾与日本在芬兰首都赫尔辛基签订双边自由贸易协定。该协议的主要内容是：日本原则上同意菲律宾的护士和护理人员在通过了日本的资格考试后，可以进入日本从事相关工作，但人数和选拔的程序没有做出具体规定。菲律宾方面表示，这一协定是菲日建交50年来两国签署的重要双边协定，为菲医护人员进入日本市场创造了条件。这也是日本第一次向外国开放劳动力市场。而菲律宾方面承诺，在2010年以前对来自日本的大多数钢铁和汽车产品逐步降低关税。日本也同时承诺对来自菲律宾的香蕉和菠萝等农产品逐步降低关税。

3. 日本自由贸易区战略的特征

根据日本已经签订的自由贸易协议的基本内容，大致可以看出日本自由贸易区战略的基本特征。

（1）日本实施自由贸易区战略相对较晚，但推进力度大，发展较快。进入21世纪，日本开始实施自由贸易区战略，设立多个机构专门负责自由贸易区战略的研究，出台诸多政策措施来保障自由贸易区战略的顺利实施。在实施自由贸易区战略中采取务实态度，在保护国内产业的同时，也兼顾对方利益；在注重本国长远利益的同时，也考虑对方国家的现实利益。因此，日本开展和实施自由贸易区战略时间虽晚，但效果明显。

（2）超越地缘界限，实行多角化战略。日本在实施自由贸易区战略时，首先避开与本国相邻的并作为重要贸易伙伴的中国，而是与距离相对较远的新加坡、菲律宾、马来西亚等对日贸易不占显著位置的国家率先合作，甚至与跨越大洋、远隔万里的墨西哥签署了自由贸易协议。另外，在日本自由贸易区战略中，将美国、加拿大、澳大利亚、巴西和瑞士等国家和国际组织，作为后备谈判的对象和网状联系中的潜在环节和首选对象。虽然从目前自由贸易区的发展趋势看，已经大大突破了区域界限，但日本这种回避中、韩的做法，除经济上存在竞争关系外，显然是与政治因素及领土主权纠纷因素有着重要关联。

（3）注重发挥内在优势，拓展传统自由贸易协定范围。日本在实施自由贸易区战略过程中，根据本国产业构造特点和技术优势、产品优势，大大拓展了传统型的自由贸易协定内容，不仅仅局限于削减关税和降低贸易壁垒，也涉及其他自由贸易协定很少提及的可注册商品、居留限制放宽、电子化交易、人力资源发展、竞争政策等内容，还特别注重日本具有一定竞争优势的信息和通信技术、能源和环境、旅游和交通、服务自由化、知识产权保护等领域的合作规则制定。同时，在传统的自由贸易协定内容中，战略目标还是放在汽车、钢铁和农业等重要和敏感领域。

（4）日本推行自由贸易区战略选择先易后难、渐次推进的策略。从当前日本在构建自由贸易区选择的合作伙伴上看，都是一些与日本经济有着极强互补性而竞争性较小的国家，与这些国家签署自由贸易协定，一方面有利于日本产业竞争优势的充分发挥，日方从中掌握规则制定的主导权；另一方面，在开放本国市场中，可以避免合作伙伴国家产品对本国产品形成直接冲击，从而大大规避自由贸易区所带来的一些负面影响。可见，日本最初构建自由贸易区时，首先并没有选择与本国经济关联度最大的美国，也没有选择与本国有着密切贸易关系的欧盟和中国，而是选择了一些双边贸易规模不大的发展中国家。但这并不意味着日本今后在推行自由贸易战略时忽略或回避与美国、欧盟和中国的合作，而是采取先易后难的策略，积累一定经验，打下一定基础后，再向纵深发展。

4. 日本推进自由贸易区的战略难点

进入 21 世纪以来，日本虽然转变了贸易政策，开始积极推进自由贸易区战略，并与一些发展中国家签订了自由贸易协议，但在今后的发展过程

第七章　中日韩自由贸易区的构建及对中日贸易关系的影响

中,尚存在一定的阻力。

(1) 农业问题是难以跨越的障碍。农业在日本是最为敏感和脆弱的产业,日本政府战后以来始终实行对农业的严格保护政策。目前执政的自民党,农村选民构成其执政的基础,维护农民利益历来是自民党执政纲领中的重要内容和主要目标。而自由贸易协定的基本内容便是降低和消除关税,高度开放市场。因此,自由贸易协定的签署,首当其冲的便是日本农业,损害农民既得利益。因此,自民党无论是从执政理念、施政纲领还是从执政地位上考虑,都会在实施自由贸易区战略中充分评估农业的承受能力和农民的感受和呼声。因此,今后日本在进一步推进自由贸易战略时,会遭到来自农民的越来越大的阻力。近年来,为了保护国内落后农业,日本在对外经济合作尤其是地区合作上很被动,农业问题给日本带来的麻烦越来越大。例如,由于农业问题上的分歧,日本与墨西哥、韩国等国的双边自由贸易协定谈判一度中断。日本的农业保护政策,成为WTO其他成员国批评的焦点,限制了日本与其他国家的自由贸易谈判。

(2) 领土问题拉大了与周边主要国家的鸿沟。目前,与日本有领土争端的国家包括中国、韩国和俄罗斯,作为近邻,中国与韩国均是日本最为重要的贸易伙伴,相互之间在经济上存在着很强的互补关系。近年来俄罗斯与日本的贸易关系特别是在能源合作上有了很大的进展,贸易规模迅速扩大,发展势头极为强劲。因此,日本推进自由贸易区战略时,如果抛开中国、韩国和俄罗斯三国,很难在亚太地区形成规模性的自贸区,从而使自由贸易区战略在效果上大打折扣,既定目标也最终难以实现。但领土问题又是一个原则性问题,很难做出让步和妥协,甚至各国最终都会因政治利益牺牲经济利益。面对领土问题,建立自由贸易区只能置于次要地位。因此,目前在领土争端方面尚未找出有效解决的途径和办法的前提下,领土问题不仅成为日本与周边主要国家进行经济合作的障碍,而且政治因素的介入也会不断拉大与周边主要国家的鸿沟。

(3) 美国战略重心向亚太地区转移,对亚洲国家经济合作产生重大影响。美国战略重心转向亚太的根本目的,一方面是利用和分享该区域的经济发展成果,另一方面是遏制中国崛起和牵制俄罗斯向亚太地区渗透。而日本是美国在亚洲最紧密和最重要的政治和军事战略盟友,在经济上也是举足轻重的合作伙伴,美国因素的介入,正迎合了日本国内盛极一时的"中国威胁论"的论调,与美国遏制中国的意图一拍即合。对于美国来说,当然不愿看到中国与日本两个经济大国在经济合作上走得更近,更不愿意看到中日两国借助自由贸易区加强合作而共同强大起来,对美国世界第一经济大国的地位形成挑战。

二 构建中日韩自由贸易区的历史背景

在当今全球经济体系中的三大主力板块中,欧洲有着不断扩大的欧盟,北美拥有成熟的北美自由贸易区,唯有亚洲这个世界上经济发展速度最快的地区,在经济协作方面一直处于一种松散、非制度性的状态。而作为东亚经济最重要的组成部分的中、日、韩三国至今尚未建立起任何一种区域合作框架,这种游离于区域经济合作浪潮下的"孤岛"状况,对于中日韩三国及整个东亚地区的经济发展是极为不利的。亚洲金融危机之后,中日韩三国官方加强了合作。三国政府间的合作是以"10+3"领导人会议为契机的,中日韩三国领导人形成了定期会晤的机制。三国政府是三方合作的主要领导力量,同时也鼓励工商界和民间研究机构加强对中日韩经济合作的研究。1998 年时任韩国总统的金大中在"10+3"会议上首次提出建立中日韩自由贸易区的设想。在 1999 年第三次"10+3"会议期间,中日韩三国领导人协商确立了三国首脑定期会晤机制,着力推进中日韩经济合作。随后,中日韩三国相继建立了环境、经济、科技等六个部长级会议机制。1999 年 11 月,中日韩三国领导人在马尼拉会议上就构建中日韩自由贸易区达成共识。2001 年 3 月 29~30 日,中国、日本及韩国的学者在汉城召开题为"关于中日韩三国经济合作和环黄海次区域建立自由贸易区网络"的国际学术研讨会,从而作为国际性的会议郑重提出了这种设想。2002 年 11 月,时任中国国务院总理的朱镕基在金边出席"10+3"(东盟 10 国加中日韩 3 国)会议期间,主持了由日本首相、韩国总理参加的三国首脑会谈。在会上，朱镕基总理正式提出中日韩三国建立自由贸易区的设想，得到了日韩两国的认同和支持。在这次会议上中日韩三国就构建中日韩自由贸易区确立了具体的实施办法和步骤：在头两年，主要研究和部署促进和提升中日韩三国的贸易和投资的问题，每年要向三国领导人提交一份联合研究的总结和提供一些政策建议。为此，2003年，在三国政府的推动下，中日韩自由贸易区的联合研究机构正式建立。2003年11月，在印度尼西亚巴厘岛举行的中日韩第五次领导人会晤上，三方签署了《中日韩推进三方合作联合宣言》，标志着中日韩经济合作向制度化建设方向迈进。2004年，中国国务院发展研究中心、韩国对外经济政策研究院与日本综合开发研究机构共同举办"中日韩自由贸易区的产业影响"国际研讨会，被认为是中日韩自由贸易区建设的战略设想开始逐步进入实质性操作阶段。同年11月，签订《中日韩三国合作行动战略》。2006年末，第五届中日韩商务论坛在长春召开，三方经济界一致认为，尽早建立中日韩自由贸易区，启动投资协定谈判，是符合中日韩三国经济共同利益的重要选择。三国政府应尽快建立并落实相关机制和措施，继续巩固在纺织、机械、钢铁、汽车、物流、石化、城市燃气等领域建立的三方合作机制，积极向观光、环保、节能等领域扩大。2007年中日韩投资协定谈判开始启动，2009年10月，中日韩三方举行会议并发表《中日韩合作十周年联合声明》和《中日韩可持续发展联合声明》，并提出建立中日韩经济团体合作交流机制、开展三国航空安全合作、开通中日韩合作网络秘书处等。中日韩投资协定谈判历时5年，三方先后进行了13轮正式谈判和数次非正式磋商，于2012年3月下旬圆满结束。2012年5月13日，《中华人民共和国政府、日本国政府及大韩民国政府关于促进、便利和保护投资的协定》在北京正式签署。该协定共包括27条和1个附加议定书，囊括了国际投资协定通常包含的所有重要内容，包括投资定义、适用范围、最惠国待遇、国民待遇、征收、转移、代位、税收、一般例外、争议解决等条款。中日韩投资协定的签署在中日韩三国经贸合作中具有里程碑式的重要意义。这是中日韩第一个促进和保护三国间投资行为的法律文件和制度安排，为中日韩自贸区建设提供了重要基础。该协定将为三国投资者提供更为稳定和透明的投资环境，进一步激发三国投资者的投资热情，促进三国间经贸活动更趋活跃，推动三国经济的共同发展和繁荣。三国同时承诺，将尽快履行国内法律程序，使投资协定早日生效并发挥作用。2012年11月在柬埔寨金边召开的东亚领导人系列会议期间，中日韩三国经贸部长举行会晤，宣布启动中日韩自贸区谈判。从最初的构想到最终的实践，中日韩自贸区谈判经历了坎坷的11年。然而，2012年9月以来，中日、日韩岛屿争端不断，中日韩自贸区谈判戛然而止。不过，中日韩并没有停止努力，谈判终究提上日程。2013年3月26日，为期两天的中国、日本、韩国自由贸易区首轮谈判在首尔召开，三方讨论了自由贸易区的机制安排、谈判领域及谈判方式等议题。三方商定将在2013年举行三轮谈判，后两轮谈判将分别在中国和日本举行。中日韩自贸区的大幕，终于掀起一角。日本共同社称，中日韩自由贸易区将进一步降低或废除关税，有助于促进日本制造业等产品对中韩两国的出口，这对日企而言将是利好消息，三国相互之间在经济上的依存度已经很大，自由贸易协定将激发这三个经济体的活力，并使各自拥有维持良好外交关系的动力。日本内阁负责文化交流和外交战略的负责人称，在地区内最大的三个经济体之间缔结贸易协定将有助于为其他亚洲国家的贸易谈判奠定基础。

在这期间，除中日韩三国政府间进行沟通与协调外，民间组织在促进中日韩自由贸易区构建中也十分活跃。如作为中日韩国家间唯一的国家级非政府层面交流与合作的"中日韩商务论坛"，其宗旨是在全球经济一体化和区域化趋势日益加强的情况下，尽早启动投资协定谈判，推进中日韩自由贸易区的建立。中日韩商务论坛广泛发挥各国企业界的力量，使政府在建立自由贸易区问题上给予更大力度的支持和采取行动。在中日韩三国政府、商业界积极推进区域经济合作、自由贸易区建设的背景下，三方学者也十分关注并分别于2003~2009年和2010~2012年就三国自由贸易区进行了学术研究和官产学联合研究，并得出积极结论。目前，在世界经济复苏缓慢、贸易保护主义抬头、多边贸易谈判受阻的情况下，推进双边或区域经济自由化正成为潮流。而目前东北亚至今还没出现一个自由贸易区，这在全球经济区域化盛行的今天显得很不正常。

三 构建中日韩自由贸易区的动因

"二战"以来，关贸总协定（GATT）和世界贸易组织（WTO）长期致力于推进全球性自由贸易的发展。然而，在覆盖从发达经济体到发展中经济体、多达100多个国家和地区的多边机制之下，很难达成有关自由贸易协议的合意。多次会议的失败使得全球多边贸易体制的前景变得暗淡渺茫。在这种情况下，简单易行、立竿见影的地区或双边自由贸易协定便迅速流行开来。已有的地区或双边自由贸易协定（如北美自由贸易区）大多富有成效，产生了一定的示范效应，引起更多国家的重视。中日韩三国均为全球重要经济体，互为重要的贸易和投资伙伴。2011年，三国经济总量达14万亿美元，约占全球的1/5。三国在全球产业链分工中有着密切的合作，近年来，随着三国贸易的飞速发展，其相互依存度也在不断加深。中国外交部2012年5月9日发布的《中日韩合作（1999～2012）》显示，三国间贸易额从1999年的1300多亿美元增至2011年的6900多亿美元，增长超过4倍。中国已连续多年成为日、韩最大的贸易伙伴，日、韩在中国贸易伙伴中分别居第四位和第六位。韩国是中国最大的海外直接投资来源之一；而日本更是把规模超过3000亿美元的中日贸易当作其"救命稻草"；中国从日、韩获得了高科技产品和工业技术，而中国的广大市场和低廉的劳动力成本则给日韩企业带来了巨大的利润。三国间建立自贸区反映了三国经贸合作的实际需求，对于加强三国经贸联系和促进东亚地区经济融合都具有深远意义。就中日韩而言，三国各自都与其他国家签有自贸区协定，而作为东亚三个有重要影响力的国家，彼此间的自贸区谈判却迟迟未能起步，面对21世纪以来全球范围内的区域经济合作迅猛发展的形势，不能不说是一大缺憾。

（一）构建中日韩自由贸易区的优势条件

从地域上看，中日韩三国不但地理上是近邻，而且文化上也具有同源性，自古以来相互间在政治、经济、文化上就存在着广泛和紧密的往来关系，这就增加了三国之间加强合作、建立自由贸易区的可能性，确立了构建中日韩自由贸易区的先天优势。从中日韩三国经济关联性上看，相互间经过长期经济合作与融合，形成明显的互补关系。这种互补性主要体现在四个方面，即自然资源方面的互补、劳动力资源方面的互补、产业结构方面的互补及三国市场间的互补。在产业链上，形成了较为完整的梯级国际分工与协作关系。在中日韩三国间，日本属于发达国家，韩国属于相对发达的工业化国家，而中国属于工业化进程中的发展中国家。中国的比较优势表现为容量、潜力均十分巨大的市场与相对廉价和丰富的劳动力；日本的优势表现为拥有世界顶级的尖端技术、优质产业和高端产品；韩国的比较优势则表现为相对先进的技术、较为发达的服务产业、较为健全和先进的产业体系等。这种优势互补关系正是有效开展区域合作的良好条件，有助于三国取长补短、发挥优势、协同发展。目前在中日韩三国贸易中，加工贸易占很大比重，日本和韩国向中国出口高端材料如特殊钢材、半导体、工程塑料等以及零部件，在中国加工组装后出口到日、韩或欧美市场，中国与日、韩间在加工贸易上的联系甚至已经超过世界上一些中等规模的自由贸易区。但是，这种贸易关系主要体现在生产、加工和组装环节上的联系，而内部市场的联系并不紧密，不仅大大限制了三国间贸易规模的扩大和可持续发展，而且也不利于相互间贸易质量的提升和贸易方式升级。构建中日韩自由贸易区后，可以大大促进三国内部市场联系，挖掘各自市场潜能，发挥三国市场联动效应，为促进三国经济发展提供有效市场需求。目前，中日韩三国人口占东亚总人口的74%、占世界总人口的22%，经济总量占东亚经济总量的90%、占世界经济总量的20%。但从总体来看，三国间经贸协作的潜力和上升空间仍然很大，如三国间的相互投资仅占三国对外投资总量的6%左右，虽然地理位置邻近，但三国间经济互通依然不顺畅，特别是日本的贸易壁垒与国内市场封闭性仍很严重。如果中日韩自由贸易区建成，其经济总量可占亚洲经济总量的七成，规模仅次于北美自由贸易区和欧盟，成为世界第三大自由贸易区，这将大大促进三方的内部贸易。据有关方面统计，中日韩自由贸易区的建立，将使中国 GDP 提高 2.9%、日本 GDP 提高 0.5%、韩国 GDP 提高 3.1%。目前，中国与日本、韩国在汽车、钢铁、石化等产业存在竞争，但

第七章 中日韩自由贸易区的构建及对中日贸易关系的影响

是总体来说,中、韩、日分别位于产业链的低端、中端和高端,经济具有较强互补性,相互投资、合作的前景广阔,尤其是服务贸易、新能源和低碳技术等方面都将是三方合作的重点领域。

(二) 构建中日韩自由贸易区的动力

中日韩三国同处东北亚,属世界三大经济圈之一。虽然三国地理位置邻近,经济关联性强,优势互补性明显,货物贸易关系密切,但总体来看,显然三国的经济互通依然不够顺畅,合作的潜力没有充分挖掘出来。若建成三国自由贸易区,目前中日韩三国均有各自的敏感产业需要一定的过渡期保护。日本、韩国以农产品为主,中国则是以工业品为主。在贸易自由化方式上,日本对较多农产品实行例外,韩国也对大部分农产品实行例外,中国则对敏感产品实行较长的过渡期,敏感产品的过渡期限一般为 5~10 年,时间比较长。中国的敏感产品由初级产品、石化、汽车、机械构成,根据关税水平实施梯次减税,根据经济发展水平,对缔约方区别对待。日本敏感产品包括粮食、奶制品、肉制品、蔬菜水果、部分鱼类产品等,除农产品外还包括部分皮革、鞋类制品和石化产品等制成品。韩国取消关税产品的占比差别较大,敏感产品以粮食、鱼类产品、烟草等农产品为主,也包括部分石化、纺织、汽车、机械产品等制成品。总的来看,构建中日韩自由贸易区的动力主要包括以下几个方面。

1. 为三国经济发展提供新的动力

据有关机构测算,中日韩自由贸易区建立,将使中国 GDP 提高 2.9%、日本 GDP 提高 0.5%、韩国 GDP 提高 3.1%。这只是初步的成果,随着时间的推移,自由贸易区的内在能量将更大地释放出来,对三国经济的拉动将是一个持续和不断增强的过程。

2. 惠及三国百姓,丰富人民的物质文化生活

自贸区建成后,区内关税和其他贸易限制将取消,要素流动性加大,企业运营成本下降,为三国市场提供更多、更好、价格更为便宜的产品和服务,造福于大众,使百姓生活更加丰富多彩。另外,自贸区的好处不仅限于关税减让后的贸易创造效应，还有后续的服务、资金、劳务人员流动带来的诸多好处。

3. 进一步促进三国间经济协作，形成更为合理的区域分工

从产业的角度来讲，自由贸易区有利于推进三国间的产业结构调整。这就是国际经济学上的贸易创造效应和贸易转移效应。比如，实行自由贸易区以后，三国间的分工配置更为合理，优势互补功能充分发挥，产业布局和配置从局限于一国扩展到三国，使日本和韩国的技术优势更为凸显，中国的市场优势和成本优势充分发挥。中日韩民间研究小组通过各自独立的模型测算，得出基本一致的结论：如果提升中日韩贸易自由化程度，中日韩经济增速可进一步提高，其中韩国受益最为明显。相对发达的日本和韩国在资本和技术密集型产业上竞争优势明显，而中国的竞争优势目前仍主要集中于资源或劳动密集型产品上。

4. 全面促进人员交往和文化交流

自由贸易区产生的效应可以充分反映在三国间旅游市场、教育市场、文化产品市场等方面的规模扩张上，大大促进人员往来，促进文化交融，增进互信和友好。这对于缓解和改善目前由于政治因素影响而处于较为紧张气氛中的中日、韩日关系大有好处。

5. 加速亚洲区域一体化进程，保持东北亚稳定与繁荣

中日韩自由贸易区的建立，将成为亚洲地区最大的区域合作组织，成为影响和主导亚洲经济走向的重要力量，成为亚洲各国参与区域合作的重心，带动整个亚洲区域经济合作发展，从而大大加速亚洲区域经济一体化进程。另外，中日韩三国均为亚洲举足轻重的重要国家，通过自由贸易区实现的三国经济合作，将使该地区成为亚洲经济增长最具潜力和活力的地区，这对于维持地区和平稳定，促进整个亚洲经济可持续发展都具有重要意义。中日韩自由贸易区的建立，将有助于推动一些历史遗留问题的解决。经济上的共同利益和互利合作势必要求加强政治上和战略上的相互理解与互信，中日韩自由贸易区的建立将形成东北亚乃至东亚地区的政治安全机制，独立自主解决本地区的各种矛盾。

(三) 中日韩自由贸易区建立给中国带来的利益

2011年中国 GDP 已经达到 7.5 万亿美元，日本是 6 万亿美元左右，韩国是 1 万亿美元，三国加起来基本上能够和美国、欧盟的经济规模相匹敌，中日韩自由贸易将是全球三大经济板块之一。这个巨大经济板块通过 FTA 方式实现经济、进出口贸易提速，对全球经济无疑也有着积极的价值。这也是通过制度创新来挖掘新的经济增长点的尝试。总体来看，中日韩自由贸易区的建立，将给中国带来以下好处。

1. 加快中国产业结构调整，促进经济发展方式转换

目前，日本急需进行产业结构优化和产业转移，韩国急于摆脱狭小国内市场的制约，而中国的产业升级也需要引进先进技术并充分利用外部资源与市场。目前，中日韩三国的经济联系已经比较密切，具备了开展制度性经济合作的前提。但是，三国长期纠结于政治问题之上，三国经济合作的进程不断受阻，前景不明，使有效的区域经济合作难以实质性展开与推进。中日韩三国产业构造具有明显的梯级配置形态，日本和韩国都是制造业强国和技术大国，三国产业总体上竞争性小，而合作性强，具有明显的优势互补特征。中日韩自由贸易区建立后，三国的经济融合会明显加速，互补优势会得到充分发挥，在这一过程中，中国受益最大的将是日韩两国高端产品和先进技术会加速进入中国，大大促进中国产业结构不断优化，加速中国制造业改造升级，有力促进中国经济发展方式的转换。

2. 发挥中国比较优势，促进中国农产品扩大出口

整体而言，日韩两国产业竞争力大大强于中国，但在农产品竞争力上，中国则占明显优势。因此，长期以来在中日、中韩农产品贸易中，日韩两国为保护本国农产品市场，一直设置严格的关税和非关税壁垒，使中国对日本和韩国的农产品出口潜力长期得不到充分发挥，竞争优势受到严重压抑。有关资料显示，2006 年日本、韩国农水产品的进口平均关税率分别为 24.3% 和 47.8%。近几年，受世界经济和本国经济不景气影响，日韩两国针对中国农产品的贸易保护政策措施进一步增强，综合运用各种关税和非关税措施，如进口数量限制、卫生标准、动植物检验检疫、技术壁垒和知识产权保护等，对中国农产品进入本国市场设置障碍、实施封锁，导致贸易摩擦不断，致使中国农户和出口企业蒙受重大经济损失。中日韩自由贸易区建立后，虽然不能马上完全消除日韩两国的贸易壁垒，但按规定会逐步开放市场，经过一定的过渡期会实行完全的自由贸易。因此，对于中国来说，建立中日韩自由贸易区，最大的期待是为中国农业发展开拓更为广泛的市场，也为发挥农产品竞争优势提供广阔的空间和施展余地。

3. 促进中国技术进步，加快产业升级步伐

长期以来，日韩两国，特别是日本政府，为保持本国产业和产品的竞争优势，对高科技产品和尖端技术进入中国采取种种限制手段，严重阻碍了双边贸易规模的扩大和贸易结构质量的提升。中日韩自由贸易区建立后，一方面会使中国具有优势的劳动密集型产品增加出口能力，另一方面会随着日本和韩国技术出口和转让门槛的降低，不断加大先进技术引进的力度，促进中国劳动密集型、资源密集型产业向资本密集型和技术密集型产业转换，加速淘汰落后产能，促进产业升级。加大与日韩两国具有明显优势的绿色产业、节能环保产业、低碳产业间的合作，可以大大促进中国产业整体质量的快速提升。为了实现可持续发展，中国已经提出建设资源节约型和环境友好型社会的目标。技术进步将是中国实现节能减排目标的重要手段之一。日本和韩国的节能环保技术都领先于中国，促进对华技术转让不仅有利于增强中国的可持续发展能力，也有利于整个东北亚地区的繁荣和稳定。

4. 促进双向投资平衡，推进中国经济区域平衡发展

从目前中日韩三国间直接投资来看，主要表现为日本和韩国对中国投资，而中国相对于日韩两国的投资数量较小。原因除中国与日韩两国经济发展水平存在一定差距外，主要原因还在于日韩两国市场壁垒较为森严，对国外资本的进入存在强烈排斥倾向，中国资本与企业进入遇到重重阻碍和歧视。中日韩自由贸易区建立后，根据自由贸易规则，日韩在本国市场中所设的种种限制措施将被逐步取消，市场开放度明显提高，这将为中国资本进入提供极大便利，必将极大地促进中国企业大举进军日韩市场，实现中日和中韩的双向投资平衡。与此同时，中国市场的开放水平会进一步提高，为日韩企业进一步加大对中国的直接投资和技术合作提供有利条件。中国政府可以通过相应的法律、政策和经济手段，引导日韩资本更多地投向中国的中西部地区，加速促进该地区加工贸易、制造业和高新产业发展，促进中国经济区域平衡发展。

5. 促使日本尽早承认中国的市场经济地位

目前，中国已经发展成为世界第二大经济体、第一大出口国和第二大进口国。中国经济的持续发展为拉动世界经济稳定增长做出了巨大贡献，物美价廉的中国产品也为世界人民生活质量的提高提供了重要保障。而且，中国改革开放30多年的发展以及"入世"后20多年取得的巨大经济成就足以说明，中国已经完全具备了市场经济地位国家所应达到的基本要求。但西方发达国家长期存在意识形态上的偏见，始终拒绝承认中国的市场经济地位。目前，世界上大多数国家已宣布承认中国的完全市场经济地位，韩国已于2005年11月承认中国的市场经济地位。但日本长期追随美国，在给予中国完全市场经济地位上迟迟没有答复。

（四）构建中日韩自由贸易区存在的障碍

1. 从中韩两国贸易关系来看

农业领域是中韩开展自由贸易合作的一个主要障碍。中韩两国文化方面相似，地理环境接近，历史交往悠久，经济联系密切。但韩国领土面积狭小，人口密度大，农业发展受到严重制约。而中国地大物博，物产丰富，中国农产品的价格优势明显，在韩国农产品市场上具有很强的竞争力。近年来，由于中国农产品大量进入韩国市场，对韩国农业的打击很大，引发了韩国农产品进口政策的调整。韩国对我国农产品的非关税贸易壁垒一再提高，由以往对中国产品的抽检方式变为批检，而且标准和手段更加严格。如对中国蔬菜的农药残留指标有200多项检测，对中国家禽、海产品进口不断制定各种标准，阻碍中国农产品过多地进入韩国市场。中国对韩国出口的农业产品贸易总额虽逐年上升，但占对韩国贸易的比重则是不断下降。假如建立中韩自由贸易区，首先受到冲击的便是韩国农产品市场，农民利益会受到一定程度的伤害。因此，韩国农会很可能坚持强硬立场，阻挠自由贸易区的建立。从整个双边贸易额看，中国对韩国的贸易一直处于逆差状态，近年来韩国已经成为中国对外贸易逆差最多的国家。而建立自由贸易区自然有损韩国在中韩双边贸易中的既得利益。中国的高科技产业、高端制造业、资本和技术密集型行业与韩国相比，还处于劣势，在金融、电信、保险、文化产业等方面发展尚不够充分，这是中国政府在建立中日韩自由贸易区时所必须考虑的问题。

2. 从中日贸易关系来看

中日两国是重要的贸易伙伴，在发展过程中历经波折，但始终朝着好的方向发展。即使在最困难的时期，往往也是"政冷"与"经热"并存。从中可以看出，中日经贸关系有着不可分割的密切联系，是两国共同利益所在。但从中日经贸关系发展过程的整体来看，受经济发展水平和经济实力影响，受综合竞争力驱动，日方一直处于强势地位，中日双边贸易受益者虽然是双方国家，但最大受益者是日本。中日韩自由贸易区建立后，双方将由强弱之分变为平起平坐，贸易利益将会更多地向中国方面倾斜。特别是日本需要直接面对弱势的农业产业和封闭性极强的国内市场，将由于自由贸易区的建立逐步失去原有的保护屏障。另外，中日韩自由贸易区的建立，影响力会远远超越东北亚，以其规模和实力或将成为亚洲区域内的经济合作中心，这就涉及自由贸易区的主导权问题，就经济总量与经济实力对比来看，中日必有一争。另外，日本经济在近期看难有起色，中国经济发展也结束了两位数的高增长，进入平缓发展时期，加之受国际经济大环境制约，中日双边贸易发展动力出现不足，上升的空间不是很大。因此，当前中日贸易需要一种新的力量加以推进，而中日韩自由贸易区的建立，可谓恰逢其时，可以使中日贸易再上一个新台阶，并为今后双边贸易发展提供较为持久的动力。但是，由于当前中日关系正处于冰点时期，"政冷"之下，"经热"难以再现，政治因素的过度干扰，成为今后推进中日韩自由贸易区建立的重要障碍。

3. 三国 FTA 战略存在的冲突

从 2003 年 11 月中日韩三国签署《中日韩推进三方合作联合宣言》到

第七章　中日韩自由贸易区的构建及对中日贸易关系的影响

2013 年 3 月中日韩自由贸易区首轮谈判的召开，历时十年中日韩自贸区方进入实质性构建阶段，耗时之长，举世未有。中日韩自由贸易区建立长期拖而未决，主要原因在于三国的 FTA 战略存在较大差异。中国开展区域经济合作一直秉承互利共赢原则，积极与周边国家开展经贸合作，在建立中日韩自由贸易区问题上，中国领导人和中国政府一直高度重视和积极推进，在协商和会谈中，既坚持原则又机动灵活，充分考虑合作伙伴的现实情况和切身利益。在建立中日韩自由贸易问题上，中国最为主动和积极。对于日本来说，中日韩经济协作的地位要远远低于日美战略同盟，即使在经济上的合作，也应日美优先，由于日美自由贸易区尚未提上议事日程，所以其对中日韩自由贸易区的建立采取应付态度。对于韩国来说，虽然韩国很重视与中日尤其是与中国的合作，但是中日韩、中韩、韩日自由贸易区并不是韩国的首选。韩国希望借助外力来增加其在东亚经济合作中的影响力。这也正是韩国不顾国内人民的强烈反对，一再放宽条件坚持与美国签订 FTA 的一个重要原因。韩国的 FTA 步骤是先实现其与美国的 FTA，再实现与欧盟的 FTA，然后才是中日。所以，中日韩三国不协调的 FTA 战略将是建立中日韩自由贸易区道路上的障碍。

4. 美国因素的影响

美国是世界上唯一的超级大国，为了维持其在全球的影响力和领导地位，美国会阻止任何一个可能对其地位造成威胁的集团或区域合作组织的形成。东亚作为美国的战略重点，美国不会对东亚任何的合作持袖手旁观的态度，它会千方百计地遏制东亚的合作。比如美国极力地倡导 APEC 之间的合作，其目的在于通过 APEC 之间的合作来冲淡东亚之间的合作。东亚峰会最初就曾遭到美国的反对，后来由于澳大利亚、新西兰的加入，美国才由反对转变为旁观。日韩在政治和军事上受到美国在东北亚总体战略的影响。尤其是日本与美国保持着更为密切的联系，并且在与日韩合作上始终举棋不定。美国不会直接干涉东亚的经济合作，它会通过影响日本的行为间接地影响中日韩的经济合作。例如，亚洲金融危机之后，日本曾提出建立"亚洲货币基金"的设想来加强东亚的合作，最终因为美国的反对而放弃。所以，美国的影响因素将是中日韩自由贸易区建立的外部障碍。另外，日本希望加入 2013 年 10 月启动的由美国主导的跨太平洋伙伴关系协议（TPP）谈判和 2013 年已经启动的欧盟和美国之间的自由贸易区谈判。尤其是后者不仅将取消关税，而且将涵盖投资、政府采购、非关税壁垒、知识产权、环保与劳动、竞争政策、国有企业运营方式等新一代贸易规则的全部，极有可能成为高层次的事实上的国际规则。对于还没有摆脱百年来形成的"脱亚入欧"思维的日本来说，欧美主导的新国际贸易规则事关重大。

四 加速构建中日韩自由贸易区的对策建议

构建中日韩自由贸易区应采用渐进方式，逐步推进。在建立自由贸易区前，应推进贸易便利化，降低准入门槛，改善投资环境，加快敏感产业的结构调整。中日韩自由贸易区有必要遵循 WTO 规则，利用自由贸易协定政策作为贸易自由化的手段。

（一）以三国政府为主导，加快自由贸易区建设的制度性安排

目前，世界各地形成的自由贸易区协定都是在参与国政府主导下缔结的，自由贸易区的各项规则、制度和标准也都由参与国政府通过协议和协定加以签署和执行。中日韩三国均以东方文化为背景，政府在经济中占有重要地位，发挥不可或缺的主导作用。一般情况下，在中日韩之间的经贸关系中，市场虽然起到了极大的推进和联结作用，但在重大经济合作上，在处理大的贸易摩擦事物中，政府都无时不在地发挥着重要作用，对最终结果产生决定性的影响。而在建立中日韩自由贸易区方面，在每个国家的经济界、企业界和学术界当中存在各种各样的看法，存在着一定的阻力，如日本和韩国的行业组织、中介组织和工会具有很大的能量，可以左右政府政策的制定与实施。如果在建立自由贸易区问题上，中日韩三国政府能够达成一致意见，树立坚定信心，便可以排除各种干扰，按部就班地将自由贸易区建设推向前进，最终达成既定目标。因此，中日韩三国间可以建设国家级的合作性组织，设立政府间常设机构，对三方之间条件成熟、切实可行的贸易领域和投

资项目进行协商和规划,制定具体的行动细则与基本的法律法规,解决贸易争端,减少或消除投资障碍,通过投资来促进发展自由贸易优先的领域,扩大中日韩三国区域内的投资规模,推动区域内的专业分工程度,强化三方的经济分工、合作与依存度,为中日韩自由贸易区的建设奠定良好基础。目前,可以先建立中日韩之间的双边合作机制,在金融、技术、环境、旅游、人力资源等多个领域开展多层次的对话与合作,从中吸取经验和总结教训,为最后得到三方都满意的自由贸易协定方案提供参考,并为最终建立中日韩自由贸易区奠定基础。在三国达成的有关建立FTA框架共识的基础上,逐步推进,"以双边促三边"应是一个合理有效的途径。

(二)整合民间力量,推进中日韩自由贸易区的构建进程

中日韩三国的经贸发展史证明,每当两国政府间在经贸关系上出现重大分歧,产生较大矛盾,导致经贸关系停滞不前时,来自民间的推进力量往往会起到关键性作用。民间组织和企业较政府更看重切身利益和现实利益,往往将经济利益之外的因素置于次要地位。而自由贸易对于绝大多数企业来说,均会从中获得相应利益,为企业创造更多的发展机会。因此,在中日韩自由贸易区建设当中,政府间有时会因一些非经济因素的干扰出现大的纠纷和产生大的矛盾,导致自由贸易区进展迟缓甚至出现倒退。因此,需要整合各国民间力量,调动一切积极因素,促使本国政府放弃前嫌,求同存异,从大局出发,化解矛盾,将自由贸易区建设引向正轨。实际上,民间合作存在自身的独特优点,来自民间力量的经济贸易合作受到的规制少,可以全方位、多层面开展工作,与日本和韩国的工会、同业协同组合以及农业协同组合加强沟通,进行意见交流,倾听各方的利益诉求,以减少构建自由贸易区过程中的阻力;由民间力量推动的经贸合作可以在很大程度上避开政治敏感问题,促进合作的深化与发展。企业和非政府组织在世界区域经济与贸易合作中所扮演的角色日益提升。中日韩应当在多个层面进行合作与对话,充分调动官、产、学三方力量。企业家关注政府的对外贸易政策,以及由此带来的对产业结构的影响;学术界可以为建立自由贸易区提供智力支持;政府对这两方面力量进行有效组织和支持,推动三方力量形成合力。在建立自由贸

易区的进程中，提出能够被各方接受的长远方案，政府致力于制度层面的建设与完善，注意协商与妥协，各类民间组织积极参与，起推动作用。企业是国际贸易合作的具体载体，建立自由贸易区需要大中型企业、跨国公司的积极合作与推动。中日韩三国政府应将中小企业作为参与国际贸易的重点对象进行扶持。中小企业规模小、融资困难、各自为政、参与国际贸易的能力不强，是民间合作中的薄弱环节，政府有必要对其给予支持。

（三）加快中美、中欧（盟）自由贸易区构建，推进中日韩自由贸易区建设进程

美国战略重点重新转入亚太地区后，其在政治安全、经济安全和区域安全方面的影响日益增大。日本作为美国在亚洲的重要盟友，长期以来一直看美国脸色行事。因此在中日韩自由贸易区的建设过程中，美国因素会起到非常重要的作用。目前，在推进中日韩自由贸易区难有突破性进展的情况下，中国应重点加强和加快与美国、欧盟和东盟的合作，尤其是让美国与欧盟认识到中日韩自由贸易区秉承积极的对外交往策略，建立中日韩自由贸易区不仅不会威胁到美国与欧盟在亚洲的利益，相反，中日韩所在的东北亚地区社会经济的发展与稳定，有利于美国与欧盟在此开展经贸活动，获得经济利益。为此，中国应在已建立的中国－东盟自由贸易区的基础上，推进与东盟国家的经济合作，并与台湾地区签署并启动两岸经济合作框架协议。这使日韩企业在竞争越来越激烈的中国市场中处于十分不利的地位，促使日本和韩国积极主动地推进三国间合作，加速自由贸易区建设步伐。同时，今后应尽快将中美自由贸易区和中欧（盟）自由贸易区的构建提上议事日程，加大政府间合作力度，通过产生的示范效应，化解美国等西方国家因素对中日韩自由贸易区建设的负面影响和产生的阻力，消除日本方面的顾虑，这会大大促进中日韩自由贸易区的实施进程。

（四）发挥各国比较优势，逐步取消贸易壁垒

北美自由贸易区的建立给南北国家的区域合作提供了典范，开了先河，对于中日韩三国成功构建自由贸易区提供了有力的佐证和借鉴。中日韩三国

在经济发展水平和产业构造上与美加墨三国有很多相似之处。各国经济发展水平呈现梯级分布，既有水平分工又有垂直分工，产业互补性强。因此，中日韩自由贸易区的建设在许多方面可借鉴北美自由贸易区的经验，从三国的实际出发，建立具有东北亚特色的自由贸易区，利用经济水平的差异，发挥各国的比较优势。三国间首先应互相开放市场，为对方提供贸易和投资便利，达成共识，制定出推进步骤和时间表；其次，制定统一的贸易规则和标准，以此为基准加紧梳理、修正和补充本国贸易政策体系和法律体系，为自由贸易区实行统一制度性安排打下基础；最后，在打破各种非关税壁垒方面，还应清除由国内企业同盟、行业组织及商业惯例打造的非政府行为的贸易壁垒，各国政府通过综合运用经济的、行政的和法律的手段和措施，彻底清理这些隐秘而顽固的障碍，为三国的资本、劳动力及各种要素顺畅和自由流动，充分发挥各自资源优势提供条件。

（五）秉承求真务实方针，坚持灵活性原则，积极稳妥地推进中日韩自由贸易区的构建

采取先易后难的推进策略，在中日韩自由贸易区内各个不同的产业和产品之间实行差别化的取消贸易壁垒政策，分步实施贸易自由化，减少和削弱三国开放市场的顾虑以及对本国市场带来的消极影响。在农业方面，日韩两国不少农产品依赖进口，而中国是一个农业大国，农业资源开发有较大潜力，三国间可在农业、农产品加工方面开展大规模、深层次的合作。在电子工业方面，中国已经形成电子产品的庞大的消费市场，但本国的技术水平较低。日本与韩国的电子技术都很发达，尤其是韩国，电子工业是其经济腾飞的龙头产业，三国可以实行以技术换市场、以市场换技术的合作。中国汽车产业与日韩相比技术水平比较落后，特别是在节能减排技术方面日韩更具优势，两国的汽车研究与制造实力可以帮助我国有效地解决技术难题。

第八章 中日经贸关系发展前景预测

良好的政治环境和国与国的关系，是两个国家发展经贸关系的基石。中日自1972年实现邦交正常化后，中日两国经贸关系发展，虽有起伏，不时出现来自日本右翼团体和政客的不和谐声调，总体来看，40年来一直处于平稳和健康的发展状态，沿着正确的方向发展。但是，2012年9月发生的由日本政府一手导演的非法"购岛"闹剧后，中日经贸关系发展急转直下，严重偏离了正确轨道，陷入了40年以来前所未有的困境之中，未来前景阴影重重，难以预料。正如当时日本驻华大使丹羽宇一郎2012年10月20日在名古屋大学所做演讲时的推测，"在最坏情况下，日中邦交正常化40年来的成果将毁于一旦"。

一 中日经贸关系面临的困境

1972年中日邦交正常化谈判过程中，当时的两国领导人着眼大局，最终就"钓鱼岛问题放一放、留待以后解决"达成重要谅解和共识，中日关系正常化的大门由此开启。40年来中日关系特别是两国经贸关系迅猛发展和扩大，中国已经成为日本的最大投资和出口市场。较好的中日关系也为亚太地区与世界和平、稳定和繁荣做出了重大贡献。日本《每日新闻》2012年9月9日刊登的法国经济学家、思想家雅克·阿塔里的一篇题为《"和平与增长"符合世界的利益》的文章认为，世界经济的重心已经开始由"大西洋"转移到"太平洋",中国与日本保持良好关系十分重要,这是亚洲地区可持续发展的关键。

2008年全球陷入金融危机以来,发达国家主权债务危机此起彼伏,经济增速普遍放慢,而中国经济持续快速增长。2010年中国GDP达到59303.93亿美元,超过日本(GDP 54884.24亿美元);2011年日本经济规模与中国的差距进一步扩大,中国GDP达到72981.47亿美元,相当于日本GDP 58694.7亿美元的1.24倍。一方面,据日本《朝日新闻》介绍,在中国出口总额中,对日本出口所占比重已经从2011年的16.9%下降至2011年的7.8%,包括进口额在内的整体对日贸易额也同样出现下降的趋势,目前日本是继欧盟、美国和东盟之后的中国第四大贸易伙伴。另一方面,中国对于日本变得越来越重要。日本对中国出口额占其出口总额的比重已经由2001年的7.7%升至2011年的19.7%。据日本贸易振兴机构提供的数据,2011年中日贸易额是日美贸易额的近两倍,日本对美国贸易在日本对外贸易总额中所占比重已经从1990年的27.4%降至2011年的不到12%。对于日本来说,在两国经贸关系中中国地位不断上升和日本地位不断下降的关键时期,日本方面应该促进两国经贸发展,为稳固和提升日本地位做出更大的努力。但在2012年中日邦交正常化40周年之时,正值中日各界期待以此为契机推动两国各领域合作迈上新的水平之际,日本政府不顾中方一再严正交涉,于9月10日宣布"购买"钓鱼岛实施所谓"国有化"。中方郑重重申,日方对钓鱼岛及其附属岛屿采取所谓"购买"等单方面行动完全是非法和无效的。

日本方面也为其一意孤行在经济上付出了沉重代价。一是从对日产汽车的冲击来看,2011年日产汽车全球销量467万辆,在中国的销售多达125万辆,同比增长超过20%。对日产汽车公司而言,中国是其绝不能失去的最大单一市场。日本"购岛"闹剧发生后,中国汽车工业协会的数据显示,2012年8月,日本品牌汽车在中国市场的销售量同比下降2%,而德国、美国、韩国、法国品牌汽车在华销量则分别同比增长25%、19%、12%和4%。进入9月,各大城市的涉日冲击波更令日系品牌汽车销量普遍遭受冲击。英国《泰晤士报》网站2012年10月5日刊登的题为《日本清点岛屿之争带来的损失》的文章介绍，仅 2012 年 9 月在中国市场的日本汽车销量，马自达汽车公司的汽车销量同比减少 35%，丰田汽车销量减少 40%，三菱汽车销量下降了 65%；全球最大的汽车行业咨询公司 IHS Automotive 的数据显示，2012 年 9 月以来，日系在华车企因暂停工厂运营等因素，累计减产至少 1.4 万余辆。以这些日系车平均每辆 1.8 万美元（约合 12 万元人民币）计算，日系在华车企因减产而产生的损失约 2.5 亿美元。同年 9 月下旬，丰田、日产、马自达三家日本主流汽车厂商相继决定，减少其在华独资或合资工厂的汽车产量。二是从对中国赴日旅游的冲击来看，据共同社报道，2011 年，来自中国内地、中国香港和中国台湾的中国游客是赴日的最大群体，游客总数达到了 240.3 万人次。据日本观光厅统计，中国游客人均消费 16 万日元，在赴日各国观光客中，消费能力居于首位。2012 年 1 月赴日中国游客达 25.4 万人，占赴日游客总数的 43.7%。日本政府 2012 年 7 月 30 日确定了旨在促进经济可持续增长的"日本再生战略"，其中提出，到 2020 年将访日外国游客人数从 2010 年的 861 万人次提高到 2500 万人次，日本政府尤其对人口众多的中国游客寄予希望。日本《每日新闻》9 月 25 日刊登题为《抵制赴日旅游令日本景点不安》的文章，指出如果中日关系持续恶化，上述目标势必难以实现。据日本政府观光厅介绍，中日钓鱼岛主权之争出现后，作为中国最大组团赴日游批发商之一，中国康辉旅游集团为纪念中日建交 40 周年而赴日 5 万游客的计划已被迫中止实施，其所属全国 220 家公司、5500 家门店停止销售日本旅游品、停止组团前往日本旅游。另据日本《东京新闻》报道，日本两大航空公司——全日空和日航多年运行顺利的中日间航线，从 9 月到 11 月，已预订座位合计取消多达 5.2 万多个。据一家协助日本各地推进国际合作的民间机构统计，截至 9 月底，中国近期赴日旅游者有 2/3 取消了行程。三是从对日本零售商品的冲击看，2012 年 9 月以来，淘宝等网上商城的日系商品关注度和销售量也明显下滑。据相关数据统计，最近一段时间，松下品牌的网上商城搜索指数同比下降 31.4%，关键字"日本"的搜索指数同比也下降 8.1%。以上所列，只是短期内和有限的领域内对日本产品形成的冲击。如果从较长时间来看，其波及范围之广泛，影响程度之深远，对日本造成的损失之强烈，数字之巨难以统计。

第八章　中日经贸关系发展前景预测

从一个较长时期来看，今后影响中日经贸关系的发展及走势的因素是多方面的，但归纳起来主要在以下三个重要因素。

第一，日本谋求由"经济大国"走向"政治大国"之路。日本长期以来，不满足于自身的"经济大国"和"政治小国"的地位，一直寻求"入常"之路，但由于日本在历史问题上始终坚持错误的看法，受到世界主要国家的坚持反对，"入常"之梦难以成真。近两年来，日本在通向政治大国之路上另辟蹊径，开始在领土纠纷上寻求破题。日本与中国、韩国和俄罗斯均存在争端，但在日本与韩国和俄罗斯的领土问题上，韩国与俄罗斯一直处于上风，而日本则处处被动，历届政府都难有破局之策。日本政府对韩、俄在领土主权问题上的软弱无能，激起了日本各界的广泛不满，导致日本右翼思潮日益泛滥。面对骑虎难下的与邻国领土纠纷问题，日本政府终于打破搁置多年的中日钓鱼岛主权问题，预想以此为突破口，变被动为主动，采取异乎寻常的强硬姿态，塑造强势外交形象，用以平息国内舆论，借此拓展日本在世界的发展空间，谋求政治大国的地位。

第二，日本右翼势力明显抬头。长期以来，日本政局长期处于动荡之中，日本政权频繁更迭，首相不断更换，使日本的中长期政治政策、经济政策和国家战略难以有效和连续性实施。长期的政治乱局和经济低迷，使日本右倾势力能够利用政党间矛盾和社会不满情绪，日渐形成一种可以左右日本政局走势和社会发展方向，任何政党特别是执政党不容忽视的强大力量。目前，整个日本在右翼势力的裹挟下出现整体向右转的倾向，越右越受欢迎，越右越有市场。政治家和阁僚们的过激言论和不当言辞大受追捧，成为新闻媒体炒作的材料。各政党间为拉拢选民和争夺选票，纷纷用右倾言论造声势，特别是自民党执政以来，为了巩固执政地位，重现长期执政、安倍政权的右倾化倾向已达到登峰造极之势，在钓鱼岛问题上、历史问题上、修改和平宪法问题上大做文章。可以说，日本整个社会都进入了右倾化发展的轨道，而且步入了惯性运行期，政治诉求已经大大超越经济诉求，中日贸易关系的发展被完全置于次要地位。

第三，美国因素的搅局。中国"入世"以后，经济飞速发展，在经济总量上取代日本成为世界第二大经济体。面对中国国力的不断增强，国际地位的日益提高，日本国内刮起了"中国威胁论"之风，认为中国经济迅速发展和军事力量的日益强大，对日本安全构成严重挑战。近年，美国全球战略重心由欧洲转向亚太地区后，日本的"中国威胁论"与美国重新进入亚太"遏制中国和平崛起"的目标不谋而合。而日本政府不失时机地配合美国的这一战略转移，预想借助美国力量，打压中国，实现日美"共霸亚洲"的目的。在中日一些敏感问题上，美国虽然一再宣称保持中立，但一直偏袒日本，制造麻烦，企图从中浑水摸鱼，得渔翁之利。可以说，美国因素的介入，大大增加了中日政治、经济关系发展中的不确定性因素。日本政府会以美国为靠山，向右发展之路会越走越远，甚至会完全脱离和平发展之路，重新步入军国主义歧途，实现集政治大国、经济大国和军事大国于一身的强国之梦。

二　中日贸易发展势头放缓对两国经济的影响

中日作为世界第二大与第三大经济体，经贸关系存在紧密联系，共为对方重要贸易伙伴。如果中日贸易发展放缓甚至下行，对双方经济都会产生较大的打击，对恢复之中的世界经济产生不良影响。

（一）中日贸易发展出现低迷对中国经济的影响

在中日贸易关系中，中国相对于日本，对双边贸易的依赖程度要低一些。但两国作为传统的重要贸易伙伴，双边贸易额下滑，必然对两国经济均产生不良影响。对中国的影响主要包括以下几个方面。

1. 外贸"引擎"熄火，拖累整个经济增长

进入21世纪以来，我国对外贸易始终保持着较快增长速度，2003～2011年，中国外贸平均增速为21%，2011年增长为15%。2002年以后，外贸增长势头明显放缓，2012年上半年下滑至8%，7月和8月又出现陡降局面，前8个月平均增长下落至6%左右，对外进口额甚至出现近3%的负增长，2012年中日贸易增速跌落至6.2%。在对日贸易中，1～8月日本对华

第八章　中日经贸关系发展前景预测

出口额已经出现5%以上的负增长，中日贸易额在中国外贸总量中的比重下降至8.8%。2012年中日贸易额下降3.9%，2013年以来中日贸易发展有所恢复，但仍不稳定。如果中日出现较大的贸易摩擦，必将使双边贸易出现大幅度下滑，对两国经济产生严重的负面影响。特别是在当前我国外贸发展刚刚进入调整的时期，出现过强的外部冲击，最终外贸可能由拉动经济增长的马车，转变为拖累整个经济发展的因素。

2. 加速在华日资企业产业外移

目前由于中国的人工、土地、资源等综合成本的上升，在华日资企业已经出现将资本转投到越南、泰国、马来西亚等成本更低的国家和地区的迹象。如果中日贸易出现大的滑坡，会导致日本企业的"中国风险意识"急剧上升，对华投资步伐明显放慢，如果中日两国间不时出现贸易摩擦，必将加速日本在华企业产业外移的进程。一方面，在华企业的贸易量相当于中日贸易总额的60%，由此造成中国对外贸易总量的大幅度缩减；另一方面，在华日资企业的撤资以及由日本进口的原材料和零部件的断供，将使一些与日资企业关联度大的国内企业，产生产业链的断裂，在一定时期内陷入经营难以为继的困境。

3. 一定程度上影响和延缓中国经济增长方式转换的进程

从中日产业构造来看，两国经济经过长时期的融合，已经具有极强的互补性和依存性，特别是在汽车、电子、机械制造等领域，中日间上下游分工极为分明。在这种分工体系中，日本高端产品和先进技术向中国的大量输出所产生的外溢效应，强有力地促进了中国技术进步和产业升级，逐步使中日间的经济结构由垂直分工向水平分工转换，中国经济在发展中技术含量和发展质量日益提高。目前中国已成为名副其实的制造大国，中日之间在生产领域的贸易额所占份额较高，中国对日本先进机械设备和高端零部件进口比重较大，这正是中国由制造业大国向制造业强国转变所必需的物质条件。如果中日贸易发展出现大的波动，首先受到严重影响的是日本向中国输出的高科技含量的生产要素，从而势必影响到中国经济结构调整和产业结构升级的步伐。

4. 导致一定程度的企业破产，出现一定数量的失业人口

2012年以来中央政府对经济增长实行自主减速后，所面临的最大问题便是就业问题。从目前看，在华日资企业有2.5万余家，近年来在华日企虽然出现持续性的独资热，但从总体上看，仍然以合资为主，日方独资企业只占少数。即便是日方独资企业，在中国也是采取本土化经营策略，从企业的中层管理者到基层员工的聘用都以中国雇员为主。目前，在华日企共吸纳中国从业人员300多万。如果中日贸易急转直下，首当其冲的是在华日资企业，以及与日资企业有合资合作关系的中国企业。由此造成的日企撤资、企业减产和停产、企业倒闭，必然产生大量失业人口，加大目前本已十分紧张的社会就业压力。

（二）中日贸易出现停滞可能对日本经济的打击

日本经过"失去的20年"，又经历了大地震和海啸，经济实力和地位与之前已有很大的落差，日本经济目前仍在艰难的重建和恢复之中。在此背景下，一旦中日贸易出现大的问题，必将给日本经济带来沉重打击。

1. 日本出口锐减，加速经济下行

日本自20世纪90年代起先后失去两个10年。在国际经济金融危机大背景下，以出口为主导的日本经济持续低迷，2011年的地震、海啸和核泄漏又使日本经济雪上加霜，2011年日本经济增长率为-0.9%。日本经济之所以能够较为平稳地渡过难关，很大程度上得益于对华贸易和投资的大幅度增加。2011年日本政府认为9月"回暖趋势出现停滞迹象"，认为10月"正在出现下行趋势"，2012年上半年，日本经济仍没有起色，处于不温不火状态。目前，中国是日本第一大出口市场，2011年日本对中国出口额占日本出口总额的比重高达23.6%，日本对中国的贸易顺差相当于日本GDP的0.8%。另外，日本经过对韩国、中国台湾、中国香港等市场出口，然后再转口到中国大陆的份额也很大，约占日本出口总额的10%。两项相加日本对中国市场依赖程度高达30%以上。如果中国发动经济制裁，日本经济将难堪其重，必将出现大的下滑。

2. 受中日经济高度关联性影响，对日本制造业将造成沉重冲击

中国是一个发展中国家，正处于工业化中期阶段，后发性较强，贸易结构可塑性大，通过实施市场多元化策略，可以在全球范围内开拓和寻找新的贸易伙伴和市场。而对于日本来说，经济结构已经处于成熟化阶段，贸易结构的固化性很强，对中国市场有着高度的依赖性，特别是制造业中的零部件、机械设备等产品，需要通过作为世界第一制造大国的中国市场进行消化。如果中日贸易出现大的阻滞，中国原来从日本进口的相关产品，可以转为从欧盟和美国等国家和地区进口，而日本一旦失去中国市场，可替代的市场在短期内很难找到，出口必然遇到严重影响。

3. 在华日资企业在中国的市场地位大幅度下降，生存和发展环境恶化

近些年来日本企业在中国大量投资建厂，既为日本国内过剩资本找到了良好的出路，也使日本企业获得了丰厚的回报，在华日企95%处于赢利状态。以汽车行业为例，2010年，丰田、本田、日产三大车企在中国市场的销量占比分别达到了10%、18%和25%。除汽车外，日本电子、机械、家电、零售业等很多行业主要靠在中国赚钱。路透社算了一笔细账：日本如果一个月不向中国出口，将导致约12万亿日元（约合人民币9747亿元）的损失。日本如果一个月不向中国出口汽车，将损失1445亿日元（约合人民币117亿元）。另据美银美林测算，日产汽车净利的25%来自中国。如果中日贸易遇到大的阻碍，则日资企业在华经营环境会进一步恶化，市场份额被其他国家所瓜分，甚至难有立足之地。

4. 影响对日本战略资源的供应，涉及日本高端产业的正常发展

中国对日出口的资源性产品包括石油、煤炭和稀土等产品。其中，中国对日稀土的出口，对于日本的电子、航天、精密仪器等高端产业具有重要的战略地位。目前中国的稀土储量约占世界总储量的23%，承担了世界90%以上的市场供应。其中，日本高端制造业的稀有金属有50%左右从中国进口。早在2010年，日本海岸警卫队扣押撞击中国渔船后，中国就曾停止向日本出口稀土两个月。如果中日间爆发贸易战，中断对日稀土供应将是中国的首选利器。从一个较长时期看，势必对日本高端制造业造成极大影响。

三 今后中日经贸关系的走势分析

中日两国贸易关系经过"二战"后60多年的发展,特别是中日邦交正常化后40年的快速发展,在产业结构和贸易结构上形成了"你中有我、我中有你"的紧密关系。从今后中日两国贸易关系发展趋势看,发展环境会有重大改变,不确定因素明显增多,但向好的基本面尚在,推进两国经贸关系向前发展的积极因素没有减少。因此,发展中日两国经贸关系是两国共同利益所在。总体来看,中日经贸关系发展,道路是坎坷的,前途是光明的。

(一) 当前中日两国贸易发展的有利因素

中国是日本最大的出口市场和累计投资量最大的投资市场,日本对中国经济的依存度要远远大于中国对日本的依存度。因此,今后中日双边贸易总的趋势应是向上走的,但不排除在发展过程中不时出现一些贸易摩擦。这些贸易摩擦有时会很激烈,但打贸易战的可能性不大。因为贸易战的结果是中国虽有损伤,但影响相对较小,不会伤筋动骨。而低迷的日本经济则会雪上加霜,甚至会伤及元气。因此可以说,日本更怕打贸易战。

1. "经济牌"是制衡政治关系的重要筹码

近年来,日本执政党出现愈加明显的右倾倾向,目的在经济陷入长期低迷的形势下,转移民众视线,拉拢民心,为选举造市。但一旦玩得过火,严重损害经济发展,则会触动各大党派背后所依靠的各大跨国公司的利益,日本当局会有所顾忌。从目前看,日本一些在政界和经济界有影响力的带有政府背景或纯民间的经济联合组织,都倾向于通过协商方式解决国际问题和处理国际争端,甚至对日本政府所作所为持反对态度,这些大企业代言人的声音,日本政府不会听而不闻。对于日本广大民众来说,政治是政治家之间的游戏,与己无关,而发展经济才是硬道理。

2. 美国因素的另一方面

美国进入亚太地区的目的，主要一个方面是分享亚洲经济发展的成果，目前中美双边贸易发展比中欧、中日的状况都好，为美国经济的复苏提供了有力的支持。而中日作为世界第二大和第三大经济体，若在经贸关系上出现大的问题，特别是如果中国经济出现大的滑坡，必然危及本已萎靡不振的全球经济，进而对美国经济造成不良影响。因此，从美国自身利益来考虑，也不愿看到中日贸易向坏的方向发展。

3. 经济高度依赖国际市场，制约日本过多偏离正常轨道

"二战"后，日本确立了贸易立国战略，为日本的贸易体制与机制的构建和贸易发展方向确立了基本基调。后来日本贸易战略根据国际、国内形势的变化，几经调整和变动，但贸易立国这一基调始终没有改变，仍然成为不同时期贸易战略的主线。因此围绕贸易立国这条主线，协调和改进贸易关系则成为各时期制定和调整贸易战略的重要内容。因此，从日本国情来看，今后无论朝着什么方向发展，均不能脱离贸易立国这一主线。因此，日本在处理与欧美的贸易关系时，历来是多有妥协、少有对抗。在处理与其他国家贸易关系时，虽有摩擦，但次数少、范围小，轻易不直接动用制裁手段。

（二）当前中日两国贸易发展的不利因素

1. 世界经济难有起色，外需增长动力仍然不足

从国际上看，目前随着欧美各国宏观政策力度的加大，欧债危机略有缓和，美国经济复苏态势趋于稳定，市场信心和发展预期有所提振。但今后相当长的一段时间内，世界经济进入深度转型调整期，发达国家主权债务问题削弱经济增长潜力，刺激经济政策措施的副作用日益凸显，新兴经济体面临的通胀、就业、结构失调等困难较多，加上贸易投资保护主义加剧，世界经济低增长、高风险态势不会明显改观。在这种大的国际经济发展态势背景下，国际市场需求处于不断波动的缓慢增长之中，拉动各国贸易增长的外需出现强劲反弹的可能性不大。这将在很大程度上制约同为世界贸易大国的中国与日本的贸易发展。

2. 中国贸易结束高速增长，进入平稳发展期

中国政府一系列扩内需、稳外需的政策措施逐步落实到位并发挥成效。不过，中国经济企稳的基础还不稳固，国内需求增长受到一些体制机制因素的制约，部分行业产能过剩较为突出，外需的迅速萎缩导致企业生产经营面临较多困难，原材料和劳动力成本的大幅度上升也大大降低了中国产品的竞争力。因此，从中国对外贸易发展趋势上看，中国经济结构正处于深度调整之中，外贸发展方式也正处于转型的关键时期，在整个经济体制由数量型、粗放型向质量型、效益型过渡时期，再难回到年均两位数的高增长区间，中速的平衡发展将成为常态。因此，作为中日两国贸易发展主要动力的中国对外贸易减速，必然导致双边贸易增速明显回落。

3. 阻碍日本经济复苏的因素增多

一是出口面临诸多阻碍。出口一直是日本经济发展的中坚力量，对经济增长的贡献率曾经达到50%以上，但是，2011年以来随着欧债危机愈演愈烈，日本出口一方面受全球经济下滑的影响，另一方面受到日元成为避险货币而大幅升值的打击，尤其是电子、汽车等产业的出口面临较大压力。2012年上半年日本出口额同比下滑2.3%，是造成2.9万亿日元贸易逆差的主要原因，并创下自1979年有统计数据以来同期逆差规模的最高纪录。日本对欧盟出口在总出口额中占比下滑也比较明显，从危机前的15%降至目前的10%。未来欧债危机的演变将在很大程度上影响日本经济复苏前景。二是人口老龄化问题日益加重。人口老龄化导致劳动力不足，20世纪50年代中期以后，日本高出生、低死亡、高增长的人口变化趋势逐渐向低出生、低死亡、低增长过渡，人口老龄化问题日益突出。2010年日本老年抚养比超过40%，比美国高出一倍。与之相对应的是劳动力人口减少和社会福利支出不断膨胀，并引发劳动力成本上升及公共债务不断攀升。三是劳动力成本上升使得制造业竞争力下降。20世纪80年代，日本无论是在家电、半导体，还是在汽车、造船等制造业领域，都拥有较强的竞争力。但是，1990年初劳动成本出现趋势性上移后，日本劳动力密集型产业大规模迁往低成本的新兴市场，加之日元不断升值，经济开始走下坡路，制造业在高、中、低端领域的竞争力均出现下降。今后日本经济的长期低迷,自然要拉低中日贸易发展速度,影响双边贸易规模进一步扩张。

(三) 中日贸易关系发展前景展望

从目前形势来看,实现中日贸易健康和持续发展任重而道远。未来,应通过大力发展双边对外贸易来积极推动中日经济不断融合,实现互利共赢。

1. 加强政府间沟通,跨越政治障碍

中日经贸关系发展历史证明,政治因素是横亘在两国贸易之间的最大障碍。中日贸易在发展顺利时期,正是政治因素干扰少的时期,而出现大的挫折往往都是政治因素所致。在目前国际政治、经济环境下,为了确保两国贸易顺利和持续发展,需要建立政治与经济隔离机制,通过两国政府协商和沟通,建立相应机制,使政治问题与经济问题互不干扰,独立运行,或将政治因素的影响降到最低。

2. 加强民间组织交流,建立友好互信关系

民间组织大多是企业联合体,代表的是企业的经济利益,而企业则是推进中日双边贸易发展的原动力。因此,两国民间组织在交流中,考虑更多的是成员企业的持续和长期发展及企业的获利空间等经济问题,而将政治问题放在次要地位。因此,今后应大力开展中日行业协会和企业联合体间的友好交流,互相传达各自意愿,协调和调节出现的贸易纠纷,并通过参与和影响政府相关政策的制定与调整,促进两国贸易关系向好的方向发展。

3. 利用和抓住一切有利时机,促进两国贸易关系有一个较大的提升

中国一方面应利用好日本震后重建的机遇,继续扩大对日本出口的同时,优化出口结构,既要发挥我国传统劳动密集型行业优势,更要向知识密集型产业转移,争取做到传统行业向知识密集型行业平稳过渡。另一方面,加大对日本高新技术产品的进口,积极进行研发和技术创新,改善中国处于产业链末端的垂直分工结构。

4. 寻找和创造中日贸易的新增长点

中日贸易若想实现新的突破,必然有新的增长点加以支撑。中日双方应加快多边自由贸易区建设的步伐，积极推动中日韩自由贸易协定谈判的进程，做好地方经济合作示范区，增强对日本优势产业的吸引力，以促进国内产业结构升级和优化。同时应考虑增强中日间区域自由合作的可能性，加紧研究建立中日自由贸易区的可行性和必要性。

5. 通过双边贸易，更好地将中国经济转型与日本经济复苏有机结合起来

在今后的中日贸易发展中，日本方面应充分发挥技术优势，为中国经济发展方式转换提供支持；中国方面，进一步提高经济开放水平，进一步扩大日本产品的进口，吸引更多的日资进入中国。通过两国贸易上的互动与融合，实现中日经济更为紧密的分工与协作关系，在促进两国经济质量和综合竞争力提升上形成共进态势，在优势互补的基础上达到互利共赢。

主要参考文献

1. 王洛林、张季风主编《日本经济与中日经贸关系发展报告（2012年）》，社会科学文献出版社，2012。
2. 李对华、朴银哲：《日本对华直接投资对中日贸易影响的计量分析》，《经济研究导刊》2012年第1期。
3. 雪凌、肖平：《中日贸易的比较优势与互补性分析》，《现代日本经济》2008年第5期。
4. 李蓉蓉：《中日贸易发展存在的问题及对策研究》，《中国商贸》2009年第21期。
5. 张乃丽、刘兴坤：《后危机时代中日经贸结构的动态演变》，《山东社会科学》2010年第11期。
6. 关霜、宋广娜：《中日双边贸易模式的国际贸易理论实证分析——基于比较优势和要素禀赋》，《中国市场》2009年第48期。
7. 徐美光、王卫：《中日产业内贸易及对策研究》，《浙江统计》2009年第8期。
8. 王澎涛、寇相如：《浅析日本地震对中日贸易的影响》，《时代金融》2012年第9期。
9. 封韬：《中日贸易发展与贸易摩擦以及中国的对策》，《东北财经大学》2011年第6期。
10. 姚娜：《浅析国际金融危机下中日经贸合作新契机》，《特区经济》2011年第12期。

11. 田中景、高鹤：《中日双边贸易发展问题研究》，《江汉论坛》2011 年第 1 期。

12. 齐文：《中日贸易存在的问题及对策》，《中国商贸》2010 年第 19 期。

13. 李建军：《中日贸易对日本经济复苏的作用及存在的问题》，《日本学刊》2005 年第 2 期。

14. 薛晓航：《中日贸易与投资关系分析》，《生产力研究》2011 年第 8 期。

15. 许雪影：《中日贸易关系浅析》，《商情》2008 年第 4 期。

16. 林连德：《当代中日贸易关系史》，中国对外贸易经济出版社，1990。

17. 苑涛、杜金东：《中日贸易摩擦》，中国财政经济出版社，2010。

18. 杨贵言：《中日韩自由贸易区研究》，中国社会科学出版社，2005。

19. 李圣华：《中日经济贸易合作研究》，经济科学出版社，2011。

20. 张涛：《绿色壁垒与贸易争端——以中日蔬菜贸易为例》，人民出版社，2012。

21. 秦熠群：《中日韩自由贸易区对中国贸易和产业影响的实证分析》，人民出版社，2013。

22. 潘蕊：《中日贸易逆差分析》，《商业文化》2012 年第 10 期。

23. 王阳杨：《中日贸易存在的问题与对策探讨》，《中国外资》2012 年第 4 期。

24. 周梦迪：《中日农产品贸易摩擦浅析》，《中国证券期货》2011 年第 6 期。

25. 《中日贸易依存度比较分析》，《中国外资》2012 年第 12 期。

26. 刘昌黎：《中日贸易的新发展、新变化及问题》，《日本问题研究》2011 年第 4 期。

27. 金哲松、李军：《中国对外贸易发展与经济增长》，中国人民大学出版社，2008。

28. 徐梅等：《中日建立自由贸易区研究》，中国经济出版社，2009。

29. 郭南：《中日经贸关系发展状况与发展前景探讨》，《对外经贸》2011 年第 10 期。

30. 田小朋、刘林鹏：《浅析中日贸易的现状和前景》，《日本问题研究》2009 年第 2 期。

图书在版编目(CIP)数据

中日贸易关系发展：机遇、挑战与对策/申恩威著.—北京：社会科学文献出版社，2014.9
 ISBN 978-7-5097-5029-2

Ⅰ.①中… Ⅱ.①申… Ⅲ.①中日关系-双边贸易-研究 Ⅳ.①F752.731.3

中国版本图书馆CIP数据核字（2013）第207989号

中日贸易关系发展
——机遇、挑战与对策

著　　者 /	申恩威
出 版 人 /	谢寿光
项目统筹 /	恽　薇
责任编辑 /	林　尧
出　　版 /	社会科学文献出版社·经济与管理出版中心（010）59367226 地址：北京市北三环中路甲29号院华龙大厦　邮编：100029 网址：www.ssap.com.cn
发　　行 /	市场营销中心（010）59367081　59367090 读者服务中心（010）59367028
印　　装 /	三河市尚艺印装有限公司
规　　格 /	开本：787mm×1092mm　1/16 印张：16.5　字数：261千字
版　　次 /	2014年9月第1版　2014年9月第1次印刷
书　　号 /	ISBN 978-7-5097-5029-2
定　　价 /	65.00元

本书如有破损、缺页、装订错误，请与本社读者服务中心联系更换

版权所有 翻印必究